图书在版编目 (CIP) 数据

凡·高的一生 /（德）朱利叶斯·迈耶 - 格雷夫著；
张春颖译 . —北京：中央编译出版社，2024.4
　ISBN 978-7-5117-4603-0

　Ⅰ.①凡…Ⅱ.①朱…②张…Ⅲ.①凡高（Van Gogh,
Vincent 1853–1890）—传记Ⅳ.①K835.635.72

中国国家版本馆 CIP 数据核字（2024）第 039451 号

凡·高的一生

图书策划	张远航
责任编辑	哈　曼
责任印制	李　颖
出版发行	中央编译出版社
网　　址	www.cctpcm.com
地　　址	北京市海淀区北四环西路 69 号（100080）
电　　话	（010）55627391（总编室）　　（010）55625174（编辑室） （010）55627320（发行部）　　（010）55627377（新技术部）
经　　销	全国新华书店
印　　刷	北京雅昌艺术印刷有限公司
开　　本	710 毫米 ×1000 毫米　1/16
字　　数	280 千字
印　　张	27
版　　次	2024 年 4 月第 1 版
印　　次	2024 年 4 月第 1 次印刷
定　　价	128.00 元

新浪微博：@中央编译出版社　　微　信：中央编译出版社（ID：cctphome）
淘宝店铺：中央编译出版社直销店（http://shop108367160.taobao.com）（010）55627331

本社常年法律顾问：北京市吴栾赵阎律师事务所律师　　闫军　　梁勤
凡有印装质量问题，本社负责调换，电话：（010）55627320

序
Preface

本书讲述了一个故事，故事的主人公生于1853年，卒于1890年。主人公生活中遭遇的事件及其行为、话语都确凿无疑，绝非虚构。这个人就是文森特·凡·高，人们称他为艺术家，而从通常意义上来说，艺术家这个称谓是含混而模糊的。这里我们不妨把他的人生看作一出戏，或一段多事之秋，其中充斥着不可思议的际遇。今天看来，这出戏似乎已经同圣乔治屠龙的神话一样久远了，而实际上它的终场距今也不过隔了一个时代而已。同所有的故事一样，这个故事的魅力在于其讲述的方式，必须解释故事主人公行为的原因和动机，以及其表达自我与观念的手段。我们所要讲述的这个故事并非杜撰，而是由主人公一手写就。他自编自演了这场戏，并通过一种明晰的象征手法点出了戏剧的寓意。戏剧的脚本，即他写给朋友，尤其是他写给弟弟的信早已以原文或英译本的形式出版了。当然，毫无疑问，脚本的作者从未有过写作或演出这场戏的念头，实际上他所希望的只是过上安宁日子，少受一些痛苦，获得些许幸福。他的希望最终落空了，而他的戏剧却出人意料地大获成功。

本书作者的任务就是厘清这部繁杂琐碎的戏剧，此外还要努力填补文本当中的裂隙。主人公的信件及留存的文字是故事的主线，画家本人的作品，即我们前面提到的"象征"，则提供了必要的补充。本书只提到了那些与这出戏剧直接或间接相关的画作，而且并不试图对其加以评价赏析。这里有一个值得讨论的问题是：我们是否给予了这出戏以恰当的命名？当然，文森特·凡·高是整部戏剧的动力，以他的名字来命名应该就已经足够了。不过，鉴于这部戏剧的本质在于其中的某种二元性，我们或许还可以将其命名为"文森特与提奥"，并以此向这个唯一试图走近文森特·凡·高的心灵的人致敬。提奥是凡·高的弟弟，一个平凡而神秘的人。除此以外，这出戏也可以命名为"文森特与宇宙"，甚至可以命名为"文森特与上帝"。

1881—1886年
The life of Vincent Van Gogh

《卷心菜和木屐》，1881年11~12月，海牙，纸面嵌板油画，34.5×55cm，阿姆斯特丹，凡·高博物馆

《啤酒杯和水果》，1881年12月，埃顿，布面油画，44.5×57.5cm，伍珀塔尔，冯德海伊特博物馆

《从艺术家工作室看木匠的工作室》,1882年5月,海牙,素描,28.5×47cm,奥特洛,克勒勒-米勒博物馆

《天气平静时的斯海弗宁恩海滩》,1882年8月,海牙,布面油画,35.5×49.5cm,威诺纳,海洋艺术博物馆

《沙丘》,1882年8月,海牙,板面油画,36×58.5cm,阿姆斯特丹,私人收藏

《沙丘上补渔网的女子》,1882年8月,海牙,纸面嵌板油画,42×62.5cm,蒙特利尔,François Odermatt(弗朗索瓦·奥德马特)收藏

《树林边》,1882年8月,海牙,嵌板布面油画,34.5×49cm,奥特洛,克勒勒-米勒博物馆

《暴风雨中的斯海弗宁恩海滩》,1882年8月,海牙,纸板布面油画,36.4×51.9cm,凡·高博物馆(2002年12月7日在阿姆斯特丹的凡·高博物馆被盗,于2019年找回。)

《街上的女孩子，背景有两辆马车》，1882 年 8 月，海牙，嵌板布面油画，42×53cm，温特图尔，L. Jäggli–Hahnloser 收藏

《挖地的人》，1882 年 8 月，海牙，布面油画，30×29cm，日本和泉市久保惣纪念美术馆

《穷人与金钱》,1882年9月,海牙,水彩,37.9×56.6cm,阿姆斯特丹,凡·高博物馆

《荷兰的花床》,1883年4月,海牙,布面油画,48.9×66cm,华盛顿,国家艺术画廊,保罗·梅隆(Paul Mellon)夫妇收藏

《被风吹歪的树》，1883年8月，海牙，布面油画，35×47cm，下落不明

《卧着的母牛》，1883年8月，海牙，布面油画，30×50cm，韩国，私人收藏

《有沙丘的风景》,1883年8月,海牙,板面油画,33.5×48.5cm,私人收藏(1968年12月4日,伦敦索斯比拍卖行)

《农舍》,1883年9~11月,海牙,布面油画,35.4×55.7cm,阿姆斯特丹,凡·高博物馆

《树丛中的农舍》,1883年9月,海牙,嵌板布面油画,28.5×39.5cm,华沙,约翰·保罗二世博物馆

《黎明中的教堂》，1883年10月，德伦特，嵌板纸板油画，36×53cm，私人收藏（1973年7月3日，伦敦克里斯蒂拍卖行）

《运炭船和两个人》，1883年10月，德伦特，嵌板布面油画，37×55.5cm，阿森，德伦特博物馆

《泥煤田里的两个农妇》,1883年10月,德伦特,布面油画,27.5×36.5cm,阿姆斯特丹,凡·高博物馆

《烧杂草的农夫》,1883年10月,德伦特,板面油画,30.5×39.5cm,私人收藏(1987年5月12日,纽约克里斯蒂拍卖行)

《煤堆旁的农舍》，1883年10~11月，德伦特，布面油画，37.5×55.5cm，阿姆斯特丹，凡·高博物馆

《林中拍卖会》，1883年12月，纽南，水彩，34.9×44.8cm，阿姆斯特丹，凡·高博物馆

《织布工的右侧（半身）》，1884年1月，纽南，布面油画，48×46cm，伯尔尼，H.R. Hahnloser 收藏

《织布工的右侧（半身）》，1884年1~2月，纽南，素描，26×21cm，阿姆斯特丹，凡·高博物馆

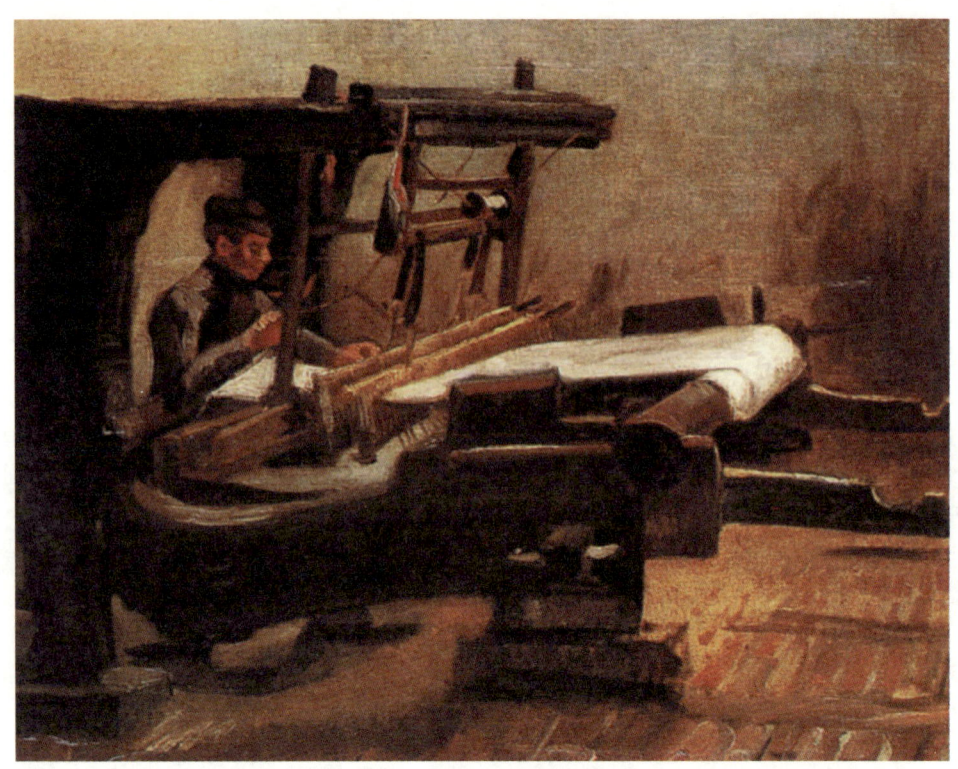

《织布工的右侧》,1884年2月,纽南,嵌板布面油画,37×45cm,私人收藏(1983年12月5日,伦敦索斯比拍卖行)

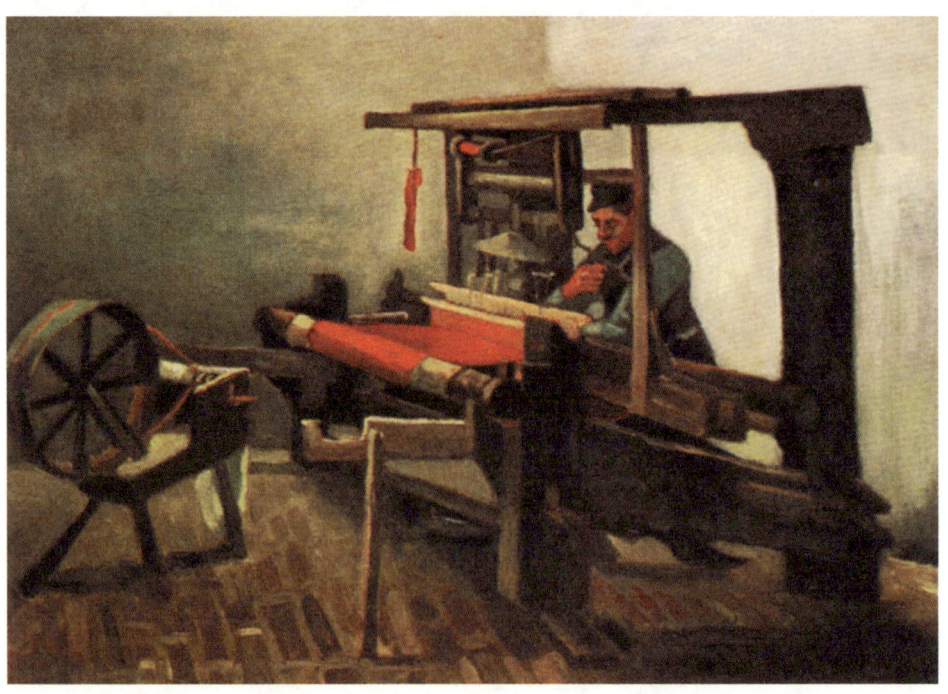

《织布工左侧和纺车》,1884年3月,纽南,布面油画,61×85cm,波士顿美术博物馆

《剪过枝的柳树》,1884年4月,纽南,嵌板布面油画,43×58cm,私人收藏

《织布工排线》,1884年4~5月,纽南,嵌板布面油画,41×57cm,奥特洛,克勒勒-米勒博物馆

《纽南的老教堂》,1884年5月,纽南,嵌板布面油画,47.5×55cm,苏黎世,E.G.Bührle 收藏

《春天里的纽南的牧师花园》,1884年5月,纽南,嵌板纸面油画,25×57cm,格罗宁根,格罗宁根博物馆

《织布工站在织布机前》,1884年5月,纽南,素描,27×40cm,奥特洛,克勒勒-米勒博物馆

《躺在稻草上的初生牛犊》,1884年7月,纽南,布面油画,31×43.5cm,私人收藏

《红牛、白牛拉的大车》,1884年7月,纽南,嵌板布面油画,57×82.5cm,奥特洛,克勒勒-米勒博物馆

《田野中的老教堂》,1884年7月,纽南,纸板布面油画,35×47cm,私人收藏(1969年12月10日,伦敦索斯比拍卖行)

《种土豆的农夫》,1884年8~9月,纽南,布面油画,66×149cm,奥特洛,克勒勒-米勒博物馆

《牧羊人和羊群》,1884年9月,纽南,纸板布面油画,67×126cm,墨西哥城,索玛雅博物馆

《雪中的拾柴》,1884年9月,纽南,嵌板布面油画,67×126cm,东京,吉野石膏基金会

《插满鲜花的花瓶》,1884年秋,纽南,布面油画,42.5×31.5cm,阿姆斯特丹,凡·高博物馆

《深秋的白杨林荫道》,1884年10月,纽南,嵌板布面油画,99×65.7cm,阿姆斯特丹,凡·高博物馆

《纽南的小礼拜堂和信徒》,1884年10月,纽南,布面油画,41.5×32cm,下落不明(2002年12月7日在阿姆斯特丹的凡·高博物馆被盗,于2017年找回。)

《亨讷普的水磨》,1884年11月,纽南,纸板布面油画,87×151cm,马德里,提森–博内米萨博物馆

《亨讷普的水磨》,1884年11月,纽南,纸板油画,75×100cm,纽约,私人收藏

《亨讷普的水磨》,1884年11月,纽南,布面油画,60×78.5cm,阿默斯福特,荷兰文化遗产局

《罐、广口瓶和瓶子》,1884年11月,纽南,布面油画,29.5×39.5cm,海牙,海牙市立博物馆

《磨咖啡机、烟斗和水壶》，1884年11月，纽南，布面油画，34×43cm，奥特洛，克勒勒-米勒博物馆

《三个啤酒杯》，1884年11月，纽南，布面油画，31.5×42.5cm，阿姆斯特丹，凡·高博物馆

《五只瓶子》，1884年11月，纽南，布面油画，46.5×56cm，维也纳，奥地利美景宫美术馆

《陶器、瓶子和盒子》,1884年11月—1885年4月,纽南,布面油画,31.5×41.8cm,阿姆斯特丹,凡·高博物馆

《瓶子和贝壳》,1884年11月,纽南,嵌板布面油画,30.5×40cm,私人收藏

《两只袋子和一个瓶子》,1884年11月,纽南,嵌板布面油画,31.7×42cm,私人收藏(1984年5月25~26日,苏黎世阔乐拍卖行)

《木鞋和罐》,1884年11月,纽南,布面油画,42×54cm,乌特勒支,中央博物馆

《罐里的画笔》，1884年11月，纽南，嵌板布面油画，31.5×41.5cm，美国，私人收藏

《三个瓶子和陶器》，1884—1885年冬，纽南，布面油画，39.5×56cm，阿姆斯特丹，凡·高博物馆

《叼烟斗的年轻农民头像》,1884—1885年冬,纽南,布面油画,37.7×29.5cm,阿姆斯特丹,凡·高博物馆

《戴白色帽子的农妇》，1884年12月，纽南，布面油画，43.5×37cm，圣路易斯，圣路易斯艺术博物馆

《戴白帽坐着的农妇》，1884年12月，纽南，嵌板布面油画，36×26cm，福岛，诸桥近代美术馆

《戴白色帽子的老农妇》，1884年12月，纽南，布面油画，36.5×29.5cm，伍珀塔尔，冯德海伊特博物馆

《戴白色帽子的老农妇》，1884年12月，纽南，纸板布面油画，33×26cm，私人收藏（1981年6月30日，伦敦索斯比拍卖行）

《戴白色帽子的农妇》,1884年12月,纽南,嵌板布面油画,42×34cm,阿姆斯特丹,凡·高艺术博物馆

《戴帽子的农夫》,1884年12月,纽南,布面油画,39×30cm,悉尼,新南威尔士州美术馆

《农妇头像》,1884年12月,纽南,嵌板布面油画,40×32.5cm,私人收藏(1968年12月6~10日,伦敦克里斯蒂拍卖行)

《戴深色帽子的布拉邦特农妇》，1885 年 1 月，纽南，嵌板布面油画，26×20cm，奥特洛，克勒勒-米勒博物馆

《戴深色帽子的农妇》，1885 年 1 月，纽南，嵌板布面油画，37.5×24.5cm，辛辛那提，辛辛那提艺术博物馆

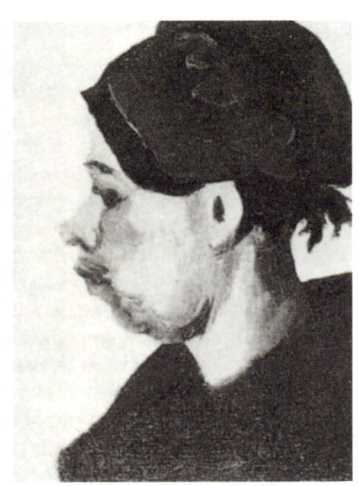

《戴深色帽子的农妇》，1885 年 1 月，纽南，嵌板布面油画，39.5×30cm，私人收藏

《戴帽子的农夫》，1885 年 1 月，纽南，布面油画，35.5×26cm，Stavros S. Niarchos 收藏

《戴深色帽子的农妇》，1885 年 1 月，纽南，嵌板布面油画，25×19cm，私人收藏

《戴深色帽子的农妇》,1885年1月,纽南,布面油画,40.6×31.7cm,私人收藏(1988年3月28日,伦敦克里斯蒂拍卖行)

《戴深色帽子的老农妇》,1885年1月,纽南,嵌板布面油画,36×25.5cm,奥特洛,克勒勒-米勒博物馆

《戴白色帽子的农妇》,1885年1月,纽南,布面油画,38×30cm,下落不明

《戴褐色帽子的农妇》,1885年1月,纽南,布面油画,40×30cm,奥特洛,克勒勒-米勒博物馆

《雪中纽南老教堂旁的墓地》，1885年1月，纽南，纸板布面油画，30×41.5cm，Stavros S. Niarchos 收藏

《恩德霍温的老站》，1885年1月，纽南，布面油画，13.5×24cm，私人收藏（1984年6月26日，伦敦索斯比拍卖行）

《雪中纽南牧师住宅里的花园》,1885年1月,纽南,嵌板布面油画,53×78cm,洛杉矶,阿曼德·哈默艺术博物馆

《戴深色帽子的农妇》,1885年2月,纽南,布面油画,32×24.5cm,海法,鲁本与伊迪丝·赫克特博物馆

《削土豆的农妇》,1885年2月,纽南,布面油画,41×31.5cm,纽约,大都会艺术博物馆

《戴绿色有饰带帽子的农妇头像》,1885年2~3月,纽南,布面油画,38×28.5cm,奥特洛,克勒勒-米勒博物馆

《吃饭的农妇》,1885年2~3月,纽南,布面油画,42×29cm,奥特洛,克勒勒-米勒博物馆

《农妇和她膝上的孩子》,1885年3月,纽南,纸板布面油画,43×34cm,私人收藏

《戴白色帽子的农妇》,1885年3月,纽南,板面油画,41×31.5cm,伯尔尼,伯尔尼艺术博物馆

《窗前缝纫的农妇》，1885年3~4月，纽南，布面油画，43.2×34.2cm，阿姆斯特丹，凡·高博物馆

《四个吃饭的农民》(《吃土豆的人》初稿)，1885年4月，纽南，布面油画，33.6×44.5cm，阿姆斯特丹，凡·高博物馆

《戴红色帽子的农妇》,1885年4月,纽南,布面油画,43×30cm,阿姆斯特丹,凡·高博物馆

《戴白色帽子的农妇》,1885年4月,纽南,纸板布面油画,47.5×35.5cm,爱丁堡,苏格兰国家美术馆

《吃土豆的人》,1885年4月,纽南,素描稿,26.5×30.5cm,阿姆斯特丹,凡·高博物馆

《吃土豆的人》,1885年4月,纽南,布面油画,82×114cm,阿姆斯特丹,凡·高博物馆

《吃土豆的人》,1885年4月,纽南,嵌板布面油画,72×93cm,奥特洛,克勒勒-米勒博物馆

《黄昏》,1885年4月,纽南,纸板布面油画,35×43cm,马德里,提森-博内米萨博物馆

《种土豆的农民和农妇》,1885年4月,纽南,布面油画,33×41cm,苏黎世,苏黎世美术馆

《教堂和农田》,1885年4月,纽南,布面油画,22×37cm,洛杉矶,洛杉矶州立艺术博物馆

《日落》,1885年4月,纽南,布面油画,27.5×41.5cm,瑞士,私人收藏

《圣经》，1885年4月，纽南，布面油画，65.7×78.5cm，阿姆斯特丹，凡·高博物馆

《纽南的旧教堂》，1885年5~6月，纽南，布面油画，65×80cm，阿姆斯特丹，凡·高博物馆

《黄昏的村舍》，1885年5月，纽南，布面油画，65.5×79.3cm，阿姆斯特丹，凡·高博物馆

《戴白色帽子的农妇》，1885年5月，纽南，布面油画，41×34.5cm，圣巴巴拉，M.C.R. Taylor 收藏

《挖地农妇和草屋》，1885年6月，纽南，布面油画，31.3×42cm，芝加哥艺术学院 (Dr. John J. Ireland 遗赠)

《炉灶旁的农妇》,1885年6月,纽南,嵌板布面油画,29.5×40cm,巴黎,奥赛博物馆

《挖炭农妇和村舍》,1885年6月,纽南,布面油画,30.5×40cm,东京富士美术馆

《有树的村舍和农妇》,1885年6月,纽南,布面油画,47.5×46cm,比利时,私人收藏

《村舍、农妇和山羊》,1885年6~7月,纽南,布面油画,60×85cm,法兰克福市立美术馆

《草屋、破牲口棚和俯身的农妇》,1885年7月,纽南,布面油画,62×113cm,私人收藏(1985年12月3日,伦敦索斯比拍卖行)

《村舍》,1885年7月,纽南,布面油画,33×43cm,私人收藏(1988年3月30日,伦敦索斯比拍卖行)

《挖地的农妇》,1885年7月,纽南,嵌板布面油画,41.5×32cm,多伦多,安大略美术馆

《挖地的农妇》,1885年7~8月,纽南,嵌板布面油画,37.5×25.7cm,登波士,北布拉班特博物馆

《挖地的农妇》,1885年8月,纽南,嵌板布面油画,42×32cm,伯明翰,伯明翰大学芭伯艺术馆

《田野上的麦垛》,1885年8月,纽南,布面油画,40×30cm,奥特洛,克勒勒-米勒博物馆

《两个挖土豆的农妇》，1885年8月，纽南，嵌板布面油画，31.5×42.5cm，奥特洛，克勒勒-米勒博物馆

《挖土豆的农妇》，1885年8月，纽南，嵌板布面油画，31.5×38cm，安特卫普，皇家艺术博物馆

《一篮蔬菜》，1885年9月，纽南，布面油画，33.5×45cm，兰茨贝格，Anneliese Brand 收藏

《陶器、瓶子和木鞋》，1885年9月，纽南，嵌板布面油画，39×41.5cm，奥特洛，克勒勒–米勒博物馆

《两只广口瓶和两只南瓜》，1885年9月，纽南，嵌板布面油画，58×85cm，瑞士，私人收藏

《静物黄草帽》，1885年9月，纽南，布面油画，36.5×53.5cm，奥特洛，克勒勒-米勒博物馆

《陶碗和土豆》,1885年9月,纽南,布面油画,44×57cm,私人收藏(1975年4月15日,阿姆斯特丹,Mak van Waay 拍卖行)

《秋天的落叶和蔬菜环绕着一篮土豆》,1885年9月,纽南,布面油画,75×93cm,列日,私人收藏

《铜壶、罐和马铃薯》,1885年9月,纽南,布面油画,65.5×80.5cm,阿姆斯特丹,凡·高博物馆

《蔬菜水果静物》,1885年9月,纽南,布面油画,32.3×43.2cm,阿姆斯特丹,凡·高博物馆

《一篮苹果》，1885年9月，纽南，布面油画，45×60.4cm，阿姆斯特丹，凡·高博物馆

《一篮苹果》，1885年9月，纽南，布面油画，33.5×44cm，阿姆斯特丹，凡·高博物馆

《陶碗和梨子》,1885年9月,纽南,布面油画,33×43.5cm,乌得勒支,中央博物馆

《一篮苹果和两个南瓜》,1885年9~10月,纽南,布面油画,59×84.5cm,奥特洛,克勒勒–米勒博物馆

《五只鸟巢》,1885年9~10月,纽南,布面油画,39.3×46.5cm,阿姆斯特丹,凡·高博物馆

《三只鸟巢》,1885年9~10月,纽南,布面油画,33×42cm,奥特洛,克勒勒-米勒博物馆

《从中央车站看阿姆斯特丹》,1885年10月,纽南,板面油画,19×25.5cm,阿姆斯特丹,P. and N. de Boer 基金会

《纽南的牧师住宅》,1885年10月,纽南,布面油画,33.2×43cm,阿姆斯特丹,凡·高博物馆

《乡村小路上的两个人》，1885年10月，纽南，嵌板布面油画，32×39.5cm，私人收藏（1986年12月2日，伦敦克里斯蒂拍卖行）

《秋景》，1885年10月，纽南，嵌板布面油画，64.8×86.4cm，英国，剑桥大学菲茨威廉博物馆

《有池塘和人的纽南牧师住宅花园》，1885年11月，纽南，水彩，38×49cm，瓦森纳，B. Meijer 收藏

《有白杨树的小路》，1885年11月，纽南，布面油画，78×98cm，鹿特丹，波伊曼·凡·布宁根博物馆

《安特卫普停有船舶的码头》，1885年12月，安特卫普，板面油画，20.5×27.1cm，阿姆斯特丹，凡·高博物馆

《散着头发的女子头像》,1885年12月,安特卫普,布面油画,35.2×24.4cm,阿姆斯特丹,凡·高博物馆

《留着胡须的老人》,1885年12月,安特卫普,布面油画,44.4×33.7cm,阿姆斯特丹,凡·高博物馆

《穿蓝衣的女子》,1885年12月,安特卫普,布面油画,46.3×38.5cm,阿姆斯特丹,凡·高博物馆

《头戴红丝带的女子》,1885年12月,安特卫普,布面油画,60×50cm,纽约,Alfred Wyler 收藏

《雪中安特卫普老房子的后院》，1885年12月，安特卫普，布面油画，43.7×33.7cm，阿姆斯特丹，凡·高博物馆

《戴白色帽子的老妇人》(接生婆)，1885年12月，安特卫普，布面油画，50.5×39.8cm，阿姆斯特丹，凡·高博物馆

《头盖骨和点着的烟》，1886年1~2月，安特卫普，布面油画，32.3×24.8cm，阿姆斯特丹，凡·高博物馆

《两幅自画像和几个细节》，1886年1~6月，巴黎，素描，31.1×24.4cm，阿姆斯特丹，凡·高博物馆

《一只瓶子、两个杯子、奶酪和面包》，1886年春，巴黎，布面油画，37.5×46cm，阿姆斯特丹，凡·高博物馆

《叼烟斗的自画像》，1886年3~6月，巴黎，布面油画，27.2×19cm，阿姆斯特丹，凡·高博物馆

《蒙马特尔的小坡路》，1886年4~5月，巴黎，多重纸板油画，22.2×16.3cm，阿姆斯特丹，凡·高博物馆

《坐着的裸体小女孩》,1886年4~6月,巴黎,布面油画,27.1×23.5cm,阿姆斯特丹,凡·高博物馆

《残缺的女性石膏像》,1886年6月,巴黎,多重纸板油画,35.3×27.2cm,阿姆斯特丹,凡·高博物馆

《残缺的女性石膏像》(从后面看),1886年6月,巴黎,多重纸板油画,46×38cm,阿姆斯特丹,凡·高博物馆

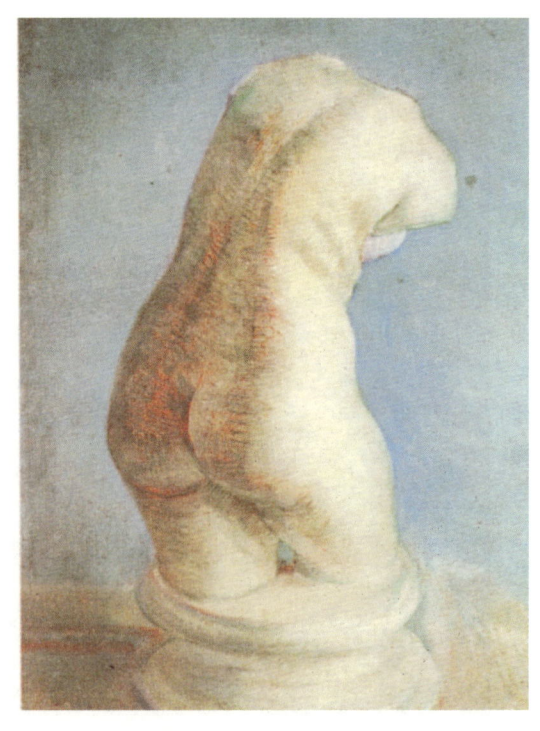

《残缺的女性石膏像》(从后面看),1886年6月,巴黎,布面油画,40.5×27cm,阿姆斯特丹,凡·高博物馆

《残缺的女性石膏像》，1886年6月，巴黎，多重纸板油画，46.4×38.1cm，阿姆斯特丹，凡·高博物馆

《残缺的女性石膏像》，1886年6月，巴黎，布面油画，41×32.5cm，阿姆斯特丹，凡·高博物馆

《跪着的男性石膏像》，1886年6月，巴黎，多重纸板油画，35.2×26.8cm，阿姆斯特丹，凡·高博物馆

《未完成的男性石膏像》，1886年6月，巴黎，多重纸板油画，35×27cm，阿姆斯特丹，凡·高博物馆

《马石膏像》,1886年6月,巴黎,多重纸板油画,33.1×40.9cm,阿姆斯特丹,凡·高博物馆

《凡·高画室窗外的景色》,1886年6月,巴黎,多重纸板油画,30.1×40.8cm,阿姆斯特丹,凡·高博物馆

《花瓶里的翠雀花和牡丹》,1886年6~7月,巴黎,纸板油画,34.5×27cm,阿姆斯特丹,凡·高博物馆

《玻璃杯里的玫瑰》,1886年6~7月,巴黎,多重纸板油画,35×27cm,阿姆斯特丹,凡·高博物馆

《巴黎的屋顶》,1886年6~7月,巴黎,布面油画,53.9×72.8cm,阿姆斯特丹,凡·高博物馆

《蒙马特尔:采石场和磨坊》,1886年6~7月,巴黎,布面油画,32×41cm,阿姆斯特丹,凡·高博物馆

《蒙马特尔:采石场和磨坊》,1886年6~7月,巴黎,布面油画,56.3×62.6cm,阿姆斯特丹,凡·高博物馆

《布洛涅森林公园和散步的人》,1886年夏,巴黎,布面油画,37.5×45.5cm,私人收藏(1980年5月12日,纽约索斯比拍卖行)

《风车磨坊》,1886年夏,巴黎,布面油画,46×38cm,格拉斯哥,凯尔温格罗夫艺术博物馆

《有鲭鱼、柠檬和西红柿的静物》,1886年夏,巴黎,布面油画,39×56.5cm,温特图尔,Oskar Reinhart 收藏

《苹果、肉和面包卷》,1886年夏,巴黎,布面油画,46×55cm,奥特洛,克勒勒–米勒博物馆

《腌熏鲱鱼》,1886年夏,巴黎,布面油画,45×38cm,奥特洛,克勒勒-米勒博物馆

《腌熏鲱鱼》,1886年夏,巴黎,布面油画,21×42cm,巴塞尔,巴塞尔艺术博物馆

《巴黎巴士底庆典街景》，1886年夏，巴黎，布面油画，44×39cm，温特图尔，L. Jäggli-Hahnloser 收藏

《康乃馨、玫瑰和酒瓶》,1886年夏,巴黎,布面油画,40×32cm,奥特洛,克勒勒-米勒博物馆

《花瓶里插着罂粟、矢车菊、牡丹和菊花》,1886年夏,巴黎,布面油画,99×79cm,奥特洛,克勒勒-米勒博物馆

《花盆里的锦紫苏》,1886年夏,巴黎,布面油画,42.1×21.9cm,阿姆斯特丹,凡·高博物馆

《康乃馨和其他花》,1886年夏,巴黎,布面油画,61×38cm,华盛顿,克利格博物馆

《碗中的菊花》,1886年夏,巴黎,布面油画,46×61cm,蒙特卡洛艺术馆

《黄背景下的红、白康乃馨》，1886年夏，巴黎，布面油画，40×52cm，奥特洛，克勒勒－米勒博物馆

《花瓶中的雏菊》，1886年夏，巴黎，嵌板板面油画，40×56cm，费城艺术博物馆

《鱼尾菊和天竺葵》，1886年夏，巴黎，布面油画，61×45.9cm，渥太华，加拿大国家美术馆

《鱼尾菊》，1886年夏，巴黎，布面油画，61×48cm，华盛顿，克利格博物馆

《瓶中的鱼尾菊和其他花》，1886年夏，巴黎，布面油画，50.2×61cm，渥太华，加拿大国家美术馆

《瓶中的菖兰和康乃馨》,1886年夏,巴黎,布面油画,65.5×35cm,鹿特丹,波伊曼·凡·布宁根博物馆

《花瓶里的红色菖兰》,1886年夏,巴黎,布面油画,65×35cm,沃韦,耶尼施美术馆

《红罂粟》,1886年夏,巴黎,布面油画,56×46.5cm,哈特福特,伟兹沃尔斯艺术博物馆

《从蒙马特尔看巴黎》,1886年夏末,巴黎,布面油画,38.5×61.5cm,巴塞尔艺术博物馆

《有剑兰和翠菊的花瓶》，1886年8~9月，巴黎，布面油画，46.5×38.4cm，阿姆斯特丹，凡·高博物馆

《花瓶里的蜀葵》，1886年8~9月，巴黎，布面油画，91×50.5cm，苏黎世，苏黎世美术馆

《画架前戴深色毛毡帽的自画像》，1886年9~11月，巴黎，布面油画，46.5×38.5cm，阿姆斯特丹，凡·高博物馆

《叼烟斗的自画像》，1886年9~11月，巴黎，布面油画，46×38cm，阿姆斯特丹，凡·高博物馆

《贻贝和小虾》,1886 年 9~11 月,巴黎,布面油画,26.5×34.8cm,阿姆斯特丹,凡·高博物馆

《一双鞋》,1886 年 9~11 月,巴黎,布面油画,38.1×45.3cm,阿姆斯特丹,凡·高博物馆

《碗中的牡丹和玫瑰》，1886年秋，巴黎，布面油画，59×71cm，奥特洛，克勒勒-米勒博物馆

《自画像》，1886年秋，巴黎，布面油画，39.5×29.5cm，海牙，海牙市立博物馆

《绿鹦鹉》，1886年秋，巴黎，嵌板布面油画，48×43cm，私人收藏（1987年12月1日，伦敦克里斯蒂拍卖行）

《煎饼磨坊》，1886年秋，巴黎，布面油画，38×46.5cm，柏林，SMPK国立画廊

《煎饼磨坊》，1886年秋，巴黎，布面油画，38.5×46cm，奥特洛，克勒勒-米勒博物馆

《煎饼磨坊》，1886年秋，巴黎，布面油画，55×38.5cm，私人收藏

《俯看蒙马特尔的望楼》，1886年秋，巴黎，布面油画，44×33.5cm，芝加哥艺术学院

《饱食的蝙蝠》，1886年下半年，巴黎，布面油画，41×79cm，阿姆斯特丹，凡·高博物馆

《三双鞋》,1886年12月,巴黎,布面油画,49.8×72.5cm,波士顿,哈佛大学福格艺术博物馆

《戴深色毛毡帽的自画像》,1886年12月—1887年1月,巴黎,布面油画,41.5×32.5cm,阿姆斯特丹,凡·高博物馆

《戴灰色毡帽的自画像》,1886—1887年冬,巴黎,纸板油画,41×32cm,阿姆斯特丹国家博物馆

《女人肖像》(唐吉夫人?),1886—1887年冬,巴黎,布面油画,40.5×32.5cm,巴塞尔艺术博物馆

目录 / Contents

无定的追寻　　001

狂飙与突进　　022

吃土豆的人　　044

两兄弟在巴黎　　056

阿尔的幸福时光　　086

南方的兄弟情谊　　113

圣雷米疗养院　　151

最后一搏　　168

无定的追寻

　　1853 年 3 月 30 日，文森特在布拉班特（Brabant）津德尔特（Zundert）教区牧师的家中降生了。他的父亲是一个安静而有尊严的普通人，除了进教堂担任圣职的渴望，他没有从父亲那里继承任何理想。这种渴望构成了我们即将谈到的第一幕戏的背景。文森特的外貌，性格敏感以及伴随他终身的动力都来自母亲。从现存的肖像看，他的母亲长相酷似农妇，但她和丈夫一样都属于有教养的中产阶级。文森特长着一副乡下人的面孔，然而在命运的恶意捉弄下，他天生就是一个城里人，也许正是因为这个缘故，他才从未找到合适的用武之地。饥饿折磨着他。他的戏剧是一出关于饥饿的戏剧。文森特渴望着每一个人所渴望的那些东西，然而一切却显得那样遥不可及。在文森特看来，他的愿望好比一天就拿一天的薪水的工作一样，完全合情合理。在他的所有信念中，首要的一条就是：我相信。这种信念不是闲暇时的消遣之物，而是文森特对生活的唯一要求。这一要求比感官的任何物质需要，要迫切得多。可是，他终其一生都在饥饿的痛苦中挣扎。从他意识到自我存在的那一刻起，饥饿的阴影就挥之不去。世界接二连三地打击他，就像当初打击堂吉诃德一样，只不过世界对他的打击以及他的躲闪远远要比塞万提斯书中的主人公更真实。这里不存在空想的问题：文森特的梦想几乎全是切实的。几乎全是！他脑海中的弦绷得如此之紧，实现梦想的动力又是如此之大，以致在他死后，那未曾实现的愿望竟化为一股永恒的力量而巍然屹立，如同堂吉诃德的热望一样崇高。

文森特渴望的是人的世界。不同于他人的空虚无味的生活。为了实现这个目标，他换了三四种职业。每一次都是单独的一幕戏，其中充满了各种各样的小插曲。他也将通过与父母、弟弟，他所爱的女人、老师和朋友的关系来努力实现这个目标。这些尝试都以失败而告终，只有他同弟弟的关系是个例外。尽管如此，这个例外也只是相对而言的。艺术是文森特最后的职业，正是这一职业使他死后扬名。他绝不是我们通常意义上的艺术家——艺术家一词不正是指一个具有强烈自我意识的人吗？文森特的自我意识却是微乎其微的。此外，艺术家们天生就有幽默、诗性或者富于创造的气质，而且往往才华横溢，而文森特在这些方面的表现甚至远逊于一个普通人。不过，假如艺术家一词是指极度的自我牺牲，毫无保留地献身于世界与人类；艺术家总是拥有这样的精神历程——根据对自然及其规律不断深入地感知而获得领悟，并仅为自己的愿望设定下一步目标，那么文森特就是一位当之无愧的艺术家，而且是我们这个时代最杰出的一位。

16岁那年，文森特就当上了画商的助手。他之所以做出这个选择，并不是出于某种近距离接触艺术的愿望，也不是由于他自知缺乏创造力，因而希望借助这种方式来实现成为艺术家的梦想。他甚至从未奢望过自己需要获得创造力。他的练习簿上没有素描图，而是充满了拉丁语和代数题。引导他走上这条路的力量或多或少是来自外部的。他父亲有三个兄弟，都是画商，文森特这个名字就是根据三位叔叔中最杰出的一位而命名的，这位叔叔是著名的古比尔画廊（Goupil Gallery）海牙（Hague）分部的经理。由于文森特的父母没有什么钱，这位富裕的叔叔就把文森特招入画廊做学徒。如果这位叔叔碰巧是个煤炭商，那么文森特很可能就会进入煤炭交易这一行。在画廊与艺术粗浅的接触已经足以点燃他的梦想。他在艺术中发现了崇高的品质，正如他在父亲的职业中所发现的那样，只不过在后者那里，这一品质更纯粹也更令人信服。除此之外，艺术对他而言别无所长。他认为唯一值得从事、同时也是他所渴望从事的职业是教堂的圣职。他不敢进教堂，因为任何神圣的事物都让他自惭形秽，他自认为过于丑陋、卑贱，不敢靠近神灵。他的谦卑、不成熟和贫困成了他的障碍。从事绘画交易似乎为他平添了一重责任，要求他用自己的方式展现他在艺术中发现的朴素的崇高。巧的是，由于缺乏经验，他认为他可以在叔叔出售的漂亮图画中找到这种品质。他发现他欣赏艺术作品的标准是很不确定的。朱尔斯·布雷东（Jules Breton）和伦勃朗（Rembrandt）在他看来同样值得钦佩，他的视野仅仅到米勒（Millet）为止。夸张做作的无聊画作也会令他心醉神迷。在海牙的画廊里，他度过了愉快的四年时光。进入一个如此显赫的公司工作是值得骄傲的，他仿佛乘着一座装备齐全的游艇平稳地前行，世事如同流水一般哗哗淌过。在父母那宁静的家中，他快乐地生活着，弟弟提奥（Theo）成了他的密友，他们俩已经在一系列重要的事情上达成了一致。提奥是两个人中更有头脑的一个，他也希望当一名画商，并决定到古比尔画廊的布鲁塞尔（Brussels）分部工作。他天生富有洞察力，很快就掌握了文森特传授给他的知识；画廊的工作意味着同人类精神中最崇高的作品打交道，从业者必须要配得上这个高尚的事业。出售绘画是艺术的一部分，而绝非世俗商品的交易。画商好比看守，他看管着沟通艺术家和门外汉的桥梁，这是一项肩负重任的使命。有朝一日，他将会帮助一位陌生的、不为人所知的艺术大师卸下生活的负担，把他推进社会的中心，使他成为众人瞩目的焦点。黄昏漫步时，他们或者制订宏伟的计划，或者讨论人性的话题。提奥持怀疑的观点，在他看来，世界和艺术是相互憎恶的。文森特却只在艺术中看到了更集中的人性，所有这些力量都是通过相互作用来实现和谐。当然，很多人对艺术一无所知，因而生活在一团漆黑当中，这些人必须得到指引。了解美德之路的人少之又少，因为这个缘故世人才犯下了罪过。因此，必须指出那通往美德的道路。

一天，他们俩一起漫步到了赖斯韦克（Rijswijk）的老磨坊。如果能在不同的国家找来十个人，把他们聚到一起，让他们单纯为了善而工作，那么世界将像花朵一样绽放。在老磨坊的背阴处，兄弟俩彼此发誓要为了善而奋斗终生。尽管善是否能够实现尚属未知，但他们将竭尽全力，矢志不移。这是一个承诺，或者不如说，是一个誓言。

20岁那年，文森特被派往这家画廊的伦敦分部，他取道巴黎前往伦敦。在伦敦，他戴着一顶英式的大礼帽，成了一个娴熟的画商助手。闲暇时，他如饥似渴地读书，尤其对诗歌表现出特别的热情。傍晚时分，他常常和他寄宿那家的女眷们围坐一堂，向她们讲述在书中读到的内容。这些傍晚是那么美好。其中有一个年轻姑娘——一个天使般的人儿，她的身边总是环绕着她教导的小孩子们。单是看着她就令人愉快！爱上这样一个十全十美的人儿，那是多么令人难以置信的幸福！爱情也许真的会让人变成艺术家，因为只有艺术才能满足传达这一幸福的深切渴望。为了让家人了解他的快乐生活，他在家信里勾勒出了他在伦敦的房间。多么神圣的世界！她的名字是厄休拉（Ursula）。

然而，命运为他选择了另外一条道路。几个月的幸福生活之后，一天，文森特偶然得知原来这个姑娘早就订婚了。他从未想过问她是否钟情于自己，这个问题难道不是多余的吗？他爱的姑娘一定也爱他。这种事情绝对不会有错。他固守着自己的信念，因为这就是在赖斯韦克时他对自己许下的诺言。

没有结果的爱情对他产生了一些影响。他的心被刺痛了,而痛苦也唤醒了他。幸福难道不是人生的一部分,是人的职责吗?从来不知烦恼为何物的文森特开始变得忧心忡忡,他从外部世界抽身而退,转身埋头于书本。那个姑娘是不该受到责备的。他不但对她没有半点儿恶意,相反,他还满怀感激,因为她曾经在一个关键时刻进入了他的生活。但现在他必须改变。他要变得更好,更严厉地对待自己,弃绝所有自私的念头。基督就是他的榜样,他的导师。古比尔画廊中有着众多的销售助手,文森特只是其中的一个,然而从那时起,他的心理发生了一些变化,这种变化给他的顾客带来了不良影响。这并不是说他变得松懈了,相反,他的热情比往常增了三倍。他不再向绘画收藏者们推销版画,而是同他们展开激烈的争论。他试图唤醒他们对艺术的感觉,结果却因为顾客的误会而产生了反作用。他的长相也仿佛在跟他作对。他那瘦削的脑袋上长着红色的头发,一对小眼睛在方大的额头下闪光,再往下是凸起的颧骨,紧缩的嘴唇仿佛是一个陷阱,套牢了本来就寥寥无几的话语,当他说话时,他吐出的常常是一串混乱的、磕磕绊绊的词句。他的上司、好心的欧巴赫(Obach)试着和他沟通。文森特误解了,反而和上司展开了辩论。到后来有一天他不再谈论艺术,转而谈起了《圣经》。1875年,他被派往古比尔画廊在巴黎的总部。但即使古比尔画廊有一百家分部也无济于事,现实对他的刺痛变得越来越深了。在巴黎,他的内心和现实生活之间原有的裂缝演变成鸿沟。他一丝不苟地学习绘画交易,因为感到耻辱,他变得越来越顽固。他厌恶那些把神圣的事业当作垃圾来对待的人。白天他沉默寡言,在装饰奢华的画廊里度日,夜晚则在蒙马特尔高地(Montmartre)昏暗的房间里为赞美诗而陶醉不已。上帝在哪儿,在哪儿?在这片城市的荒漠中没有上帝的容身之处。然而至少还有艺术,那些由灵魂纯净的人所创造的艺术，米勒、柯罗（Corot）、德拉克洛瓦（Delacroix）。卢浮宫（Louvre）的一些绘画展厅就是供奉圣洁之物的庙堂。所幸，他可以把照片和图画的复制品钉在居室的墙上，让视觉在白天的污浊之后重获光明。所幸，他还有雷南（Renan）、米什莱（Michelet）和左拉（Zola），让耳朵在白昼嘈杂的声响之后再得清净。所幸，他还有自己的烟斗。

古比尔画廊的经理终于对他进行了正式警告，文森特松了一口气。他又找回了生活，唯一让他难堪的是，自己的叔叔是这家画廊荷兰分部的管理人。1876年春天，他去了英格兰担任语言教师，不久之后他就在艾尔沃斯（Isleworth）的卫理会公派教会学校当了助理福音传道者。要想在新的岗位上获得晋升，他自然需要学习和通过考试。但是对一位先知来说，存在任何既定的规则来指引他完成使命吗？启悟源自内心，文森特意识到了这一点。他的布道仿佛燃烧的火焰一样灼烧着他的嘴唇，但可惜话语的热情无法传及听众。人们错把他的沉默当成了骄傲，他那唐突的举止更为这种负面的印象提供了佐证。他的思想、他的心灵在颤抖，但他的表达方式让人觉得莫名其妙。也许他可以书写，要是他能够通过书写同每个人交流该多好啊！那么或许他应该当一名作家？离家在外，他和家人之间的交流由言谈变成了通信。在家信中，文森特的笔下总是流露出深情厚谊，但每当面对自己的血亲时，他就又变得喜欢争执，过分敏感，行动粗鲁。他的自闭已经让他付出了悲惨的代价。尽管文森特是个体格健壮的人，他的脉搏有力地跳动着，但他是文字的奴隶。他同世界的交流仅限于书本、信件、图画的复制品，他借助宗教的热望来平息与人交流的渴望。他的思想就是他的食物。

那么，结果怎样呢？文森特的父母开始为自己的儿子担心了，这个20岁的年轻人似乎与他的环境格格不入。母亲凭直觉猜中了让文森特痛苦的原因。她在信中说，他"要么因自然而生活，要么因艺术而生活"，知子莫若母,她一语命中了文森特在精神的痛苦中未曾说出的渴望,"自然"和"艺术"正是他所需要的能够慰藉心灵的两种力量。他的确热爱自然,而艺术也的确是他的上帝,可他哪个也没有要。他自感罪恶过于深重,只能在宗教中获得拯救。宗教不是狭隘的道德律法,而是把上帝当作英雄来崇拜的一种信仰。基督,这位在马厩中降生的英雄是他的榜样。基督对人的爱是如此之大,足以囊括整个人类。文森特感到自己心中怀抱着可以为之牺牲一切的大爱,但天生的笨拙举止和粗陋的外表让他无法施展,他因此而深感绝望。当他试着和人们接近时,他们却因为他身上隐藏的那股力量而避之不及。他被心中的爱灼烧着,每当他走近他们时,感受到的却是冷冰冰的敌意。他通过阅读《圣经》来克制自己的罪恶。他把基督当作榜样,从他身上学习如何正确去爱。此外,艺术家们也以某种方式掌握着重要的秘密,他通过阅读他们来寻找答案。他熟知米勒说过的每一个字。他喜爱朱尔斯·布雷东,因为布雷东既画画又写作。艺术中给人美感的要素在他看来是一种致命的罪过。艺术的存在之所以具有必要性,仅仅是因为它等价于世人对上帝的爱,并且由这种爱催生而出。与此同时,随着经验的增长,他的洞察力逐渐变强,评判能力也有所进步。他仍然忠实于布雷东以及其他几个毁誉参半的知名画家,但宗教人物从他身上激发出了更大的热情。他从未想过有朝一日自己也会以画画为生。他不时会勾勒一些草图,但也仅仅是在家信中为了说明情况而画上几笔。他画出的画就像一个孩子画的,然而他那艰苦的努力明白无误地显示出了他绘画的基本原则,正是在这种基础上他才形成了后来的风格。或许有时他也曾在梦中作画,但醒来后他总是责怪自己自欺欺人、妄自尊大。他所期望的只是做基督的仆人。这个理想同样意味着要成为他父亲那样的人,拥有温和的性格,并受到大家的喜爱。在文森特的父亲——这位乡村牧师那谦逊的美德中存在着某种神圣的东西。他当然不是了不起的圣人,否则他也不会一直埋没在所辖范围最小的乡村教区里，但他是一个纯洁的人。《圣经》中的话语如同一串串音符，从文森特的唇边流畅地涌出。一开始，他在讲道时就很少插入自己的话，后来他甚至觉得在基督的话语之外是完全不需要添加任何东西的。人充其量只能做救世主（Saviour）的代言人，并通过自己行为的纯洁性来证实《圣经》的神圣。

那个时期，《圣经》中的每一行文字都激励着他。他发现牧师们的一切话语都流露着某种无私的信仰。从他父亲口中说出的字眼让空气都变得神圣起来。文森特认为自己身上一定存在不洁之处，否则教民们怎么会不爱他呢？他被自我牺牲的强烈愿望攫住了。他必须寻找属于自己的上帝。那些知道上帝的存在而又不试图与之接近的人无疑是罪大恶极的。

文森特的父亲不能接受他的那一套想法。实际上，有这样一个敬畏上帝的儿子本来是值得欣慰的，但文森特的举动太过激烈，因此显得很夸张。当然，人必须把自己拥有的一切都交给上帝，履行自己的义务，但同时还需要考虑其他一些因素的制约，比如实现的可能性、其他人的看法以及后来的情况。日复一日地，文森特的父亲发现越来越难以同儿子探讨宗教问题，后者怀抱着直接亲近上帝的强烈渴望——就仿佛上帝正在那里等他似的——对所有障碍都不屑一顾。他谈起基督就好像基督是和他同居一室的密友。他也说到另外一些人，其中甚至包括圣职人员，按他的意思，好像他们的信仰都误入歧途，生活在茫茫黑暗当中。这位父亲还警觉到，在爱上帝的名义之下，儿子不时做出的惊人之举。文森特热情高涨地引用著名诗人的诗句，就仿佛他在引用摩西（Moses）在山上的训诫一样。

在他的父亲看来，要求日常生活的方方面面都信守《十诫》（Ten Commandments）只不过是一种分外之想。对基督的爱不应该是火焰熊熊、焚毁一切的熔炉，而应该是家中的壁炉，炉中烧红的煤炭散发着温暖的热度。

尽管如此，文森特的父亲也认为不该遏制文森特从事圣职的渴望，毕竟这个儿子在其他方面别无所长，于是，1877年他同意了文森特的选择。文森特终于站在了自己选定的道路上，这是一条狭窄的道路，路的那头是十字架上的耶稣。

这个变化只是进一步唤醒了文森特内心的使命感，并没有让他改变职业。无论如何他是这样看的，他在一种神圣的喜悦中履行着自己的责任，尽管他并不指望自己像父亲那样纯洁、正直，但也许他能更深刻地感动教会信徒，并更努力地在教堂之外为教区居民们服务。当然这些都是将来的打算，因为从事圣职的首要条件是学习神职仪式。事实上，要想成为一名牧师，大多数事情都未必和宗教相关。他将陶醉于研读《圣经》的乐趣，对此他从来不曾感到过厌烦。但在深入研究《圣经》之前需要先学习古希腊语。他去了阿姆斯特丹（Amsterdam），由一个和蔼的老师指导，学了一年。在此期间，他表现出刻苦、勤奋和忘我的精神，不允许自己被任何世俗的消遣吸引，就连最单纯的娱乐也不行。和以前一样，只要能够攒下几个便士，他就会用来购买艺术大师的复制品和照片，此外他还买了左拉的书，为的是不让自己偏离那条狭窄而笔直的道路。尽管他的父亲持不同意见，但在他看来，左拉的作品就像赞美诗一样虔诚，阅读这样的作品能给他带来激励。上帝不断把他从古希腊语法的学习中拉开，使他关注一些其他人。在他死啃书本时，基督受难的图景在伦勃朗画作的复制品中闪闪发亮。这些复杂的语法规则真的能帮助他获得拯救吗？他的父亲不需要说外语就能抚慰教区里的农人。所有这些规则都是那些满脑子公式、从来不考虑人类真正需要之辈制定的。他们是把人与造物主、人与人性凭空隔开的障碍。多年劳累的准备工作只会让热情变冷，让使命感丧失殆尽。有时文森特会因为这套神学体制而狂怒不已。他仔细研究了这种体制。许多宗教仪式只不过是噼啪作响的祈祷轮。即使在执行神圣的使命时也总有人打着上帝的旗号做交易。压抑这样的思想是明智的，但不坦白说出你所深信不疑的事情则是不诚实的。有些事会减少你对所负使命的热情，但也许它们构成了对你的试探的一部分。文森特热情依旧，他也即将获得精神上的升华。他的虔诚失去了早先的夸张造作，但他并不逃避任何与上帝对话的机会，而是开始更深入地思考。与上帝对话时，他很少是因为宗教上的迷狂，而越来越多的是因为感受到创造的神圣领域，自然的完美之处或者受到福佑的人的艺术作品。他在这个时期写下的信并不像神学家论道，而是一些被文字包裹起来的图画。为了更好地传达出某处风景的颜色和基调，他在给弟弟的信中不断提到一幅幅绘画作品，比如，教堂和农舍就像博斯博姆（Bosboom）画中所表现的，树木就像丢勒（Durer）的一些作品中所画的，起伏的草原的颜色就像彼得·勃鲁盖尔（Brueghel）在一幅画中所描绘的，基督就像伦勃朗画的基督。艺术与自然、经验与回忆、朴素与智慧在他的信中交织在一起。几股力量在文森特的心中翻涌着，他虽然不能清晰地辨别，但他感觉到它们化成一种合力、一种欲望激励着他前进。

提奥早就察觉到了文森特心中那潜在的"艺术家"，他建议哥哥，既然他对那些风景赞不绝口，那就把它们画下来好了。文森特回信说自己画画只是偶尔为之，并随信附上了一张信手描画的风景图。"但由于这样做会影响我真正的工作，因此或许还是不画为妙。回到家后，我就给不结果的无花果树进行布道，讲路加福音第13章。"

假如他一直沿着自己的方向走下去，结果会怎么样呢？学习研究能够极好地锻炼人的头脑。神学研究对那些希望了解宗教的人而言尤其有用，对那些希望从事宗教这一行的人而言则并非如此。文森特永远也做不了拥有学者风度的牧师。此外，他也没有足够的钱在大学里读上几年书，即使经济允许，他也不可能在象牙塔里禁锢很长的时间。那么好吧，他可能做不了牧师，只能当牧师的助手或者非专业的福音传道者。他自知身份卑微，只配和下等人，比如矿工交谈。那些在暗无天日的地下工作的人们一定比其他人更期望获得光明。在一本地理小册子上，他了解到比利时博里纳日（Borinage）的居民的悲惨生活。这些人一定有着旺盛的求知欲，他应该把福音传给他们。文森特的父亲勉强同意了他的提议。尽管多一个业余福音传道者并不会给这个家族带来特别的荣耀，但也许文森特能以这种方式获得自我救赎。愿上帝与他同在吧！

即使到博里纳日传教也必须服从一系列的规章制度。文森特在布鲁塞尔的福音传道者学校接受了几个月的培训。他不得不再次被人关在高墙之内，但这次的经历多少还可以忍受。他努力学习。实际上，他只有一个缺点：他只能照着布道词朗读，不能即兴发挥。这件小事让他觉得无地自容。在其他方面，他是这所学校最好的学生，但他身上的某些东西却让受人尊敬的校长不大满意，比如他的举止以及他那不修边幅的穿着。此外，他的身体也出了问题，他已经开始忍受神经系统的折磨。1878年冬，他被暂时派往博里纳日。终于！凡·高走进了这片黑暗的地方，但他如同走进了神圣之地。正如他所预料的那样，这些简单的人们喜欢他，而他对他们也是一样。加在他身上的诅咒似乎失效了。他主持讲解《圣经》的课程，布道、传教，探望病人并帮助和安慰他们。他在那里住了将近两年。黄昏时分漫天的彩霞在他看来是如此熟悉，就仿佛他生来就没有离开过一样。这里的人们虽然在煤灰的污垢下生活，但他们的表情比城里人的更动人。他们的脸上铭刻着深深的皱纹，那是危险和艰苦的时刻留下的痕迹。他们粗鲁又莽撞，但一点儿也不虚伪。文森特有生以来第一次遇到这一类人，这些人像他一样贫穷，他们从不因为他衣着随便就对他说三道四，和他们在一起他觉得轻松自在，没有丝毫恐惧。所有交往的本质和方式都是确定的，不是因为习俗，而是因为必要。他对待自己的使命就像这些人对待工作的态度一样。在这个黑洞一般的世界里，多样性是闻所未闻的，为了和当地居民融为一体，他甚至宁愿放弃自己在精神上的愉悦。

如果不是因为布鲁塞尔当局干涉，一切都将进展顺利。教会方面的人不喜欢这个新任的福音传道者，因为他既不遵守常规，又不顾尊严和下等人混在一起，融入了他们悲惨的生活。不管怎么说，文森特只是暂时性地被派往当地，他需要遵守一个非专业福音传道者必须遵守的规定。假如当地的苦难不是那样深重，他大概也会按照规定办事。村子里有些不幸的人甚至比他还穷。他们遭受痛苦的折磨，忍饥挨饿，既没有可供栖息的床铺，也没有能够遮体的衣物。文森特忘了教会，也忘了他曾对他们许下的承诺，心中牢记的只是基督的教导。他把自己的钱、衣服，甚至连床都送给了别人。多么丢脸啊！也许是因为在1879年夏天那场由闪电引起的灾难发生之后，他向当地的居民表现出了过多的同情；也许是因为他甚至在矿工们宣布罢工之后仍然不肯抛弃他们，他受到了正式警告，并被剥夺了继续传教的权利。

在教堂的工作就这样画上了句号。对我们这位忠实的信徒来说，这当然是让人懊恼的痛苦遭遇，但对我们的主人公来说，这却不啻为福音。不过，文森特身上的信徒职责感非但没有消失，反而进入了更深的层次：他弃绝了所有讨好谄媚的言行，也放弃了一些约定俗成的习俗，这样一来他和别人的交流就更困难了。他再也不能担任圣职，不能像父亲那样完成使命了。所谓性格上的平衡只是因为缺乏同情心。文森特没有离开博里纳日。为什么呢？因为他爱那里的人，那里的矿工，他们悲惨地过日子，生活很少向他们露出笑脸。他不再向他们谈论《圣经》，原因是他对任何言论都产生了怀疑。他没有工作，整天忍饥挨饿。他已经习惯了仅靠面包度日，但有时候一连几天他连片面包也吃不到。谁不肯服从公认的规则，谁就得受这种罪。他的家人也失望了，认为他无可救药。就连一直支持他的提奥也对他丧失了信心。他和家人在这个时期的通信充满了苦涩的味道。提奥此时已经提升到了总部，并在工作上进步飞速。这不能不让人对兄弟俩做一番比较。提奥绝非妄自尊大之人，但不能更改的事实是，他在世界上同行业中最优秀的公司总部工作，而他的哥哥尽管比他起步还早，比他更有天分，比他更有雄心，却沦陷在黑暗的洞穴里无法自拔。这是一种耻辱。弟弟严厉地责备哥哥。文森特的生活没有任何意义，因为读书毕竟不是一桩事业，他不能用自己的生活哲学混到一口饭吃。他所有关于宗教的话题都不过是借口，用来掩饰他对工作和生活的逃避。他沉溺在绝望当中并引以为乐，变成了一个古怪的懒人，与痛苦相伴。他的手刚一伸出，就马上从犁铧上缩了回来。这已经是第三次了！从他离开古比尔画廊那一刻开始，就一点一点地沉沦下去了。他的父母写信要他返回荷兰，这样一来他就会回到他们身边。他甚至没有回复这封信。他去那个邪恶的地方干什么呢？

　　文森特留在他那黑暗的洞穴里。对于大多数问题来说，都存在两种看待问题的方式。比如，从一个完全合理的角度来看，提奥在古比尔画廊的出色表现尽管值得每个可敬的市民称赞，但它与文森特的处境毫不相干。在对自己无法理解的人或事下判断之前，去除成见是比较明智的做法。

　　提奥没有注意到，此时文森特和家人的交往开始陷入停滞状态。他的父母并不是为他的无能而痛心，令他们痛心的是他不愿意改变现状的态度。想想为这个儿子付出的所有牺牲吧！当他还是个孩子时，他就总是需要特别的关照。另外，文森特的自负简直让人难以忍受。仅仅是为了家族荣誉着想（这个家族几代人的品行都无可指责），他们打算帮助他，可他呢，竟然不希望获得帮助。他语带讥讽地表示，这个家族能给他的只有面包，假如他们没有面包，那就什么也帮不了他。他们的建议只会误人子弟，就和他们的生活一样。与他们想象的不同的是，他承认了自己的错误，但他坚持认为无论如何他都理解他们，并表示他们也应该了解他们自己。他虽没有如此直露地说明这一点，但从信中你可以很清楚地领会他的意思。

1880 年春天，文森特出人意料地回到埃顿（Eyton）。早上好！你好！就好像什么也没有发生一样！他的父亲准备原谅回头的浪子，但浪子本人却保持缄默。他的父亲以福音书的名义责令他，但他只是走出了家门，又一次回到博里纳日的矿工中间去，一连几个月都杳无音信。他靠什么生活呢？他的日子肯定不好过。他很可能在自己的黑洞穴里饿得要死。提奥不能再忍耐下去了，因为他在巴黎无法向任何人倾诉他和哥哥共同讨论过的想法。这些想法依然存在，只是暂时被移到了视线之外。在给哥哥的信中，提奥写道，你学到的东西比以前多了，你也了解了一些生活的真相。但是尽管你的知识有所增长，你却远没有在赖斯韦克老磨坊时那样快乐。7 月，提奥像往常那样给他的哥哥写信说："文森特，怎么回事？"他还在信里附了一些钱。文森特看着那些钱，准备把钱原封不动地寄回去，当然如果能用这些钱美美吃上一顿，无疑是一件好事。文森特希望提奥明白他还能够应付得过去，于是他给弟弟回信说，他仍然还有一些希望。

他待在自己的洞穴里，他假想自己的住处就是一处洞穴。也许他必须永远待在这里，也许不必。他像一只生病的动物一样情绪无常。或许这是不治之症，等待他的是死路一条，或许他能够痊愈，重获新生。无论如何，最好的事情莫过于独自一人经历这样的过程。他的坏脾气毫无疑问是一种极为古怪、令人焦心的疾病，但至少他可以说："我生性热情、好冲动，免不了或多或少地做几件傻事，事后也会或多或少地后悔……问题在于要想方设法，把这种热情用到好的方面去。比如，对我来说，不断学习是必要的，我着魔一样地迷恋着书本，如饥似渴地阅读。换一个环境，当我置身于艺术作品中时，它们也会从我身上激发出同样的热情。尽管眼下这个陌生的国度里鲜有艺术可言，我也常常犯起思乡病，但我并不因此而后悔。可能你还记得吧，以前——也许现在依然如故——我是那么熟悉伦勃朗、米勒、杜普雷（Jules Dupre）、德拉克洛瓦、米什莱或者马里斯（Matthijs Maris）。然而现在环境变了，我有了一样新东西，就是那被称为灵魂的东西。我听说灵魂会永世不灭，不停地追寻探索下去……思乡病没有把我压垮，相反，我告诉自己四海为家；消极的忧郁也没有令我屈服，相反，我选择了积极的绝望，这样一有机会我就可以开始行动。我发现了一种新的绝望，期待和奋斗是它的内涵。我也或多或少地认真读了几本书，《圣经》、米什莱的《法国大革命》（*French Revolution*），去年冬天读了莎士比亚（Shakespeare）、维克多·雨果（Victor Hugo）、狄更斯（Dickens）和斯托夫人（Harriet Beecher Stowe），最近还读了埃斯库罗斯（Aeschylus），另外还有其他几位不大出名的作家写的作品……医学是另一门不可或缺的学问。几乎所有人都试着了解一点儿医学知识，或最起码希望了解一点儿，你看我却对它一无所知。所有这些都占据了我的精力，让我费一番思索。我不清楚确切的时间，大概有五年之久，我一直漂泊无定，没有正式的职业，你对我说：'这么长时间以来，你总是无所事事，在堕落的泥潭里越陷越深。'但真是这样吗？的确，有时我得给自己挣每天的面包钱，有时朋友出于怜悯给我面包。我尽我所能，或好或歹地活着，我觉得我已经丧失了很多人拥有的那种自信。我囊中羞涩，前景也不容乐观。或许我本来应该能做得更好一些。为了求得温饱，我白白浪费了时间。我承认我所学习的一切都拙劣而惨淡，与我所获得的相比，我所欠缺的是那么多！但难道这就意味着沉沦和无所事事吗？我只不过是辞了一份工作，而之所以辞职，是因为我不能苟同于那些尊贵的大人物们的观点，是因为我毫不动摇地坚持自己的观点……你可能会问，为什么我不留在大学里呢？对此，我只能回答，相比待在象牙塔里等死，我更愿意面对自然的死亡。一次偶然的机会，我发现，对我来说，从一个割草的农民身上学到的要远远比从希腊语中学到的东西更宝贵。至于改善我的境况，我从来就没有要求过。假如你得了肺结核或斑疹伤寒，当然白开水对你的健康是最重要的，但如果你坚持要喝某种更刺激也更有效力的饮料，难道你就犯错了吗？我已经迈开了步子，因此必须沿着这条路走下去。不这样的话，如果我停止追寻，停止思索，那样我才会真正迷失呢。我就是这样看待这一切的。重要的是前进。不过，你会问我的真实目标在哪里。呃，我的目标变得清晰起来，就像一幅素描渐渐变成草图，草图又渐渐变成画卷……你说到以前我们曾经在很多问题上意见一致，你还问我是否记得一起到赖斯韦克老磨坊散步的情景，你说从那以后我就变了。我不能完全同意你的看法。只有一点发生了改变：以前我的生活还不像今天这样艰难，前景也不像今天这样黯淡，但我这个人，我的内心没有任何改变。要说有什么改变的话，那就是我的思想、爱和信仰远远比以前更深沉了……"

　　提奥和他的父母把文森特对书本的激情看作他的痛苦之源。在他们看来，仅仅因为文森特再也不能成为一名画商一事，就相当于他抛弃了艺术。提奥在成为著名画商的道路上获得了骄人的进步，他认为绘画是最重要的。然而文森特却不像以往那样热爱绘画了，他又发现其他一些值得喜爱的事物，它们和绘画又是彼此相通的。对文森特来说，发现存在于他所喜爱事物中的一致性是真正的难题，几乎相当于真正的宗教。"莎士比亚的作品中带有伦勃朗的某种调子，米什莱的书中有柯勒乔（Correggio）的气质，维克多·雨果的著作里有德拉克洛瓦的影子。另外，福音书里也有伦勃朗，或者说伦勃朗的作品里有福音书……就像一个人必须学会看和听一样，他必须学会阅读。"一切都有赖于此。选择这样一个洞穴作为学习的场所，似乎有点儿古怪，但或许，无论在这里还是在别处，学习都是一样的。可能正像提奥所说的那样，文森特有点儿"心不在焉"。也难怪别人会责备他，文森特既不修边幅，也不在意外部世界所看重的体面。无论如何，他都在那个黑暗的洞穴里做着自己认为必要的一切，别人尽管对他说三道四，对他却没有什么影响。他之所以选择这样一个地方，或许就是因为他认识到只有住在那里，他才能接近那些皮肤黝黑的矿工。如果说文森特在那儿没有学到什么，至少他发现自己无力帮助那些矿工兄弟们。"许多人心中都燃烧着熊熊烈火，但从未有人借着这火焰取暖。从旁边经过的人或许会注意到烟囱里冒出的几缕青烟，然而他们只顾埋头走自己的路……我终于得出了这个结论：要想走近上帝，最好的方式是爱，爱所有人。听我说，去爱一个朋友，随便一个朋友都行，或者你喜欢的任何东西，这样你就走上了学习的正途。你必须带着高尚而强烈的决心，带着意志力和智力去爱，并且不停地去拓深、扩充和改善你的知识，因为这是一条通向上帝的路。如果一个人深爱伦勃朗，那么他就能在心中辨认出上帝的形象。假如另有一个人研究法国大革命的历史，那么他不会是一个怀疑论者，因为他会真切地体会到那塑造命运的力量。如果你参加了米赛瑞大学（The College of Misery）的自由演讲，哪怕只是一段很短的时间，如果你在注意自己眼睛所看到的，耳朵所听到的，那么你就会获得一种坚定的信仰，你从中学到的一切将难以用语言形容。'凡有眼可看的，便应当看。'然后，你会偶尔出神，做做梦。我知道有些人变得太过心不在焉，或者想入非非，这些天我可能就常常这样。他们说梦想家难免会跌进井里，但不久他就会沿着井壁爬上来。"

"到处都是些废物、败家子。这些家伙整天虚度光阴，他们无所作为、胆小怕事、品行不良。如果你觉得不错，你可以把我也看作他们中的一员。但是还有另一种败家子，这些人尽管同样无所事事，但他们是因为过于渴望行动而被毁掉的，他们同样毫无作为，因为他们什么也做不了，因为他们没有合适的工具，因为环境的枷锁把他们牢牢困住。这些人甚至连自己能做什么也不知道，但他凭直觉感到：是的，我是一个有用的人，我有活下去的权利，我知道终有一天我会与现在的自己判若两人。我的价值在哪里呢？我是有用之人，但我的价值何在？这是一群完全不同的废物，如果你觉得合适，你也可以把我看作这些人当中的一个。当春日来临，笼中的鸟儿清楚地知道自己有事要做，而且能够做到，但它什么也做不了。至于要做什么，它还有点儿记不清了。它想到其他的鸟儿们正忙着筑巢育雏，于是就拼命用头去撞笼子，然而笼子坚固如铁，可怜的鸟儿痛苦地发了疯。看看这个废物吧，鸟儿们展开翅膀快活地飞过，可它呢？这个关在笼子里的囚徒还活着，单从外表看不出它的内心活动。遇到阳光灿烂的日子，它多少会显得快活一些。日月如梭，它一天天绝望。清理鸟笼的孩子们以为它什么也不缺，但它直视着漫天风暴，起来反抗它的命运。我被关在这样一个鸟笼里，看上去一无所缺，但你们这些白痴！"

　　这就是文森特的想法，但很可能，在他的内心中还存在着另外一个无所事事的懒汉，对这一点连他自己也没有发觉。当他站在那里等待人世上平凡的工作时，它们不就在他的眼皮子底下吗？当然，以前他还年轻，他曾经像漫无目的的流浪汉一样到处漂泊，原因仅仅在于他找不到合适的工作，而且得不到温暖。只要一束阳光就够了。他写道："你知道什么东西能够打开这笼子吗？每一种深厚的情谊——兄弟之情、友谊、爱情——都可以。它们就像一把神奇的钥匙，轻轻一旋就会把门打开。如果你弄丢了钥匙，生命将无异于行尸走肉。给予同情的人就是给予生命的人！"

　　这出戏剧慢慢展开了。终于，从那些纷繁而近乎凝滞的琐事中，传来了惯常节奏的律动。这幕戏不再是一连串互不相干的事件的集合体，而是站在人性门槛上的声声召唤。无论是不是艺术家,每个读到这封信的人都会把自己设定为写信者,或收信人。忽然之间,"画家的房间"(piece de peintre)反映了一个普遍事件的重要性。艺术被证明是爱的最高化身——对世界的爱,对人类的爱,无私的爱。有了爱,你就可以把空白的画布变成繁花似锦的花园;有了爱,你就可以为石头赋予生命;有了爱,你的话语就会盘旋回响,一直到时间尽头。

尽管在这个时期,文森特还没能彻底了解自己的思想极限。但他知道他首要的职责是冲破桎梏着他的痛苦,它们压制了他的创造精神。那驱赶着他进入创造艺术世界的力量,既不是出于天赋,也不是出于对美的欣赏,更不是出于野心,而是白热化的对爱的渴望。现在,站在我们面前的是一个对艺术一无所知的画家,所有那些个性上的优势与缺陷能奈他何,这是一个赤裸裸的艺术家。有史以来,人们还从未看过这样一幅景象。在命运的驱逐、追赶之下,他那不死的灵魂,连同灵魂上所有的污点都迸发出这样的呼喊:"不管我的存在是什么模样,我,也只有我是它的主人,我的王国不是尘世的国,我的王国是爱的国度。真有这么一个国度吗?我要去寻找。"

凡·高自己的画并不能缔造他那显赫的名声,其他一些画家的作品要更为伟大和深刻。文森特的不同之处在于,他能够清晰地感知事物的神秘性,似乎那与他之间不过隔了一层透明的水晶,此外他能够用一种清晰的方式将其表现出来。每当这种神秘呈现切实的形象,一种全新的欢乐就超越所有审美的愉悦而降临世间;与此相比,收藏家的欲望则显得像一次醉酒一样鄙俗。艺术只能通过一种演变过程而实现,比如文森特在博里纳日的深渊里挣扎就是这样的过程。在这个时代,那些声称敢于同往昔对抗的艺术——文森特可不敢这样说——只能通过一种方式产生出来,那就是痛苦、永不松懈的警觉、持续的努力、终年的质疑和虽然绝望却永不放弃的精神。今天的艺术家会努力在一片混乱中寻找有规律的节奏，直面上帝的审判，就像以前的艺术家在面对行业协会时一样。只要他能通过严酷的考验，他就会在精神上获得必要的原力，而生活在几百年后的人要更幸运一些，他们并不需要它。

提奥绝不是追名逐利之人，他甚至很有隐士风范。收到文森特的信后，提奥对哥哥的怀疑消失了。几个月后，我们这位漂泊的流浪人找到了唯一一条可行的路。艺术是他饥饿的主要原因，因此也只有艺术才能满足他。他已经不能布道了，而布道是他和他的矿工兄弟们进行深层次交流的唯一途径，既然这条路走不通了，他索性走到邻居们当中，开始用笔记录下他们的生活。他用钢笔、铅笔画下线条和轮廓，表现矿工们和矿工们的生活。从这一刻开始，他就开始了狂热的绘画生涯，从此一发而不可收。他27岁了，在死亡之前他还有十年的光阴。在这十年当中，三分之二的时间他都用来进行精细而艰苦的绘画训练。与此相比，以往那些行业协会所实行的耐力考验如同儿戏。另外的三分之一时间多被间歇发作的疾病夺走了，不过，对于一个多产的画家而言，余下的时间已经足够了。

文森特为自己定下了"十诫"，作为他自己的艺术学校的校规：只做自己喜欢的事，并且要做就做得彻底、不顾一切；严格地自律，既然你骑的是一匹赛马，就要不遗余力地用马鞭和马刺迫使它加速；仔细地选择你的技巧；审慎地选定你的第一个里程碑，并要小心地选择第二个、第三个，然后丢开一切谨慎，放开手脚去做，假如做到了这一点，你将永远不会忽略第一个的效用。

他极为谦卑地学画，用一种毫不张扬的笔触临摹了每一个他所热爱的画家的作品。首先无疑是米勒的《拾穗者》(*The Gleaners*)，还有他的《播种者》(*The Sower*)。在文森特的作品中，播种者的意义与其他画家所画的自画像的意义没有分别。在米勒之后，他临摹了其他一些画家表现艰苦劳动的绘画。提奥把凡是能搜罗到的图画复制品都寄给了他。也许——这并非完全不可能——他可以靠绘画为生，比如做个报纸插图画家，就像那些给《笨拙》（Punch，《笨拙》是英国最老牌的幽默杂志，至1992年停刊时，已有150年历史，是英国中产阶级的主流读物）画画的人们一样。文森特就连做梦也没有想过画油画，他总觉得那不是自己能够胜任的。但即使是为了学习素描，请一些经验丰富的画家做老师也是必要的。和画家们在一起该是件多么有趣的事！对一个在博里纳日生活过几年的人来说，一个只有画家的地方简直就是世外桃源。一天，文森特出发前往库瑞尔斯（Courrières），为的是拜访住在那里的画家朱尔斯·布雷东（Jules Breton）。他白天长途跋涉，晚上则睡在星空下。他给当地的农民画画，后者送给他面包作为交换。与博里纳日的天空相比，法国的天空似乎格外明净、清朗……到了库瑞尔斯之后，他发现布雷东那间气度不凡的画室和他想象中的一点也不一样，他甚至不敢按响门铃。于是，他转过身，返回荒凉的博里纳日。

狂飙与突进

　　文森特渴望与自己境遇相同的人交流，他也深信世上有这种人，在这种渴望的驱使下，他于1880年秋天前往布鲁塞尔。最初是提奥和父母共同负担了文森特这次冒险之旅的开销，但从此以后，提奥就开始用自己节省下来的薪水独立资助哥哥了。提奥之所以做出这些牺牲并不完全是为了哥哥，同时也是为了一个理想，这个理想目前可能尚不明确，但它在某些程度上给提奥带去了精神上的愉悦。文森特忠于自己的理想，提奥也希望能这样做。正是这种共同的追求又一次把兄弟俩紧密地联系在一起。

　　游览过布鲁塞尔后，文森特觉得，这里在很多方面都比博里纳日更合他的心意。他发现，对于学习绘画而言，这儿有着各种各样的机会。这里有专门的绘画学院，学院里有画室和模特，以及一个艺术爱好者（尤其是一个一文不名的艺术爱好者）需要而又无法获得的其他任何东西。这所学院是当时欧洲最好的也是最负盛名的学院之一，然而这种显赫的名声难免让一位初学者心生恐惧。谁知道呢？也许在所有这些完美无缺的外表之下，潜藏着一股同样奇异的力量，它如同那些推动教育和宗教世界的力量一样，曾使他无法安于教书、布道，诱使他放弃了自己的学业和信仰。从一个住在阁楼里的平庸的制图员那里，文森特学会了透视法，其他的东西则全靠自学。

他临摹了查理·巴尔格（Charles Bargue）《素描教程》（Cours de Dessin）里的画作，在博里纳日时他得到了这本书的印刷版，从那时起它就一直陪伴在他的身边。文森特痴迷于解剖学，同时贪婪地学习光与影的规律。他从住在阁楼里的朋友那里借来图书，自学了这一切。他把冬日街道上的行人和无所事事的工人当作典型，给他们几个苏（法国大革命前的货币单位），请他们坐下来给自己当模特；他描画布鲁塞尔城门外的风景，也一遍遍地临摹米勒的作品。偶尔文森特也会把一些画作寄给父亲，但目的仅仅是为了说明自己已经不在博里纳日了。提奥欣喜不已，他已经预感到哥哥会成功，预感到他绝非平庸之辈。然而文森特却没有沉溺于这种幻想当中；只要画家是真诚的，即使才能平庸也不会被他轻视，因为他所希望的只不过是取得和他们一样的成就罢了。

这种谦逊是不无道理的。他的天赋似乎少得可怜。许多平庸之才在开始学画时都有更卓越的天赋。他的画看起来仿佛出自一个十二岁的孩童之手，没有一条线是直的，从这些画中人们似乎可以看出他用笨拙的手指在纸上费劲描画线条的样子。他本人大概也很难料到在这些拙劣的涂鸦中包孕着一个画家的风格雏形，因此他努力抹杀这种风格。他想描绘出一个真实的工人，包括他的表情、他的衣着，一切都必须绝对准确，这种想法压倒了一切，于是他打算去买一套绘画用具。这并非易事，因为画布的价格不菲，为了省钱，他整天靠马铃薯、面包和栗子度日。假设文森特当时画了几千幅画，那么他也许会在这条路上取得稍许进步。他并不缺少必要的耐心，但仅有耐心是不够的。如果他注定要成为一个艺术家，某种外在的东西就必然会进入他的作品。他并不知道这种东西究竟是什么。无论如何，那与解剖学无关，通常而言，那是生活中极其重要的东西。可能艺术并不能满足一个男人的全部需求。或许，一点点幸福就能带来契机。

寒冬之后，1881年春天，他离开布鲁塞尔，来到父母所在的埃顿。在那里他遇到了来自阿姆斯特丹的表姐，这位表姐是个寡妇，带着一个小孩。她是牧师的女儿，年龄比文森特稍长。不久之后，文森特就意识到自己在布鲁塞尔时缺少的东西是什么了。"必须受到女人的呵护，方能成为一个男子汉。"（原文为法语："Il faut qu'une femme souffle sur toi pour que tu sois homme."）甚至不需要一个女人，文森特的敏感也必然会转化成他作为艺术家的才能。一个拥有强烈同情心，并能宽容他的鄙俗之处的男人就能满足文森特对和睦情谊的渴望。但到目前为止，他从未获得过这种情谊。提奥才刚刚开始理解他。兄弟两人的通信给双方带来了无数友谊的欣喜，但这其实掩盖了文森特性格上的所有缺点。因为在写信时，文森特自然而然地隐藏起作为男人的赤裸裸的自我。同时信件也无法传递文森特所渴望的直接的人际接触的温暖。文森特和父母的关系仍然不融洽。

除了认为他是一个失败者、一个家族的污点，文森特的父母还会对他有别的看法呢？他的艺术，他那微不足道的成就，在他们看来只不过是异想天开罢了。这种新的消遣又能持续多久呢？文森特认为自己和父母完全生活在不同的世界里。他不愿意理会他们那些陈词滥调，就在不久前，父亲的职业对他来说还是那么神圣，现在看来不过是连篇谎言。但他一直都把教区住宅当作自己的家，并对那里给予他的一切感激，不过，更重要的是有一个自己的家。他快要30岁了，这正是适合结婚的年纪。他找不到任何拒绝结婚的理由。而恰逢此时，表姐进入了他的生活。然而，她正沉浸在对前夫的思念中，对他十分冷淡，没有给他任何希望。文森特心中充满了挫败感。但只要这个女人活着，他就有可能在某一天获得她的芳心。在艺术上也是一样，他从来没有一蹴而就过。成功意味着牺牲、勤奋和耐心。总有一天，她会，而且也一定会看到,她将属于他,而他也属于她。她和她的孩子——一个迷人的小家伙——孤独地生活着,因为她的父母也和文森特的父母一样。文森特也同样孤独。还有什么比和他们一起生活更简单的呢?但是他必须忍耐。在伦敦时,由于误会(这种误会只可能发生在一个流浪英国的荷兰人身上),他的这种希望就曾破灭过。也许这是他自己的错,因为他没有用自己全部的力量去争取,反而过于轻易地选择了放弃。他那时太过骄傲了。但现在他知道爱情是什么了,也知道什么是危如累卵。可是她知道吗?她依然活在过去。那样做对吗?爱情,这种最强的生命力,难道能够和死亡如影随形吗?这是不健康的不是吗,他难道不应该治愈她吗?

她对他绝没有任何想法,连他的父亲都对他的生存手段有所怀疑。当然,他并不是认真的!难道他没有存在吗?他的存在就是很好的证明,并且现在比以往任何时候都更具有实证性。除非相反的情况得到证实,否则他的父亲将不得不承认他的生存能力。至于表姐的断言,也都被他相反的断言挫败了,因为她显然并不知道自己在说些什么。她终日梦想着上帝了解宏伟、狂喜以及类似的事情,却不知道如果不考虑未来的话,这些事情根本没有任何意义,而未来是和真正的爱相互搀扶的。耐心!他需要耐心。后来(1883年春天),凡·高用木炭画下了他思恋的表姐和她11岁的女儿。凡·高被寡妇表姐凯拒绝后,在街头遇上了妓女西恩(Sien Hoornik),并与之同居,凡·高却染上了性病。一年半后,凡·高和西恩分开了,凡·高继续在乡村作画,而西恩则又去了妓院。

希望为凡·高的工作增添了信心。他以两倍的速度作画并且他的努力也变得更有魅力了。他描绘着每一件事物,埃顿附近的平原、村庄里的农舍、铁匠铺、木匠的小商店,以及小鞋匠。他用简单的线条作画,用木工的铅笔作画,因为这支铅笔有一个优点,就是和他要描绘的东西有着某种联系,而他的描绘总的来看并不缺少某种韵律。这些工具的经济性也造就了这种简单的韵律。文森特把他的画作寄给了他在巴黎的弟弟。也许提奥可以把其中的一两幅卖出去，挣得一些法郎，用这些法郎他可以买一张去往阿姆斯特丹的车票，因为他那位执拗的表姐已经回到了阿姆斯特丹。提奥警告他不要抱太大的希望。但身体方面的需求并不能完全摒除，而且在某种情况下，更多的东西可以通过沉默寡言和耐心来获得。文森特已经陷入了爱情，他眼里容不下这种资产阶级的劝告。如何用冷漠的沉默寡言来表露他对这个漂亮寡妇的强烈感情呢？外交手段无论对艺术还是对爱情来说都毫无益处。情感就意味着一切，他想要纯粹的爱，不掺杂任何外交手段，他想要为了爱而爱，因为他热爱现实。没有什么比强烈的感情更加真实了。自然进化的每一个阶段都证明了这一点。自然法则就是：谁去爱，谁就生存；谁去爱，谁就工作；谁工作，谁就有面包。此外，所有优秀的诗人和哲学家也都劝告人们去爱。

文森特的父母都对儿子这种野心勃勃的态度感到绝望，因为他的行为威胁到了他们与阿姆斯特丹那里的亲戚之间的交往。文森特为此笑了笑，而他一筹到足够的钱，就马上去了阿姆斯特丹。他的父亲禁止他去找表姐，因此他毫不留情地反驳了父亲。他那位令人尊敬的叔叔也失去了作为一名牧师的慈祥。他告诉文森特，自己的女儿不会想要和他有任何瓜葛。文森特一定让她反感了——是的，他让她感到厌烦。

文森特伸出手，放在一团燃烧的火焰上。"让我看看她吧，哪怕只有我的手在火焰上待的时间这样的短暂也好。"他乞求道。他的叔叔吹灭了火焰，给他指了一扇门……这是第二次相同类型的灾难了，但这次远远比第一次更加残忍，更加令人难以忍受。他深深地受到了伤害，然而要想阻止却为时已晚。他体内的艺术家气质已经被唤醒，而他用自己充满创造力的双手来治疗心理上的痛苦，用自己的痛苦来塑造个性。这些结果的影响是深远的，因为这是这位牧师的儿子最后的经历。他已经与上帝和穿着考究的资产阶级父母没有关系了。他已经和自己的父亲没有更多相似的地方了,因为他拒绝读米什莱,并且把左拉看作一个可怜的无神论者。

这也就意味着文森特应该离开他父亲的房子了。像他父亲这样的人都是体面的疯子,他们有着好的意图,但同时有一些偏执的观点和权力。他们并不知道自己是在"心灵"的名义下来行动的。他们都被一些纯粹的语言和辞藻蒙蔽了,而他们都是资产阶级。一个人可以用一种完全不同的方式高雅地生活,以"一种优雅的精神"生活。柯罗和米勒就是这样生活着的。他们有着"人为的光泽"(rayon blanc)。相比之下,任何事物都会黯然失色,即使是最好的布道。文森特的个性得到了发展。文森特受到了指责,因为他不再去教堂了,并且还狂热地爱上了一个牧师的女儿。如果说这种变化是一种产物,那它并不是来自文森特的智慧,而是来自他内心的情绪。他已经获得了自身的成熟,这种成熟并不仅仅通过他作为艺术家的作品表现出来,还通过他生活中每一个实际的细节表露无遗。这激发了他的整个存在,并且使其更加深刻。这时候莫夫(Mauve)给了他一盒颜料。文森特在海牙偶尔拜访他。起初这位著名的画家对他非常和蔼,给了他很多好的建议,并且还教给他一些绘画的基本原则。文森特对他满是感激。他最终找到了自己的大师。他在莫夫的指导下画了自己的第一幅油画作品。他画了诸如鞋子、土豆这一类的静物,但是他将绘画视为一种自身的爱好,并且对自己的绘画保持着忠贞的信仰,而他的画作也进步神速。凡·高已经没有任何理由再留在家里了,因此1881年年底他来到了海牙,这样就可以更加接近莫夫,事实上,他还大胆地布置了自己的工作室。莫夫帮助了他,而在此期间受到游说的提奥也决定为他提供每月100法郎的固定收入。

文森特的生存来源完全依赖提奥的收入,但他对自己弟弟的工作却从来也没有过欣喜。他认为提奥内在的发展远远比他的收入更加重要，而巴黎画廊（Paris Gallery）的这位小助手也在以自己的方式慢慢成长着，正如海牙的这位学生一样坚实地成长着。提奥学会了区分永久和短暂的价值，他迅速获得了一种异乎寻常的鉴赏水平，并且逐渐在古比尔画廊拥有了一些影响力。提奥的优势当然也通过他创造的营业额表现出来，这同时也衡量了他的想法的价值。他和文森特之间的联系也帮助他坚持己见，即使在与雇主意见不合时也不会丧失勇气。在画廊的某一个角落里，他向自己的顾客介绍当代艺术的发展。提奥是一名出色的艺术品经销商，但文森特认为这种职业太过肤浅，也太廉价。事实上，它根本就不能构成一种职业。任何一个精神矍铄的、热情的人都应该有某种手艺。提奥的每一封信，每一个字都透露出艺术的气息。他为什么不脱掉自己华丽的礼服而穿上一个画家的外衣呢？文森特的劝告一点儿也没有说服力。提奥热爱艺术——没有人比他更加热爱艺术了——而他也有着艺术的想象力和感知力。那么又是为什么呢？艺术不能被视为儿戏。谦逊也许是一种障碍，但是在绘画中，每一种冲动都有着自己的重要性，即使是谦逊也不例外。这种障碍甚至可能是懒惰，或者是一种懦弱。提奥是两兄弟中更加冷静的一个，因此他不得不站出来抵抗文森特那炽烈的冲动。提奥也感到了自己看起来似乎是错误的，但在古比尔画廊他把自己最可爱的雄心，正如现代画作一样，都移交给了这个角落。他对文森特的信念变为了一种默默的崇拜，这种崇拜滋生了提奥不肯妥协的部分。由于他总是能对文森特忽略的障碍有所察觉，因此这部戏剧中桑丘·潘沙（Sancho Panza）的部分就落在了他的肩上，并且这个部分的悲剧性也丝毫不减。文森特从来不曾真正了解他的弟弟，因为他只是单纯地视其为自己最亲密的朋友和亲人，以及另一个世界里触手可及的力量。他们相同的血统和相似的长相消除了一些表面上的差别，但事实上它使得所有细小的妥协更加困难。为了影响提奥，文森特放弃了他对其他任何人的影响。如果他可以把提奥争取到自己这边的话，或许最终将有可能成立一个团体。提奥了解文森特的想法和目标，而这种了解所施与他的责任只是平添了他肩上的负担。他们之间的联系局限于信件的事实，有助于避免很多麻烦。如果他们频繁地在一起的话，文森特会很快耗尽他弱小的弟弟的紧张和矜持。提奥充分地认识到了这样的危险。

即使是和莫夫之间，信件往来也会比直接接触要好一些。当莫夫教授教了他水彩画课程后，他们之间的亲密到达了最高点。难道还能有比莫夫更大的恩人吗？文森特的感激之情溢于言表；他想永远和莫夫待在一起，却从来没有猜到很久之前他还曾经是一个让这位大师讨厌的人。这位著名的画家曾经为来自这位学生的傲慢和荒谬而苦恼。这个穿着工匠服的家伙，一个你根本不会留意的家伙，事实上却是如此深不可测。他就像蚯蚓一样谦逊，虔诚地倾听着每一件被告知的事物，如此充满感激而勤奋，正如他应当表现的那样，然后突然说道："不，莫夫，不是这样的方法——应当恰恰相反！"这种态度里有一些绝对无法计算的东西，就像一个等比级数一样。最终，为了给他一个真正的问题去攻坚，莫夫决定让他画石膏模型。文森特并不喜欢石膏模型，他觉得石膏非常讨厌。他把这些模型打碎扔进了煤窑里。他无法凝视着、描画着它们，直到它们重新变成白色。正是凡·高的这种夸张做法才让人如此烦恼。他在这里的夸张正如他作为一名传教士的夸张一样。他错误地把想法当成了事实，并且凭空地想象其他人的动机都和自己一样单纯。"你这样是不对的。"莫夫如是说道，同时他也决定离开文森特。

在一个公共厨房里吃晚餐时，文森特认识了一个让他很开心的女人。虽然她已经年华不在，还有一个孩子，但这些凋零的花朵总是有一种独特的魅力。她的手确切地说并不是一位女士应该有的手，正如他表姐那样，它们更像是一双劳动妇女的手。"在她好奇的外表中包含着某种夏尔丹（Chardin）甚至是施特恩（Jan Steen）的东西。"但事实上她并不是一个劳动妇女，至少从大众普遍可以接受的角度讲不是这样。她属于那种所有牧师都憎恨的阶层。她是一个妓女。这个女人对他非常好，好得不能再好了。此外，她并不贵。"听着，"他对她说，"我们并不需要把自己灌醉从而对彼此产生某种情愫。你最好能够接受我可以提供的价钱。"诚然，考虑到他对表姐的极大热情，每个人都会对文森特的行为感到奇怪，但是用双手和大脑去工作并不足以构成生活的全部。他不能因为表姐而扼杀自己的精力。她在他的生命中是一些新鲜的东西，而且结局也许会非常幸福和快乐，但是她坚持待在一个完全不同的阵营里，这个阵营从属于牧师的世界，她把自己囚禁在一个监狱中，不允许他的救赎。他对这个妓女的爱似乎是早已存在的东西。他总是能够对这些没落的造物心生某种爱意，并且总是会羡慕那些在街上伴她们左右的男人们。她们就好像他的姐妹一样。从此以后，他偶尔会到妓院里看望那些妓女。他的行为并没有什么太过彰显的地方，只是他做得如此坦荡而率直，从而使这种行为显得更加邪恶。

他更加疯狂地工作。画的都是些贫穷的人。画画变得异常昂贵，每月100法郎并不能维持太久。模特们每天要耗费1个半基尔德（gulden，荷兰货币单位）。提奥也不能总是准时寄钱过来，于是他便饿着肚子，好像这也不是如此可怕。但是当他因为缺少这该死的钱而无法工作时，他就会觉得难以忍受。他以工作为生，当然并不是字面意义的——他曾经把一打画作卖给古比尔画廊的特斯特格（Teersteg）先生，只换来了30基尔德——但是从真正意义上讲，他确实是完全依赖自己的工作为生的。他所画的每一幅画都使得他能够强劲地抓住现实。他极尽折磨自己，对讨价还价迟钝、笨拙而又敏感。无论是他的脑子里还是他的手上都有一些很沉重的东西，这使他为了几个线条可以持续工作数小时。每一幅新诞生的画都使得工作变得简单了些，而有时他的画作正是反映了他的这种沉重和负担。他让自己注意到他正在慢慢地穿过表层到达现实。起初，他只能看到表面的、平凡的东西，但慢慢地他的探测不断加深并且开始描摹运动物体的动作了，他画中的那些肢体开始运动了。贫穷的人，尤其是劳动人民是最好的模特，因为这些人非常简单和朴素。他们生活的全部都书写在三到四个表情当中。其他的画家可能相对轻松得多，因为他们可以雇用昂贵的模特，例如漂亮的妇女。但这些对文森特而言没有任何意义。一种必要性迫使他把精力集中在一种类型上，不断加深自己对这种类型的体验，沿着同一个方向，而放弃所有肤浅的类型。这种必要性使得文森特能够获得更为原始和定义明确的专业训练。一个年老色衰的女人坐在他的面前已经意味着自然的全部，从而激发了所有可能的可塑形式。简单比复杂更难实现，简单是创造的原动力。这种必要性的限制使他获得了自由。他热爱这种让他施展才华的必要性，这种必要性把他想要看到的东西展现在他的眼前。在其他的环境中，他也许会一无所获。妓女就是他的姐妹，劳动人民就是他的兄弟。他就像他们一样被驱逐——一个了解绝望中的宁静的流浪者，这种绝望从他放弃无用的挣扎时起已经由来已久。他白天工作，晚上就给提奥写信。只要提奥能够拿起画笔！提奥更加柔韧，更加热情，并且对可塑的人体形式并没有太多的依恋。他很确定提奥能够成为一个风景画家。毫无疑问，艺术品经销需要个人的经验。各行各业都有辉煌的时刻，但这和一名画家感知自己体内神秘的力量逐渐壮大的体验相比简直分文不值，那种感觉就好像母亲能够觉察到腹中胎儿的成长一样。只要提奥能够片刻地感知这种愉悦，他一定会把古比尔扔进地狱，然后他们就能紧紧地依偎在一起。

文森特那种可怕的渴望并没有离开他的身体，1882年这种渴望到达了最夸张的地步。在1882年1月他遇见了另一个女人，这个女人就是西恩。她怀有身孕，并不是十分漂亮，也不算年轻，终日沉迷于烈酒，还满嘴脏话；实际上她已经堕落到了最底端，但她身上仍然有着绝妙的地方。生活用铁蹄践踏了她，并且不断地把不调和的音调施与她，因此她那邪恶的舌头一无所知。文森特描绘了这种无序感。这是一幅裸体妇女的侧画像，她用双臂抱着头，文森特还将这幅画制作成了版画，命名为《悲伤》(Sorrow)。她坐在一个忧愁的、想象的风景前面，在画的下面他写上了米什莱的句子："一个女人孤独而悲伤地坐在地面上，你该怎么做？"（原文为法语：Comment se fait-il qu'ily ait sur la terre une femme seule délaissée？）不幸的是，整幅画并不好，只是悲情的描绘，没有定型，也毫无生机。文森特的同情心使他获得了优势，他忘记了自然的深奥，在表象中失去了自己的敏感性。生活中也有同样的事情发生在他的身上。这个怀孕的女人已经有了一个孩子，还有一个像她一样凋零的母亲。这个可怜的女人病得厉害，不得不接受手术才能顺利产下她的孩子。文森特介入进来，为了帮她偿还债务导致自己负债累累，他把这个可怜的女人带到了莱顿（Leyden）一个很好的医生那里接受手术，并且一直照顾她直到恢复健康。这个来自贫民区的女人将会成为他的妻子。她并没有他的表姐那样优雅的谈吐，她是一个粗糙的、邪恶的小人物。贫民区还让她身染疾病。如果她永远无法感知善良，她又怎么会弃恶从善呢？因为他对她很好，她也像一只驯良的鸽子一样依偎着他。她的粗糙刚好和他相匹配。他那阴暗的一面也不会让她感到恐怖。他没有任何玫瑰色的幻想，他看到了摆在面前的劳动人民的生活。她已经学会了如何坐着让他作画，即使身体很虚弱。每件事情都进展得很顺利，她在每一幅画中都能够帮助他。所有她怀着新生命的人体画都摆在了一起。仅仅能够说"我们"已经是莫大的恩赐。没有任何人能够指望他称这种女人为坏女人。一个来自教区长管区的女人当然是不同的——然而就是更好的吗？谁又有权利声称自己是更好的呢？在一个环境良好的纯净的社会里，这样的女人或许是卑劣的，但在现代社会，她们就像是修女（Sisters of Mercy）。他最为果断地决定不带西恩去见他的父母，以及他很久之前从属的那个阶层的任何成员。他已经离开这个阶层太久了，而且已经成了一名劳动人民。除了成为一个劳动人民，安静地生活以外，他一无所求。这些夸张给他们的生活带来了各种各样的结果。在一个人们都按照某种方式穿着以及以此来衡量彼此的小镇上，没有人能够一无所求地生活。那些偶尔拜访他的人开始远离他，并且认为他的脑子不太正常。他正面临着一场暴风雨，而他除了自己的思想之外手无寸铁。所有这些都有赖于提奥。他已经写信给提奥并且告诉他关于西恩的事情。如果提奥也放弃了他，那么他就一无所有了。但是如果这样的结果是必须的话，也只能任凭其发生了。他按照自己的想法行事，而他也只能这样做。他最终必须有自己的家，否则的话他将无法工作，也无法发现生活的价值。画画不能构成一个哲学隐居者的虚构世界。艺术和孤独对他来说就是不可调和的矛盾。

接下来的日子是令人焦急的。提奥的回复迟迟未至。如果提奥放弃了他，那将是巨大的悲剧，当然，这并不仅仅是钱的问题。但即使是这样的日子也终究过去了。提奥永远不会因为这样的原因而放弃他。如果必要的话，提奥甚至愿意和荷兰甚至整个世界分离，而紧紧地和他站在一起。文森特和这个女人的联系只能让提奥更加尊敬他，尽管他们也许会增加他的不幸。事实上这绝不仅仅是可能了，但任何人都没有权利对他的行为进行评判。因为文森特意志所向，所以必须这样。

但是情况并不乐观。1882年7月，文森特病了。西恩从贫民区带来的疾病也感染了文森特。他不得不住院数周。专门接待极度贫穷的病人的医生基本上不会纵容自己的病人，但是一个三等候诊室也非常地有趣。只要他能够画这些美丽的模特就好了！他带着狄更斯的小说和几本讲解透视画法的书在身上——文森特的父亲来医院看望了他，但是基本上没有机会交谈。"简直就是一场梦，要做的就是终日无所事事地躺在床上。"显然，文森特这段时间经历了一次很严重的精神危机。西恩需要去莱顿接受产科手术，她在那里产下了一个男婴。孩子出生时西恩还同时进行了另一个严重的手术，这使得她不得不待在医院里数个星期。文森特利用这个空档来安排他们的新家，新家安置在海牙郊区的一个阁楼里。他用木头隔断对阁楼进行了分割，并且还布置了一个最为舒适的工作间。这间工作室拥有——正如所有的工作室应当拥有的那样——一个摇篮和一把摇椅，隔壁还有另外一间房间，此外还有一个舒适而美丽的厨房。在这样的环境中，这位劳动人民之家将要开始他的新生活了。提奥把文森特的生活供给提高到每月150法郎，这对四口之家来说并不算多，但是能够拥有自己的家庭并且能够照顾家人对文森特来说犹如一笔宝贵的财富。真正的婚礼要推迟到文森特能够靠自己挣得至少150法郎时才能进行。他像凯旋一样把西恩和孩子接了回来。她似乎在医院里人缘不错，大部分的医生都过来道别，甚至护士长也来道别。她是一个年轻的妈妈，一只驯良的鸽子，而摇篮和婴儿装使得她难以用言语形容自己的喜悦。文森特在内心深处为这个别人的孩子准备了一个很大的角落。这个孩子太小了，还不足以让他感到失望，当西恩不记得时，文森特还为他洗澡，他为这个小生命的每一点成长而感到愉悦。

在这段时期，特别是1882年下半年，他第一次在自身动力的驱动下作画。这是他第一次认识到和油画相比素描的局限性。早在和莫夫相处的时期，油画已经成为一种练习，但这仅仅是在老师的指挥下进行的练习而已。但在1882年，大自然偶然把画笔塞进了他的手中。此时的凡·高明白了细节对于绘画创作的重要性。情感占据了主导地位，尽管是无意识的。出于本能，他努力尝试固态涂料画。他向提奥解释了自己是如何着手画一幅豪斯登堡宫（Huis ten Bosch）的秋天日落画的。"主要的工作就是达到用色的深度，获得庞大的力量，描绘大地的坚固，然而我一直没有意识到这些，直到我能够描绘出黑暗部分的光亮程度。然后我需要抓住这种光亮度，同时表现坚固的、丰富的、不断增强的色彩。你无法想象一片画布，上面描绘的任何事物都和燃烧秋天落日下树木那深深的红棕色一样意义重大。充满朝气的山毛榉生长在土壤中，它们的一面吸收了阳光而呈现一片绿色的光辉，而另一面则向大地投掷了温暖的墨绿色树荫。在它们修长的树干和红棕色的土壤后面，天空呈现一片异常轻柔的、温暖的蓝灰色——几乎没有任何蓝色，然而却极尽灿烂辉煌。而在天空下的某个地方还有着一抹暗淡的绿色和一些有着黄色叶子相互缠绕的树桩。捡柴人的身影也圈圈点点散落着，形成了一个个深色的、神秘的影子。突然间你看见一个戴着白色帽子的女子，她弯腰向着大地，和这种奇异的红棕色形成鲜明的对比。她的裙子在夕阳下投掷了深深的影子。树林的边缘是其他一些事物那黑暗的轮廓，或许还有另一个女人白色的帽子和肩膀矗立在天空之下。这些大大的、诗意的轮廓在逐渐暗淡的阴影中，就好像巨大的赤褐色雕像……我不得不迅速地作画，因为光线不断变化，因此在这些轮廓中出现了一些鲁莽的笔画，但是由于地面已经覆盖了厚重的色彩，这些笔画也就自然而然地消失了，因此我用管子点出这些树木及其根基，然后又用画笔稍做修饰。现在我的小树非常稳固地扎根于大地，它们的根基也牢牢地支撑着它们。从某种意义上讲，我更庆幸自己从来没有学过如何去画画。如果我学过的话，我很可能错过刚刚描绘出来的这种效果，然而现在我觉得这恰恰就是我想要的效果。如果我无法得到这种效果的话——那也是无可奈何的。但是我要进行尝试，尽管我并不知道从哪里开始。"他对如何开始自己的描摹毫无想法。他只是手握一张空白的画板，然后把它填满而已。但是他还远远不满足于这些。

　　这已经是一名画家的言谈了。然而，他还有很长的路要走。也许很多素描都是本能地开始的，正如他所描绘的那幅画，随后又在记忆的帮助下在家里完成。他常常数星期或者数个月不上色，然后又开始画线描，因为对文森特来说画线描就好像播种，而上色犹如收割。自学的过程是非常严格的，需要用更多的基本训练来相互融合。他忙于自己的工作就好像一个农民决定新开发自己的土地一样，只有在仔细的考量之后，他才会决定在新开发的土地上进行和现在土地上一样密集的耕种。

　　提奥对文森特的新启程抱着极高的期望。他几乎对文森特固执地坚持素描不耐烦了，尽管他意识到了这种做法让文森特获益匪浅。提奥从文森特的第一次尝试开始就知道哥哥身上孕育着天才画家的禀赋。他不时含蓄地建议他使用刷子，但都是徒劳。文森特几乎把颜料视为一团鬼火。但现在他开始自愿地使用颜料了，而他一旦开始做一件事的话，就一定会坚持到底。和西恩的结合似乎也很顺利，尽管文森特对此从来不说什么。提奥也产生了组建一个自己的家庭的想法。巴黎的贫民区——这是一种巧合还是兄弟俩之间无形的影响？——也为他带来了一番类似的经历。他也遇见了一个女子，这名女子也饱受命运之手的摧残，尽管命运对她并不像对可怜的西恩那样残酷，这名女子的遭遇相比西恩普通多了。她同样是一个被抛弃的、无助的女人，同样抱恙在身。文森特说得太对了。这样的经历给你的感觉就好像在生活的骚动中，你恍然凝视，仿佛遭遇到头戴荆冠的耶稣的目光，就像是一种魔咒迫使你完全背离自己的理智行事。提奥决定把这名女子带到自己身边，为此他偿还了这个世界施与他的额外的债务。她要想痊愈就要面临一场可怕的手术。和她的悲惨境遇相关的所有复杂细节都需要进行处理。她需要安宁。提奥包揽了所有的事情，带她去医院，为她找到一位合适的大夫进行治疗，这位医生成功地对她进行了一次危险的手术。提奥每天都告诉文森特她如何一点一点地恢复，尽管文森特并不了解任何细节，甚至还不知道她的名字。提奥是害羞的，也很沉默寡言，他只是一点一点地向他的哥哥讲述整个故事。文森特有着如此强烈的同情心，提奥能够感觉到他无时无刻不站在自己身边。这正是提奥需要的，因为在商业世界里完全不存在这样的同情，而这两兄弟之间的感情也异常亲密起来。当然，这两个女人之间也存在差别。提奥的病人非常聪明，她了解艺术和诗歌——这些事物在西恩的视野中根本不存在——事实上似乎正是艺术和文学才是她真正需要的药方。文森特为她选择了非常合适的读物，从米什莱和托马斯（Thomas）到肯培（Kempis）。他同时也确保她能够获得一些风景画，因为一位病人，尤其是当身处巴黎这样的地方时，最渴望的就是自然。提奥在她恢复健康后一定要参与进文森特对她的补救活动中来，而且要忘记所有先前的疑虑，例如怜悯这样的感情是否足以代替爱情。只有强烈的感情才是必要的；至于这种感情被称为什么完全不重要。

然而在提奥看来，对方的感觉也必须和自己相一致，否则你很可能会把这种世界上最美好的情感变成强加在这名女子身上的负担。她也许会因为感激而做出一些牺牲，但这种牺牲对任何人都没有好处，无论如何提奥都决定好好考虑这些事情。

文森特希望能够乘坐下一班火车去巴黎和提奥讨论这些事情，但是他无法承担车票的费用。也许提奥也在为钱的事情头疼。毕竟在这么重要的问题上他必须要自己做决定，但文森特希望提奥最好能够娶一个聪明的妻子。提奥则认为这样的结合是一个仁慈的奇迹。此外，一个女人和提奥在一起怎么会不快乐呢？但愿提奥的犹豫不决中没有包含任何对于钱的考虑，那些被他的哥哥在荷兰花掉的钱！

由于自己的画没有任何市场一直困扰着弟弟提奥，文森特在考虑做一份普通工作。事实上，他从来没有试图做过其他的事情。为了人们去研究人们。他想到画一系列他所谓"人物头像"（Heads of the People）。他想着画一些平版画，如果可以刨去那些邪恶的经销商插手的话，每幅画可以卖到10个基尔德；事实上，他这个时期确实在石头上画了大量的画。如果他能够找到一些可以永久地逃避财政危机的途径该多好！当提奥不能准时寄钱过来时，他就坐在那儿，饿着肚子，还不只是他，西恩和孩子们也饿着肚子；新出生的小男孩儿，从会爬开始就总是依偎在文森特身边。文森特没有食物。文森特在线条的使用上非常节约，但它们也只是空洞的线条。而如果他没有力量去画线描的话，又到哪里去找上色的力量？他的家里没有足够的食物，也没有足够的欢乐。有时候他感到眩晕，而他和西恩的关系也在发展着。除非是傻瓜，否则没有人会察觉不到这从一开始的变化。也许文森特感觉到了，但还是穷追不舍。情况并不是很糟糕，可他并无力改变什么。他在一个地方时，她就会到另外一个地方。他一直坚信自己可以很好地陪伴她，并且变得像她一样简单。但在西恩眼里文森特就好像一个奇怪的陌生人，这个人完全属于另外一个世界，他的行为就好像源自一种荒诞而疯狂的空虚。文森特的朋友一来探访，她就走开，把自己藏起来。她的妈妈会过去和她说话。也许西恩更适合住在妓院里，而不是住在一个画家的阁楼里，在这里，她甚至无法自由地交谈。她再也不想走到街上去了。那是一段艰难而不堪的日子，但每个人都非常清楚她适合什么样的生活。文森特渐渐明白了，她的情绪并不是由道德标准造成的，如果是那样还可以改变，但她的情绪是一种与生俱来的本能。这样的努力让他筋疲力尽，他的力量显然也在逐渐耗尽。然后他被一种工作再工作的渴望占据了。他还能再活几年呢？六年，或者最多十年——他从来没想过自己还能活得更久些——然而现在他的事业才刚刚起步。

提奥在夏天快过去时过来看他了，他知道了所有的事情，却什么也没说。提奥总是这么善解人意，他从来不说任何事情，但像往常一样注意到了文森特身上那些破旧的衣服。提奥对有关那位巴黎女子的问题都避而不谈，总是找其他的话题来代替。他们的谈话就好像只是为了消磨时间。提奥和哥哥在信中和当面交谈的差别真的很大，他让人感到很奇怪。

文森特想着带西恩和孩子们一起去乡下，例如德兰特（Drenthe），在那里他们可以和农民一起生活，生活成本也可以降低些。西恩并没有反对，但表现得毫无兴趣。文森特一转过身去，她就去找她的妓女母亲，然后就被妓女母亲灌输了完全不同的思想。他多么厌倦这样的城镇生活，多么向往户外的新鲜空气啊，能够被自然完全包围该是多大的福气啊！西恩甚至不反对他们的分离，事实上她似乎更赞成这样的观点。他写了很多信件，找遍了整个小镇，只为了给她找份工作，因为她现在已经恢复了健康，可以工作了。最终他为她谋得了一个职位，但是她的母亲却出面干涉，而西恩并没有阻止她的母亲。也许最好的选择，即使对西恩来说也是，让他自己离开。

在他们分开前他对她说："我并不设想你能够完全地诚实，但是请尽可能诚实。我自己也会尽力做到诚实，尽管我可以马上告诉你我将永远不会按照我应该做的那样生活……即使你只是一个贫穷的女人，一个妓女，你的言行也要使得你的孩子能在你身上看到一位母亲的样子，尽管你有诸多缺点，但你在我眼里依然是好的……我也会尽力做我的事情。我必须努力工作，你也一样！"

1883年9月，文森特待在德兰特的荒原上，那里有露着膝盖的牧羊人赶着成群的羊群，还有黑色和白色的马儿拉着的马车。不时地还有瘦小的、穿着脏乱的妇女怀里抱着孩子经过；这样的情景唤起了他思想中的另一番景象。西恩确实是一个坏女人，但文森特洞悉了她的一切，仿佛她也没什么更多的坏了。她不是一个好女人，因为她看到善良和仁慈也难以分辨。他应该告诉她这些事情，但不知怎的他就是无法做到。也许他自己也太坏了。西恩的脸上也曾有过德拉克洛瓦画中圣母玛利亚的表情，而且无论如何她体内都有着一种不同于她的母亲的基因，还有着她对妓院那种本能的渴望。

加瓦尔尼（Gavarni）说过："每次我放弃他们中的一个，体内就有某种东西死去了。"文森特并没有放弃太多，而且绝对可以确信的是这一次他也绝对不会放弃。无论如何，他唯一对羞愧和自责的逃避就是工作。但是工作，这个从根本上将造成他和西恩分别的最实质的因素，对文森特来说并不是一种报复手段，而既然他已经离开了她，工作似乎也拒绝了他。他的宁静一去不返。荒原是荒凉的，一个画家的灵魂与风景相分离，这是不是一千倍的公平呢。白色和黑色的马就只是马，而羊群和村舍也只是羊群和村舍。在某种条件下，文森特的创造力将驻足于它们，而它们也将在他的画布上走入生活，但其中一个条件就是他和西恩的结合。他逃离了她来到大自然，而他又——谁知道呢？——把自己和自然无法挽回地分离开来。提奥也处于一种类似的情绪中。画廊出现了一些困难，而他对自己不得不妥协的现状也不满意。这些农民偶尔会来偷窥他的巴黎兄弟。提奥总是希望他能够在城市里保持对自然的触觉，并且尽管从事贸易也能保持一个人的本质，因为巴黎对他来说就好像自然。他的希望被粉碎了。他觉得城镇对他来说太强硬了，让他变得邪恶而痛苦。从事艺术品交易是令人厌恶的。提奥有时更倾向于逃到美洲，而不是选择更为直接的方式，比如到乡村去或者画画。文森特有时候想要参加荷兰在东印度的殖民军。他没有家，没有钱，也没有工作；他就是一个流浪者，正处于博里纳日时那样最糟糕的时期，那时他会去库瑞尔斯见一个感性的人。那里有这样的人吗，有感情的人？生活就像德兰特农舍的角落一样黑暗。

生活依然在继续，因为不继续生活是可鄙的，而很自然，这种纯粹的继续也带来了新的希望。不难猜想是什么困扰着提奥。要是他能够去做就好了！每一条线索都证明了他对成为一名画家的渴望，而很显然，这只能在乡下实现。任何人都无法否认提奥的一部分属于巴黎，但并不是全部，也不是最好的部分。他的一部分依然是纯真的，他希望扎根，希望盛开。难道不应该坚持这点吗？

文森特非常慎重地劝说自己的弟弟，尽管他没有任何诱饵做资本，像他这样的流浪汉，这样的怀疑论者，这样一个接受施舍的人，怎么会有资本呢？他和西恩的经历使他比以往更纠结，提奥不是也被迫放弃了他的巴黎"西恩"吗？从这样一种相似中很显然可以进行一些推论。俩兄弟一个在巴黎拼搏，另一个则独自待在荷兰。难道共同奋斗彼此搀扶不是更明智的选择吗？两个对彼此抱有信念的朋友在一起一定会坚不可摧的。文森特已经学会了一些事情，他可以帮助提奥，而提奥对他的帮助也将是巨大的。如果他有个好的伴侣的话，他的绘画也会有进步。提奥只是因为一些愚蠢的天赋理论而极力推脱加入。其实所需要的就只是"伸出你的手抓住它"的能力。这和技巧及天赋没有任何关系——那完全是一派胡言。一个画家因为画画而成为画家。他需要勤奋练习和积累经验，并不需要太高的天赋。他必须喜欢自己的工作并且抱有决心。"画家在当代社会就好像过去的清教徒。只是这里的问题不是一些疯狂的虔诚或迷信，而是一些坚固而简单的东西……"那些神父，离开了旧的世界，乘坐"五月花"（May Flower）号航行到美洲。他们决心过出自己的生活，于是他们穿越了原始森林。卡莱尔（Carlyle）在他的《论英雄、英雄崇拜和历史上的英雄业绩》（Heroes and Hero-Worship）中讲述了这个故事。现代解决途径则不同了。如果提奥在巴黎失望了，他不必再千里迢迢跑去美洲，即使去了也只是徒劳地发现另一个欧洲而已。而东印度也只会是一样的情况。艺术就是现代朝圣的美洲，而它必须在其他地方才能追寻，当然这个地方不是城镇，而是乡间的某处。

文森特就是提奥的良心。在提奥内心，城镇人的观点和农民的本能相较量着。他并不是对驱动文森特的这些考虑漠不关心，只是这些考虑并不足以激发他采取行动。他并不是一个天生的战士。那些阻止他遵从自己本能倾向的理由就好像巴黎的马匹一样多。"我不是一个画家。"提奥说道。"这是多么粗鄙啊，"文森特回答，"多么粗鄙啊，即使有这样的想法都是粗鄙的！难道你没有耐心从自然中习得吗，从玉米的成长中习得吗？难道你是如此没有勇气宁可相信自己不会成长和发展吗？为什么要刻意违背自己最真实的意愿呢？如果你想要成长，你必须先把自己根植于大地。让我告诉你，把自己种植在德兰特的土壤中，在这里你将会开花结果，不要在公路上枯萎了。"会发生什么呢？"提奥，我可以向你保证，我宁可去思考人的胳膊、腿还有头是如何与身体相连的，也不会自寻烦恼地担忧从最高或最低的意义上讲我是否是一个画家。"工作就是一切。你必须怀着一种确信这是值得的观点去做，正如农民去耕种自己的土地。"如果你没有一匹马，你必须自己成为自己的马。德兰特的很多人都做到了这点。"提奥一定在思考巴比松（Barbizon）画派的人，特别是米勒。最详细的财政安排也考虑到了。但关键的事实是："合作并不仅仅是使你的力量加倍，而是使它像次方一样繁殖。"

文森特的方案对于在巴黎那个世界摸爬滚打的提奥来说就是一个虚幻的梦。当然，有时候他也想把目前的困难换作文森特那种无法实现的美丽幻想。有些人的眼睛总是聚焦在这样的幻想中，例如文森特，而且他们依照这种幻想行事。通常这种勇气和轻率之间只有一步之隔，而文森特的强势恰巧就是提奥的弱势。此外他可以减轻文森特的负担，但是拒绝他的话会怎样呢？同时古比尔画廊的运营又变得顺畅起来，因此回到那里将可以带来更大的收获，那里是提奥的活动范围，离开它就意味着放弃奋斗。而在巴黎的奋斗和在德兰特一样有趣。提奥有时候也想承认发生在巴黎的事情毫无意义，但又不总是这样。有时候这个巨大的机制也非常令人难忘，而这些巴黎人，这一有才气有文化的人群也并不像是木偶。是他缺少英雄品质去德兰特吗？英雄主义是一个职业，你必须足够适应这个职业才行，否则英雄主义将是滑稽可笑的，尤其在巴黎。当文森特收到类似语气的信件时，他就会找到手边的东西，然后伴随着非常奇怪的笑撕碎它。

　　自然也一成不变地信守着自己的诺言，你也许会永远和它一起四处游荡，永无止境。文森特又成功地靠近了自然一些，但每次只是一码、一英尺、一英寸。尽管文森特起早贪黑地工作，但他的进步却微乎其微。这种缓慢的进展归因于他对自己要求过于严苛。他试图在非常广泛的主题和多样的基本色彩方面同时进步。不仅仅是个人渴望使他迫切需要他的弟弟，他的这场战争的本质也需要援军来扫清前进道路上数不清的障碍。弟弟的帮助似乎更加自然，因为对文森特来说他们的问题就是一种不断积累的素材，而不是一种创造性的行动。一旦这个任务完成了，那么未来合作的可能性就得到了保障。提奥对艺术有一种超自然的洞察力。文森特眼里的艺术就只是穿透自然。在提奥超自然能力背后，文森特看见了城镇人的软弱。

吃土豆的人

圣诞节到了，因为倍感孤独，我们的流浪汉去了纽南（Nuenen），他的父母此前不久刚刚迁居到那里。促使文森特回家的原因除了孤独，也许还有对弟弟的误解，在他看来，提奥之所以克制着不去追逐自己的梦想，是因为他太骄傲了，不愿意卸下文森特强加给他的经济负担。让文森特白白接受施舍可不是件易事，哪怕是提奥的施舍，哪怕这点钱只够保障最基本的生活需求。他过得比劳工还要苦。他希望弟弟能通过彼此间的默契来理解这一点，这样的理解当然会出问题。有时，在寂寞的暗夜里，文森特思索起他和弟弟的关系来，想法可能不无褊狭。提奥大概也有类似的感觉。文森特给提奥写了长达十页的信，提奥只做了草草的回复。当然了，提奥总有那么多事要忙，可是，就算这样他还是可以挤出点时间，只要……唉，也许不去想它才比较明智。

很久以前有这样两个兄弟，他们曾漫步走过积雪覆盖的荒野，前往赖斯韦克的老磨坊；那时他们是一对贫穷的艺术家兄弟，他们在生活和上帝的问题上达成了一致，两个人有着同一颗心。后来，其中一个离开了，去赚钱谋生，成了优雅的上等人，也就渐渐忘了赖斯韦克的老磨坊；另一个继续走他的路，变得越来越粗野丑陋，一个子儿也挣不到，但他一直坚守着赖斯韦克的老磨坊……眼下，一条邋里邋遢的"大狗"闯进了纽南牧师的家，它的湿脚爪把无可挑剔的房子糟蹋了。"它挡着所有人的路，疯了一样叫个不停。简单说吧，这就是一头龌龊的畜生！"必须得给它另找一个狗窝。"这畜生说不定是得了狂犬病，要是哪天咬了人，那收留他的人就只好把它毙掉了事。嗯，这是迟早的事。此外，狗儿固然能够看家护院，然而在这种风平浪静、毫无危险可言的时刻可没什么用处。尽管没有任何人对它大吼大叫，狗儿却开始后悔踏进了这里。这条小兽的造访只是一个错误。"

但是，这条"畜生"的叫声越来越大，原来它饿了。狗儿来到后，牧师家里的成员们常常聚在一起，小声商量着什么。他们的音量虽低，但还不至于低到他人听不明白，因为大家都觉得这样一头"畜生"不会有敏锐的听觉。再说了，它也不需要侧耳细听——他们看它的眼神已经暴露了一切。他们是怎样看他的外套啊！这些人难道真是他的父母吗？他们知不知道，假如他是一个外表体面的争名逐利之人，他实际上会比现在更粗鄙？他们诱使他，想看看他是不是像他们猜测的那么粗鲁，结果让他们大吃一惊。他的父亲给提奥写信谈论此事，提奥又就此事给文森特写了信。没有人敢当面责备他，就连提奥也不敢。这些信件暗示这个忘恩负义的儿子只会给父母的生活带来苦难。文森特想和他们所有人一刀两断，尤其是能写出这样绝情的信的人。但如果那样的话，他该怎么办呢？还怎么画素描，怎么画油画，怎么实现他的事业？毕竟，这一切要远远比他的家人，比他们那像对待牲口一样的残忍心肠要重要得多。

文森特打算把家里的洗衣房改成画室，为了实现这个愿望，他费了不少心思。他的父母不大情愿，但这也怪不得他们，当然，要是因为这个缘故又惹起了文森特的急脾气，那也怪不得文森特。好在纽南有很多纺织工人，低矮的农舍里，家家户户都在泥土地板上摆着织布机，那些织布机年代久远，因而呈现美丽的颜色。一个老人坐在织布机前，一个小孩坐在旁边的一把小椅子上，一连几个小时盯着梭子来来回回。这幅场景——一个有织布机的房间，一老一少两个人物——构成了一幅精彩的画面，无论是画素描还是油画都合适。各种各样的光线在泥土地板、天花板、织布机和老织工那皱巴巴的脸上流动嬉戏。

提奥来信了，他又变成了文森特的老朋友。他说，文森特必须记住，他的顽固把他的亲人都变成了敌人，恐怕有朝一日，他会因为顽固而疏远所有人。文森特理解这一点，他在回信中对此只字未提。有些人脑袋里只装着自己的工作，这种人是很难亲近的，即使他们心里没有半点儿虚荣。但是为什么那些淳朴的人们一点儿也不嫌弃文森特的粗鲁和顽固呢，为什么那些织工愿意让他走进他们的小房子，甘愿一群人挤在一起为他腾出更多空间来画画呢？他们和他既不沾亲，也不带故，他们甚至不知道他是谁。不可否认，他的家人们是群性情古怪的人。他常常觉得，这些满脸皱纹的纺织工人们和他的关系比他的血亲更亲密。他的母亲在一次事故中扭伤了腿，这次突发事件把这个家庭的浪子变成了模范儿子。他日夜看护自己的母亲，给她细心的照料，每个看到的人都为他那娴熟的看护技巧和丰富的经验而惊叹。

他因故返回海牙取些东西，顺便也去看看西恩。让他惊讶的是，她没有继续堕落下去，而是做了一个勤劳的洗衣女工，靠劳动养活她自己和她的孩子们。但她又生了病，境遇凄惨，可能过得比和文森特在一起时更惨。很可能她从来没有想过要重拾妓女的行当，她只是装装样子，惹文森特生气，或者只是想考验他。那么，到底是文森特还是这个妓女没能通过考验呢？答案已经无处可寻。

文森特的生活中又出现了一个女人，一个品行端正的人，是他父母的邻居。文森特偶尔和她出去散散步。和文森特爱过的那些女人一样,她也比文森特大很多。她是一个有着神秘气质的女人,"她就像一把克雷莫纳小提琴(Cremona violin),原本是稀世珍品,可惜却被笨拙的业余琴手毁掉了,不过尽管如此,这把琴还是有着罕见的品质。"

提奥像往常一样警告他,文森特也像往常一样听不进去。他试着修理这把克雷莫纳小提琴,竟然成功了。她的家人说他扰乱了她精神的平静,他却说他在她那死水般的忧郁中激起了荡漾的涟漪。至少他用自己的手指在这把琴上拉出了悦耳的音符。假如音色稍嫌暗哑,那也无关紧要,只要奏出的曲调和谐也就够了!他成功地唤醒了她,但也因此给她带去了苦难,由于家人的围攻,她情急之下吞服了毒药士的宁(strychnine)。这是文森特和异性之间的最后一次恋爱冒险,这次经历和他回家一样,也是一个错误。这些上等人的爱是多么可笑啊,他们宁肯服毒自杀也不肯为了自己的生活而斗争!他们的神秘主义是多么荒谬啊!

"我不是告诉你了吗?"提奥在信中写道,"难道非要这样吗?""是的,提奥,尽管如此,这仍是不可避免的!"

这条"狗"叫得越来越凶。牧师家里人人不得安宁,就连远在巴黎的提奥在读他的信时也感到耳朵"嗡"的一声。纽南那条狂吠的狗因为别人对他的态度发了火,他厌恶他们那浅薄的承受力,他不愿意接受任何巴黎式的冷嘲热讽,讨厌喋喋不休的唠叨。提奥到底为什么不卖他的作品呢?如果这些画对于那些无法从木鞋中找到任何艺术气息的巴黎人来说还不够成熟,那么至少那些素描总该值点钱吧。这些作品不可能售出的话早就成了陈词滥调。既然提奥是一个画商,为什么他不能向顾客推荐这些画呢?除此之外,难道他还有其他方式来帮助这位画家吗?"你不能给我一个妻子,不能给我一个孩子,你也不能给我一份工作。没错,你能给我钱。但我拿这些钱有什么用呢？"他大声地咆哮着。为了让他高兴，提奥在信中提到了巴黎举办的德拉克洛瓦的画展。德拉克洛瓦在文森特心中的地位仅次于米勒，似乎每个主题都被他拿来用作悬挂格言的木板。比如，在德拉克洛瓦的画展上很可能会展出《街垒》（*Barricade*）这幅画。也许提奥可以想象一下他们不是生活在优雅的1884年，而是画中所描绘的1848年。1848年，在街垒的这边站着米什莱和学生们，他们的身边是一群衣衫褴褛的人们，巴比松画派的农民画家也在其中；在街垒的那边则站着基佐（Guizot）和路易·菲利普（Louis Philippe），古比尔、文森特的父亲和祖父也在旁边，他们衣冠楚楚，显得庄重而严肃……"也许实际上1848年并没有街垒，但这种精神上的斗争是确凿的。老磨坊轰然倒塌，但摧毁老磨坊的风依然在呼啸。在我看来，我们站在乐观的阵营里，它是不可战胜的。不管你是否情愿，你必须投入你的命运，我也必须投入我的。我们不能像同一个阵营里的战友那样互相帮助。如果我们相见，那也只能是在路的中央，子弹像冰雹一样劈头盖脸地打来。我的坏脾气就是一颗子弹，它的靶子不是你，我的弟弟，而是整个敌对阶级，而你碰巧是其中的一个……至于你那恼人的优越感，我并不认为是针对我来的，但你向街垒对面开火，并自以为干得不错，而我碰巧就站在街垒后面。当然了，这只是打个比方，但谁知道呢？也许这就是个人意愿的结果，也许这早就命中注定了。一些云天然携带负电荷，另一些云则携带正电荷，你能因此而责备它们吗？当然，人不是云朵……是谁把我们分成了两个对立的阵营，是你自己的决定，抑或盲目的命运？……很久以前有这样两个兄弟，他们站在赖斯韦克的老磨坊旁，因为同样的原因一个接一个地倒了下去。"

在纽南的两年里，文森特像条狗一样叫个不停，尽管如此，他还是画了不少画。他在德兰特画的风景油画并不成熟，看上去它们就像用油彩完成的钢笔素描。作画者虽然懂得一幅优秀画作所需要具备的诸种要素，但他还不能把它们展现在画布上：他仍然有一种错觉，误以为素描和油画的本质是不同的，油画必须是一种注解性的图示。提奥一眼就能在这些画中看出米勒、布勒东、米什莱的影响，更糟的是文森特从来没有看到过他所崇敬的大师的真品，他只能根据照片临摹。文森特只能通过图画的复制品与他钦慕的画家交流，在纽南时这种情况也没有改变，但也正是在这个时期他走进了自然的怀抱，或者不如说，他走进了他自己。终于，他对自然的渴望消灭了他试图把油画当作图解的想法。对他而言，图解曾是一种至高无上的幸福，它象征着一间画室，里面有摇篮和摇椅，如今这种幸福受到了寂寞与绝望的侵蚀，散成了齑粉，随风而去。只有当一个画家两手空空，除了自然什么也没有时，他才能描绘自然。一个画家要做的就是撷取自然的一部分，吮尽它的汁水，和它寸步不离，靠它来维持生命，就像狗靠骨头活命一样。也只有这样，他才能紧紧抓住绘画的主题。在这之前，文森特的画一直都关注精神层面，他描绘劳动者、有动物和人的风景，但现在他开始照着描绘人物的面部。他打算画五十个农民的头像——只要头像；完成之后，他又画了五十个，为的是画出能包含所有其他头像特征的一个头像，他把这称作是画类型。他的眼睛不知疲倦地观察着那凹下去的脸颊、瘦削的下巴，以及农民们那向上翘起的鼻子。他自己也是这副模样，从他的脸上也同样可以看到铁锹在大地上留下的痕迹。他画下那些生活在土地上，并且以土地为生的人的形象，他所用的线条是农民的线条，他的外貌是农民的外貌。他手中的铅笔好比田里的犁铧，随着他一路向前开垦，布雷东和他的文学垃圾被纷纷抛到脑后，就仿佛麸皮扬尽，剩下了结实的麦粒。看看《播种者》吧！用你自己的眼睛去读解。有朝一日，在后人看来，这些头像就如我们今天看到的古人描绘的埃及木乃伊的面容一样。这些古老的图卷为几千年前的历史提供了确凿的证据，那时还没有今天所谓图画交易行，但那时世上已经有了和我们一样的人——多么神奇的造物，他们和我们是如此相似。

一道道彼此孤立的线条融入坚不可摧的整体，接着又构成图画。头像画完之后，最简单的莫过于把它们收集到一起，完成农民画的其他形体部分，只有这样才能加速耕耘，在他的天地里破浪前进。文森特描绘的对象仅限于耕种的农民和织布的织工。他相信，他的对象将是崭新的，因为他觉得，以往的农民画家从来没有考虑过描绘劳作的农民。"现代艺术的真正对象不是复制希腊（Greece）、文艺复兴（Renaissance）或者荷兰艺术前辈的创作。"他是对的，因为他通过人物的头骨结构成功地展现了农民的本质，还因为我们并不在意绘画的对象是荷兰农民还是古埃及人。在他的画中，人物的个性远比他所代表的类型更强烈。对文森特而言，一个农民就是一个人，两者之间没有区别，同样，他也不再像以前那样把素描和油画截然分开，而是把它们作为整体来理解。他用自己的钢笔作画，特别是他还用木炭作画。他所创造的最好作品就始于这个时期。他惊人的手部的重量和力量为黑色的木炭注入力量。他描绘光线在新开垦过的土地上嬉戏，如果你对着画上布满光泽的土地看上几分钟，就会觉得它们就像某种超级美味的食物一样诱人。黑色的远景中弥漫着一种甜蜜的氤氲之气，在较为明亮的色块中，它变得柔软如秀发，甚至如肌肤般，然而却还保持着开垦过的土地所特有的黝黑。所有这些画都有着极为阴暗的调子，就像凡·高的忧郁，同时又带有一种节日般的喜庆，那是文森特的另一面。尽管文森特被逐出了光明之所，他却能够让自己的忧郁发光。

1885年春天，他画了《吃土豆的人》（*De Aardappeleters*），画面展现了几个农民挤在一间农舍里吃晚饭的情景。这幅画中人物的头像集中了他所画过的那些头像的特征。当时文森特还深受德拉克洛瓦的理论影响，后者并没有系统论及绘画理论，但文森特从他的随笔和评论中抽出了相关的片段，用来指导自己的绘画过程。德拉克洛瓦曾经在一次谈话中提到，最好的绘画作品是即兴之作。即兴！这个词刺透了文森特的骨髓，他曾经刻意地扭曲每一根线条，使其脱离本真的形象。即兴！这正是他在学习布道时所欠缺的东西。由于做不到即席而谈，因此他认定自己没有受到上帝的感召。他曾在即兴的礁石上撞翻了船，如果他下定决心当一名画家的话，那么他就得即兴作画。看样子他还是能做到的：《吃土豆的人》就是一幅即兴创作的画。画中飘荡着一股烂土豆的气味——他自己这样说。这是一幅"粗糙、生硬的画，人物的头像有些晦暗，但这幅画自有其生命力。你可以在这幅画中读出一个故事，读出故事中的过去与未来"。这幅画被寄往巴黎。提奥把它拿给波蒂尔（Portier）看，后者是唯一一个对文森特的作品感兴趣的画商，他们俩都觉得图画的色调过于污浊。在这个印象主义的时代，在这个所有年轻的画家都采用明亮色彩的时代，看看文森特的调色板上都是些什么颜色啊！文森特却不以为意，他笑了，他还打算尝试更阴暗的色调，更污浊的颜色呢。那从晦暗的泥土上所发出的光泽是如此丰富，甚至超过了天空中最亮的蔚蓝色。看看伦勃朗的画吧！听听德拉克洛瓦是怎样谈论的！什么印象主义？！这是一种新的"主义"吗？这些所谓印象主义者一定是些古怪的人，面对米勒和伊斯拉埃尔斯（Israels）的作品时，他们会捧腹大笑，假如不加点小心，他们必然会笑破肚皮。当然了，这些巴黎人脑子里总会有些新奇的想法，可惜它们却毫无价值。他呢，他可要保持对荷兰先辈们的忠诚。

就在这段时间里，一个熟人、制革工人凯尔塞麦克（Kerssemakers）带文森特去阿姆斯特丹参观了国立博物馆（Rijksmuseum）。车站的候车室是文森特最喜欢的地方，他在那里匆忙画了一张速写。很快火车驶来，把他带到了阿姆斯特丹。在博物馆里，他对伦勃朗的《犹太新娘》（*The Jewish Bride*）情有独钟，站在画前久久不肯离去，并为之惊叹不已。如果能坐在这幅画前看上两个星期，他情愿拿出十年的寿命做交换。这次旅行对他的创作产生了影响。博物馆就像奇妙的书，在纽南时，他竟把它们忘在了脑后。在博物馆里，你可以检验读过的德拉克洛瓦的全部理论，那些关于色彩、对比度和色调明暗关系的理论。在这里待上三天，你就能学到数不清的东西，而这些东西在纽南时恐怕你做梦也梦不到。和农民在一起时，你最需要掌握的无疑是自学，然而一旦学会后，像国立博物馆这类奇妙的绘画书就会给你极大的帮助。

在画完《吃土豆的人》之后的这段时间里，文森特开始了充满热情的尝试。在他的绘画中，主题的选择仍然大多是随机的。要画一幅静物，几块土豆、一个铜锅、一把农民的篮子对他来说就足够了。它们就像农民使用的陶罐一样简朴，文森特的调色板上也因此铺满了沾着泥巴的土豆的颜色。但这些明显带有缺陷的色彩和主题合在一起，产生的却是非常了不起的画作。在文森特笔下，灰白的土豆发出黄铜一样的光泽，他的"肥皂绿"也同样闪着光芒。文森特通过这些色调给人们留下了特别的印象。几乎是不易察觉地，他开始采用轻柔的笔法和较粗的线条，尝试着把绘画的主题从自然主义转移到荷兰前辈艺术大师的世界。

看到文森特这个时期的作品，你很难想起这位画家曾是莫夫和伊斯拉埃尔斯的崇拜者。从色调上来看，这些画同另外一些画家的作品更相像，比如凡内尔（Van der Neer）、奥斯塔德（Ostade）和文森特所钟爱的夏尔丹，但这些画所受到的影响是多方面的，并不是来自某一位艺术大师。他所采用的方式应该说是绝对个人化的，但也有可能得之于对前代大师的认真学习。许多画家都曾有幸在创作过程中弹奏出这样的和弦，但可惜他们轻易就获得了满足，转而调试和弦的各种变奏。由于天性谦逊，文森特才避免了同样的误区，对他来说，一切才刚刚开始。他认为自己必须进一步靠近那些前辈艺术大师。他的信里充满了对艺术大师绘画理论的思考,在他描绘的纽南系列农民头像中,我们看到了哈尔斯(Hals)和伦勃朗的"幽灵"。他的信开始变得有点儿像德拉克洛瓦的日记,提奥也因此获得了激励。和他谈论艺术是件令人愉快的事。他没有被巴黎的时尚弄得晕头转向,他也不站在蒙马特(Boulevard Montmartre)林荫大道上看艺术,他是一个公正的裁判,一个思想者。比如,他不把现代画家的调色板当作艺术的一定之规,他一眼就能区分出真诚和欺骗。当他批评被文森特高估了的伊斯拉埃尔斯的作品不够和谐时,绝不是妄自为之。提奥很欣赏文森特强健而敏捷的头脑。尽管文森特经验不足,但他靠直觉来弥补,因而取得了飞跃性的进步。每当提奥在信中提到他对某个前辈大师的看法,或者每当他说起他又发现了一种新的理论,这种理论与文森特的构想不差毫厘时,他就准能在第三天的傍晚收到文森特的回信。只要能看到一丁点儿的暗示,文森特就敢于下论断,提奥却从来不敢冒这个险。有这样一个哥哥是多么叫人快活!他的粗鲁、他的顽固生硬,所有这些只不过是最外层的色彩,里面蕴含着的是最耀眼的品质。也许公众永远不会认可他,也许他的绘画永远不能获得应有的声望,而从眼下来看,这两种可能性都是巨大的,但他所创造的价值要比任何一种绘画理论更长久。

1885年11月底,凡·高到安特卫普(Antwerp)住了几个月。提奥以为他去那里主要是为了看鲁本斯(Rubens)的画,但实际上,艺术鉴赏家文森特去那里是为了看乔凡尼(Giovanni)的一些画。如果他了解自己的真实想法的话,其实他还想看看博物馆和美术学校。他想去美术学校工作,因为在那里能找到廉价的模特。他的经济状况再一次出了问题,甚至连干面包都买不起,单一的饮食逐渐威胁到他的健康,但并不影响他敏锐的大脑运作。他一直害怕自己会过早死去,恐惧增强了他工作的热情,而狂热的工作又只会加速危险的到来。毕竟,过早告别人世是令人遗憾的,因为如果活着就可能会看到各种各样令人兴奋的事，比如一场革命。文森特的质朴，并不是过分的质朴，其实预示了"一种社会的终结"。

　　和安特卫普相比，巴黎存在着更多的可能性，那里活跃着一群自由的灵魂，朱利安学院（Ecole Julian）和柯尔蒙画室（Cormon）也在那里。不出意料，文森特和安特卫普美术学校里所有的老师和学生都成了敌人。他希望更深地投入城市生活中，探索人类精神所创造的一切杰作。他并不想和别人交流，他已经适应了不和他人来往的日子，但他感到自己渴望给身体这台机器加速，以便使自己尽快获得解放。如果一切都能够言出必行的话，他也许可以从马奈（Manet）那里学到很多有用的东西。不管怎么说，不该摒弃印象主义，他从德拉克洛瓦那里学到了多少东西啊！十年前，他还是满脑袋宗教道义，即使那时他并没有放弃用眼睛观察，但他的绘画事业却因此而受阻。眼下，他准备开始临摹卢浮宫里的辉煌之作。到目前为止，他的全部工作都处于筹备阶段，好比为了将来的丰收而修建谷仓。即便如此，当他不厌其烦地画五十个头像、五十个篮子和罐子时，丰硕的果实依然在逐渐走向成熟。为了更好地研究人体结构，他也研究了古代艺术，他还用笔描绘过山谷、农舍、河流、动物和大地上匍匐的每件事物。终于，他感到自己已经准备完毕，可以走进远方那拥挤喧闹的世界里去了。勇敢前行吧！他渴望和提奥一起翻开卢浮宫这本伟大的书，然后一同回到住处，叼着烟斗诉说各自的发现。这难道不是美妙动人的时刻吗？他们从来没有真正在一起生活过，为什么他们从来没有注意到这一点？

　　的确，那将会是令人愉快的，提奥谨慎地表示同意。他担心自己会让文森特失望。唉，他是那么小心翼翼，仿佛是在和一个陌生人打交道一样。可是，他们不是两个互不相干的人，除了彼此以外，他们在世界上一无所有啊！他们的父亲不久前去世了，提奥觉得，也许文森特应该先去布拉班特看望孀居的母亲，帮她从教区牧师的房子里搬出来。文森特变得不耐烦了。他又不能让父亲死而复生，活着的人必须生活——没错，生活！到布拉班特意味着回到过去，那样会白白浪费时间，而眼下对他来说比以往任何时候都更重要。他得了热病，兴奋异常。医生认为如果他得不到细心的照料，就会发展成伤寒。文森特知道，只有巴黎才能治愈他的热病。提奥建议他6月份来巴黎，那时他会另租一套公寓，一切都会准备齐全。文森特的狂热越来越严重了，他急不可耐，巴不得一下子就能得到满足。他想4月份就去巴黎，3月份当然更好了！安特卫普是一潭死水，除了巴黎，到处都是死水。

2月27日，提奥在画廊里上班时收到了一封短笺。看完之后，他匆匆赶到卢浮宫的方形展厅，那里陈列着伦勃朗的作品。文森特正在那里等他。

两兄弟在巴黎

巴黎是文森特真正的训练场，不仅对他的创作来说是如此，对他的生活而言也是一样。在这里，他发现了责任和负担之外的东西，他可以承担自己发现的一切而不怕被它们压弯了腰。如果他的立足点不是那么坚实的话，他可能早就被全新的景象搞得晕头转向、不知所措了。

巴黎艺术与荷兰艺术是两个不同的世界，巴黎艺术好比一盏灯，借助它所发出的光，你即使站在闹市中心也能找到自己的路。它照亮了这座大都市的灵魂，让你用巴黎本地人的眼光去打量这座城市。对文森特来说，巴黎绝不仅仅是一座巨大的城市，它是一个世界，这个世界遍布着无数怡人的街道和广场，来来往往的行人都带着自己的故事，除了转瞬即逝的现在，它还蕴含着过去和未来。当然了，如果没有提奥的关照，他在巴黎的生活绝对不会是这个样子。提奥差不多成了他的护士，他事先就给文森特细心准备了各种必需品。他体贴入微，凭借着他的帮助，文森特能够到达任何自己想去的地方。柯尔蒙画室就是其中之一，它的创始人思想深刻，他所提倡的理论与朱利安学院的绘画理论几乎没有差别，然而这个画室之所以名声在外，并不是因为它的创始人，而是因为它所秉承的宽容精神。文森特加入了柯尔蒙画室，不仅因为在那里他能遇到和他一样学习绘画的人，还因为提奥的公寓太小了，没有足够的空间画画。在画室里，文森特结识了有趣的劳特累克（Toulouse-Lautrec），这真是件有意义的事情，劳特累克才干超群，令人咂舌。他还结识了瘦高个儿安克坦（Anquetin）、瘦小的埃米尔·伯纳德（Emile Bernard），以及所有那些愿意和他交谈的年轻人。

不久以后，他发现在画室之外也能认识学画画的人，而这样的交谈对他很有益。大概有十年之久，他一直像个哑巴一样生活着，常年的沉默造成了他语言上的障碍。可喜的是，这里的每个人都有他们自己的疑惑和失望，他们互相帮助。在荷兰时，他好像一个外来者，尽管周围都是熟悉的事物和操持着荷兰语的熟悉的人们，但他依然感到孤独，心情倍加沉重。在巴黎，所有那些邪恶的幽灵都消失了，他发现自己满怀信心地用外语交流着。似乎一切都能在这里获得公正待遇，人们的行为举止也十分自然。在荷兰的那些令人亲切的事物在这里就是日常规范，也许亲切是需要建立在值得公开讨论的话题选择基础上的。

提奥精通所有这些令人愉快的秘密。每个人都为他那冷静而老练的风度所折服。他几乎从来没有向那些来寻求帮助的年轻画家承诺什么，但他为他们所做的总是远远超出承诺。在当时的巴黎，很多年轻画家都画出了出色的作品，在他的坚持下，古比尔画廊的经理最终同意在蒙马特林荫大道（Boulevard Montmartre）一所房子的夹层展出他们的部分油画。其他画廊里也不乏杰作。比如迪朗-吕埃尔（Durand-Ruel）就在画廊中收藏着莫奈（Monet）和雷诺阿（Renoir）的画，还有马奈和德加（Degas）的画，但他只肯收集这些已经成名的画家的作品，不肯接受其他人的画作。提奥不仅展出了较早一代画家的代表作，而且还展出了画家们希望看到的画室作品，以及年轻画家的赤诚之作。这个小小的夹层里洋溢着生机。这些房间当然属于古比尔画廊的一部分，提奥不得不销售拙劣的画作，但他把它们留给了美国人。

文森特来这里看了展出的画作。从提奥以前写的信里，他知道了印象主义，它的理论和技巧，但真正给他带来启示的是这些实实在在的画。他觉得自己像个外国人，靠翻字典才掌握了一门语言，然而突然之间他竟然收到了一封用法语写的求婚信。在巴黎学习绘画就仿佛是对艺术展开了一场漫长的求婚，这是一种过于私人的行为，以往的任何教条经验都起不了作用。此外，印象主义在当时并不是一种片面的教条，而是一种秩序井然的生活态度。在成为画家之前，印象主义者是一个个独立的人。1886年，他们开始崭露头角。莫奈仍然还保持着他那辉煌的活力，当时他正在画美丽岛的海景，还没有开始后来那乏味的系列组画。雷诺阿已经和莫奈分道扬镳了。尽管当时很少有人注意到，但他开始用自己的方式表现他那个团队的潜能。毕沙罗（Pissarro）、西斯莱（Sisley）和基约曼（Guillaumin）正处在创作的黄金时期，身边聚集着大批画家。这些人都有一个共同之处，他们都使用明亮的色彩。这些个性迥异的人为这个共同点走在了一起，在文森特看来，这一点足以证明他们所创造的艺术具有永恒的价值，事实上这种艺术在他的思想中成了一个奇迹，这个奇迹远远超出了绘画领域。看来除了悲惨、贪婪和憎恨，这个世界上还有别的东西，还有某种能够把这些新的概念结合在一起的力量。

文森特以前一直坚信这种结合只存在于乡村，存在于农民中间。城市在他看来曾是一个挤满了白痴、懒汉和冒险家的地方，他们抢劫上帝和人类的财富，从自然和太阳那里骗取力量。仿佛是突然之间，他发现了城市里的阳光，城里的居民也变得焕然一新。在他的笔下，城里人曾表现为一副副俗艳的模样，夸夸其谈、小心翼翼而又工于心计，作为对比，他发现淳朴的乡下人感情率真，手艺高超，他们明白自己要做的事，务实而不尚空谈。诸事顺利。现在他开始理解提奥了，他当然不愿意拿巴黎去和纽南或德兰特交换。这里有一种共有的灵感，在它的作用下，个人联合起来组成了团体，它激励着人们展开创造性的工作。文森特的生活改变如此之大，以至于他甚至有点着了慌。这样的春天还会再来一次吗？提奥和文森特搬进了他们的新居，这座房子位于蒙马特高地的顶点，它的一边是煎饼磨坊（Moulin de la Galette），另一边则宛若仙境。当他走过时，路旁的人会向他点头致意。那个给他提供蔬菜的丰满的老太太，那个总是哼着歌的邮递员，那个在小广场上卖花的女孩，每个人都认识他。孩子们在一旁玩耍嬉戏，几个老太太拉着家常。这里没有任何不协调的音符，文森特觉得仿佛回到了自己的家，这里像极了海牙的街角。没有人嘲笑他的古怪举止，没有人对他品头论足，看到别人微笑，他便同样以微笑报之。生活就像一场梦，在这个梦里他差不多已经把自己那粗笨的身体忘在脑后了。空气中流动着优美的音乐，他渴望加入那合唱中去。

大片大片的房屋在他脚下展开，好像无边的大海。在所有城市中，这座城市是唯一一个人类创造的奇迹，它不是一个砖石砌成的灾难，而是一幅结构完美的图画，无时无刻不在变化着。每件事物都各司其职，因此整座城市秩序井然，街道就像充满活力的血管，在闪耀的皮肤下悸动。沿着蜿蜒的小径下行来到克利奇（Clichy）大道上，你就会看到咖啡馆里和林荫大道上那些幸福的情侣们，到处都是他们的身影。甜蜜的情话像小小的红气球，刚被一对恋人放飞出去，就又到了另一对那里，生活愉快地向前走着，一边走一边凝视天上的云朵。再往前是二手书店，他每天都能在那里发现新的宝藏，而且价格不贵，花上二十生丁就能把它们带回家。他在那里发现了最精彩的日本版画，画中呈现的世界超出了他的想象，让他惊叹不已。这些画所体现的美甚至在画家的梦里都发出耀眼的光，它们帮助他减去了所有累赘，启发他探索色彩设计方面新的可能性。最令人惊讶的是，他发现每一个奇迹都仅仅是因为巴黎的缘故才变得有意义。巴黎可以像吞下一只牡蛎那样吞下整个文明。所有东方画家的辛劳只是为了给这座城市添上一种新的装饰，只是为了博得巴黎的短暂一笑。日本是印象主义的支点，文森特一连几个小时都用手指触摸着这些版画。当然了，真正的鉴赏家不屑于这些粗糙的作品，而且由于用纸不同，年代稍早一些的日本版画无疑要精致得多，可惜它们售价昂贵，颜色也不够鲜活。令文森特着迷的正是廉价版画上那种粗劣而鲜明的颜色，他很难把自己的兴趣移到别的地方去。

他在罗什舒阿尔特（Rochechouart）大街上了一辆嘎吱作响的马车，由三匹马拉着沿着崎岖的殉道者大街（Rue des Martyrs）蜿蜒而下。那里的画面则有所不同，每个人都步履匆匆，房子看上去更加庄严神圣。然而在街的拐角，生活就像一条河流找到了新的出口，一下子变得生动起来，分成了几条彩色的支流，快活地流淌着。三匹老马在寂静的拉斐特（Laffitte）路上疾走，每个窗框里都有一幅色彩鲜艳的画。他不得不催促马儿快跑，不然的话他可能永远也到不了目的地。远处，色彩斑斓的林荫道上空气微微颤动，让人不由自主地兴奋起来。庞大的管弦乐队开始为乐器调音，唱到重复的段落时响起了千人的合唱。突然，他发现自己置身于喧闹的马车和高喊的人群中间。在他面前赫然耸立着一幢幢房屋，屋的正面就像一棵棵大树，上面落满了奇异的鸟儿。他小心地爬下马车，谨慎地踏入湍急的人流中，随后他走上人行道，蒙马特大道就在眼前。他感觉头晕目眩，好像公共马车、四轮马车、卡车、街灯，甚至墙上的广告板随时都会跌进河岸里去。然后古比尔画廊的金字招牌落入了他的眼底，他终于回过神来，他的弟弟在这家画廊工作，他的家就在旁边。

他从内心感觉到安宁，就仿佛冬天坐在一堆篝火旁一样温暖。他看到社会这台巨大机器在不停运转，而他只不过是轮子上一个不起眼的小嵌齿。靠着一些法则，人们才能控制混乱的局面，平息掉所有这些奇怪的骚动。运动像海浪一样有起有伏，他感受这节奏。总是会有惊喜，名胜古迹让他不能呼吸，但就连它们也恪守着既定的角色，因此他逐渐适应了，几乎习以为常。整个蒙马特区就像一个巨人，它有能力控制自己的规模，也有偶尔微笑的闲暇。他可以同这个巨人对话。它的故事难道不是一份强化的、对人类历史的多重记录吗？文森特做梦也没有想到过会有这样的生活。伟大的上帝，要是提奥听了他的劝告，和他一起去到农民中间会怎么样啊？！

提奥笑了，有时他会信口吟上一两句陈旧的诗。提奥像他的哥哥，不过，他们俩虽是用一个模子铸成，他却比文森特更温和、优雅。生活让人愉快。巴黎总是处在一连串的变化发展中，你会同这座城市一起成长、发育，起码在感觉上是这样。你吸收了它的节奏，实际上从它那里吸收了很多东西，只是你没有察觉。生活在巴黎就如同不需要四肢划动而身体自然漂流一样，你需要做的只是呼吸，其余的都不劳费神。你不清楚你的生命是逐渐丰盈起来还是逐渐衰减下去，不清楚你个人的贡献是多了还是少了，实际上你的个性似乎完全消失了。文森特对此不以为然。他的个性算什么？它有什么要紧？把个性融入更广大的集体里去难道不是要好得多吗？他要能做到这一点该多好啊！看样子他到巴黎带来的那些画，那些篮子、罐子和盘子都是一堆破烂。所有这些家什都太拙劣了，他真该重新从零开始，学习运用更明亮的色彩。

他开始描绘花朵。以前他不但从未画过这类主题，也没有采用过这种方式。这些花取代了他的木鞋、土豆，甚至把以前弥漫在他的画作中的气氛一扫而尽。他所使用的泥土般的色彩和肥皂绿的色调也变成了卢浮宫外墙的颜色，变成了一种有节奏的摇荡，变成了微笑和遍布巴黎的惆怅，这位曾经的农民画家所使用的粗糙笔触也开始变得优雅起来。文森特通过卷曲的卵形花瓣和含苞待放的蓓蕾来阐释奇妙的巴洛克风格。他的巴洛克画作像果实一样沉重，像弓一样紧绷。他画的不是那些花瓶中虽然盛开却转瞬凋零的花儿，而是一把华丽的花束，挤满了待放的蓓蕾。文森特把巴黎画进了他的花儿里，巴黎像一朵花一样飘落在他的手中。奇怪的是，指导他完成这幅画的力量并不是来自这个或那个画家，而是宇宙的压力，一个新的希腊、一个新的意大利。更奇怪的是，文森特自愿接受这种影响，特别是这一影响不是压抑个性而是将其孤立并对其加以强调。他仍然是一个荷兰人，而且是唯一一个在巴黎没有失去个性的荷兰人。和他在纽南画的农夫和织工的头像一样，这些花朵里也蕴含着相似的力量。如果你凝神细看，也许会发现画上的玫瑰好像穿着木鞋，花香中也夹杂着荷兰沙丘和荒野的味道。文森特在巴黎收获了丰硕的艺术成果，正如一百五十年前法国画家华托（Watteau）在荷兰大获丰收一样。华托的精神曾同荷兰画家戈延（Jan van Goyen）和维米尔（Vermeer）的精神融为一体，文森特的心也同法国巴洛克画家卡尔波（Carpeaux）和德拉克洛瓦的心紧密相连。

　　回顾过往，你也许会从文森特早期的绘画作品中看出巴洛克风格的某种倾向，这种倾向正在促成他的风格。他描绘的花丛有点类似海洋，叶子便是簇起的海浪。这些花儿会让你联想到莫奈画的静物，不过莫奈的笔似乎总是轻易便滑进形式里，仿佛这些形式是件撑起的外衣，他只需一闪身便能穿进去，而凡·高本能地拒绝为他的形式套上模子，他不愿意用固定的模式来表达自己的情感。他那强烈的色彩学自德拉克洛瓦，但他并不使用雷诺阿所钟爱的明亮轻快的色调，而偏偏选用德拉克洛瓦那种光辉而厚重的调子。通过与德拉克洛瓦相仿且不含东方元素的色彩设计，文森特为他那生气勃发的乐观主义找到了恰当的表达方式。在这个时期，他的天地还不够广阔，似乎那里面只有花朵，然而这种局限却是他自愿选择的。他用肖像画法描绘静物，那种感觉仿佛是伦勃朗的嫡孙运用德拉克洛瓦的肖像画法作画，并且在一定程度上深化了后者的表达。那些农民，那幅《吃土豆的人》，那条狂吠不止的长毛狗都到哪儿去了？这个无政府主义者那苦难的过去都到哪儿去了？哪里还有它们的影子？虽然文森特身体状况欠佳，肺部几乎萎缩，但他开始唱起发自肺腑的旋律，这种事还是头一回。他的笔法虽然粗略，却为作品平添了新的韵律。

他说起话来也是一样。他言谈粗野，声音响亮，任何人只要听到他说话就会不由自主地提起注意。"他很滑稽"，听众们这样说，但要想把他那颠倒含混的话语听明白，免不了还得把椅子拉近一点儿。没有人知道他过去的经历，他也从不提起，因为没人对这感兴趣。他来自某个洞穴，不然他还能来自哪里呢？除了巴黎，其他任何地方都是洞穴。文森特的语调正是那些年轻的画家们所期待的，他的语调中带有某种简朴而家常的东西。这个荷兰人把巴黎的流行风尚转化成更高贵的形式。文森特把巴黎简化了，这一代人刚刚开始继承马奈的遗产，他们这些人，比如修拉（Seurat）、西涅克（Signac）、高更（Gauguin）和劳特累克，正在寻找有关马奈的元素。他和这些人成了朋友，他们秉承着上一代画家的传统，彼此亲密无间。他们中的每个人都为集体做出自己的贡献，并获得他所需要的力量和帮助，荷兰17世纪的艺术家曾这样做过，更早一些时候意大利的艺术家也做过同样的事。但也难免会发生一些摩擦。小小的夹层展厅里热度骤增，不是因为中央供暖系统，而是画家们之间的论战。这些法国人用一种奇怪的方式谈论艺术，一会儿满嘴俏皮话，一会儿傻话连篇，一转眼却又变得严肃起来。他们调侃那些既不够雅致也没有艺术鉴赏力的大师。柯罗被他们称作"老好人柯罗"，真正受他们尊重的德拉克洛瓦则是"大神"。

文森特很快就被马奈的创新之处迷住了，他也发现莫奈和他的朋友们虽然在巴黎的近郊作画，但他们却创作了令人惊讶的新式风景画。然而在夹层展厅里却有人抱怨说这些风景画无聊得要死，还说马奈的方法老套平庸。凡·高讨厌这样的恶意中伤，在他看来，马奈是一个维护优秀传统的剑术家，他不仅为自己和同代画家辩护，而且用弗兰斯·哈尔斯的拳头维护着西班牙画家。"说得好！"远远的角落里有人大喊，喊声如此之大，显然语带讽刺，接着，这个坐在角落里的人讲起了有关拳击和击剑的滑稽故事。此人便是高更，他长着一头印第安人的红头发，还有一个大鼻子。安克坦讲了一个德加关于库尔贝（Courbet）的笑话，但很快就被其他的声音压过了。只有总是对宗教画念念不忘的小埃米尔·伯纳德站在文森特旁边。那个响亮的、轻蔑的声音又在远远的角落里响起："品质在你的手上！"还是那个长着大鼻子的红头发印第安人。他挥舞着一根古怪的手杖，手杖没有把手，却画着一个色彩亮丽的面具，他的手杖就像一杆长矛，笔直地刺向亨纳尔（Henner）的《女奴》（Odalisque），幸好在离画布一寸远的地方他突然顿住，将手杖倏地收回。文森特吓了一跳，尽管他并不喜欢亨纳尔的画。"这些伟人只会通过他们的爪子思考"，那个雷鸣一样的声音继续说着。劳特累克讲了些相当猥亵的评语。"这些伟人，"高更一边说着，一边再次把手里的长矛指向《女奴》，"他们的绘画充其量是一种体力劳动，为的是逗弄资产阶级庸俗的味觉。他们只是些灵巧的猴子。从德拉克洛瓦开始，艺术就走上了下坡路，但它还在苟延残喘。多亏医生们医术高明，它才活到了今天。他们给艺术动了手术，从这个部位切除一块皮肤，移植到别的部位。然而病根藏在肌肤之下，倒是没有一个人在乎。法国之外，整个欧洲的情况也一样。"

凡·高坐在那里瞠目结舌，嘴巴张得老大。每次和高更在一块儿，文森特都觉得有必要唱反调，也许只是因为他的大嗓门太聒噪了。转眼之间，他的嗓音变得尖锐刺耳，像把匕首一样刺向文森特，让他苦不堪言。然而文森特每次都注意到，高更身上有一种非同寻常的感受力，几乎等同于一种新奇的直觉，这种直觉让他看起来就好像更高贵的种族，让人心生敬意。高更注意到了这一点——文森特和其他人都忽视了这一切。有时高更就像一个才华横溢的演员，对大道上所有的把戏了然于胸，有时他又突然脱下他那巴黎人的伪装，像一个从空中鸟瞰巴黎的人那样做出点评，这种时候他能迅速指出三四位真正有价值的人物。碰巧文森特以前从未注意过这些人，谈及他们时也往往一语带过。高更认为，德加通过对法国舞女肢体和面部的刻画，暗示了艺术的结构和哥特式艺术在法国的辉煌，后者几乎已经被人遗忘。塞尚（Cézanne）是另一个开创性的建设者，他和德加一样，知道哪些是真正有意义的，其他人甚至还不及康布罗纳将军（General Cambronne）那句经典的法国国骂。

高更所表现出的精神上的巨大魄力令文森特惊讶不已。在必要的时刻，他甚至会毫不犹疑地拿起武器，向自己开火。有一次，画家们在夹层展厅里为基约曼和毕沙罗吵了起来。一个美术学院的年轻学生大肆污蔑毕沙罗的"点彩画法"（Pointiller）。高更作为毕沙罗曾经的弟子，给这个初来乍到的年轻人上了一堂绘画鉴赏课，他把毕沙罗朴实的绘画技巧和布格罗（Bouguereau）华而不实的手法相比，他的表述活力充沛、妙趣横生，围观的人都被逗得哈哈大笑。这样的行为正是文森特所欣赏的。他喜欢老头毕沙罗和他的风景画。过了一会儿，高更又暗示，毕沙罗的技巧有一天也许会被列为女子学校的课程，然而这对于那些不够强壮的人是大有裨益的，它是抵抗巴黎瘟疫的一剂解毒药。劳特累克碰巧站在旁边，和高更那高大的身板比起来，他看上去就像个侏儒，此刻他看着凡·高复杂的面部表情，偷偷地乐了。后来他给凡·高介绍了一位巴黎的牙医，画家去他那里镶牙可以用油画抵充诊费。

一次，劳特累克给文森特讲了高更的故事。最开始高更是一个水手，之后在一家银行工作了 11 年，成了一个精明的股票经纪人。他挣了很多钱，成了家，过上了标准的资产阶级生活，和巴黎其他年薪六万的银行职员没有区别。一天，他放弃了那份收入不菲的工作，穿上了画家的工作服。从那天开始，这个年轻人就开始饿肚子了。文森特简直不能相信自己的耳朵。在一家银行工作了 11 年——想象一下吧！真是太奇怪了。矮个子的劳特累克又说，作为图卢兹伯爵（Count of Toulouse），他自己也放弃了皇家的荣誉，他原本不该挥舞画笔，而是骑着高头大马，挥舞着元帅指挥棒，在法兰西国王御驾左右陪侍。当然前提是有一个国王，另外他还得学会骑马。文森特没有把高更的故事看作笑谈。尽管他们俩是如此不同，但他还是从彼此的命运当中看到了一些共通之处。高更的进步当然重要得多，他的牺牲也更让人佩服。但人无完人，他也沾染了巴黎的习气，好说大话，这一点也许可以帮他改正，那样一来他将跻身于最伟大的人物之列。提奥谈到了巴黎人的虚荣，说起在每个街角都会发现一名自命不凡的大人物。"但这些画家绝非如此！"文森特喊道。高更的每一幅画都证明了他的真诚，于斯曼斯［译者注：约里斯·卡尔·于斯曼斯（Joris Karl Huysmans，1848—1907），法国作家，代表作有小说《玛特，一个妓女的故事》（1876）］说得没错，高更是这个时代最大的希望。因为他所描绘的那些色彩明亮的风景画，实际上走在了所有印象主义者的前面，他的天性和调色板不会把他引入歧途，他在绘画中设法保持住了自己热情的特性。提奥笑了，他的哥哥总得给自己树个偶像。他并不怀疑高更的未来，但是还有其他一些人，他们不像高更那样自负，他们的作品也更有前途。

高更在毕沙罗的影响下创作的风景画令文森特着迷，因为这些画中明亮鲜艳的颜色正是文森特努力争取却无法做到的。他认为自己早期的创作太过沉重，开始追求画得更精美，为了避免和画中精美的色调冲突，他自虐般地试图粉碎自己那强有力的节奏。在进行这种尝试的同时，文森特失去了很多东西，他失去了在描绘花朵时那简朴而令人信服的特性，那种哀婉的情调，甚至失去了他的巴洛克风格。提奥焦虑地发现了这种变化，他什么也没有说，事实上他什么也不需要说，因为他的哥哥能从他的眼神读懂了一切。他准备在大街上卖白菜、土豆吗？……提奥暗自思忖，事实上，文森特应该这样做，他脑海中已经浮现出文森特这么做的情景。然而，文森特却把这个过程仅仅看成是不合时宜的做作。

　　不过，文森特非常清楚自己的确失去了一些东西。他的风景画了无生气，颜色斑驳杂乱，他也很难找到发自内心的表达方式。等到他不再画风景画了，他先前那些才能仿佛一下子恢复了，而且比起以前似乎还有增无减。然而，文森特已经下定决心，要不惜一切代价，成为一名风景画家。一个秋日的黄昏，当文森特又一次在塞纳（Seine）河畔画了一整天，垂头丧气地回到住所时，他看到餐桌上有一个盘子，盘子里放着两条熏鱼，那是提奥为他准备的晚餐。文森特飞快地跑进充当画室的房间里，即兴挥笔，画下了盘子和盘子上的熏鲱鱼。从这幅画上看，文森特似乎乘坐时间机器，突然回到了在荷兰的时代，生气勃勃的金黄变成了荷兰的色调，被他用画笔坚定地涂抹在画布上，显得熠熠生辉，死去的熏鱼也仿佛获得了生命。这简直是一幅微型的伦勃朗作品！提奥看着这幅画，心里充满了惊讶和赞美。没有人能这样画，画中这种未曾在美丽事物的嬉戏中消磨的确定性，以及这种与画布的全部生命一同放射出的真实感人的魅力，是年青一代的画家无论如何都不能匹敌的。只有北方性格才配得上拥有如此可怕的力量。文森特还画了其他几幅类似的油画。可以说，每当他的风格回到荷兰时代，画面就会从他的指间自动涌出，这恰恰证明了对文森特而言，荷兰全无价值。任何出于自愿的事都不过是废物。他不再借用戈延和罗伊斯达尔（Ruisdael）的眼光，对他来说，模仿这些大师同进一步学习法国人的绘画风格及方法一样困难。画裸体画的困难就更大了。整个冬天，只要有足够的钱，他就把凡是能找来当模特的人都找来，以便练习画画。到了星期天，提奥好不容易从工作压力中恢复，坐下读一本书时，文森特就会盯着他，不满地嘀嘀咕咕，直到提奥脱下外衣给他当模特才会罢休。过不了一会儿，提奥就不得不解下腰带，脱下裤子、衬衫。尽管如此，文森特的进步却十分有限。印象主义丰富灵动的色彩在他的手里仍然是死气沉沉的。他这个时期喜欢用纯色作画，但看上去比以往那种肥皂绿的色调还污浊。此外，他的裸体画乏善可陈，连他的素描也存在不少缺陷。色彩没有为他的画作赋予活力，而是阻碍了他的创作。

提奥提出了相反的意见，为什么文森特非得自虐般地采用和天性相悖的风格作画呢？一年前他还漠视这些印象主义画家，而眼下难道除了这些人，世界上就没有其他人了吗？

是的，再没有其他人了，剩下的只是些白痴和懦夫，除非你抬起脚把他们踢下去，否则他们会永远待在梯子的最下一级。当然了，那些只会群居的牲畜一直都存在，也会继续存在下去。

提奥暗示说，印象主义尽管稍有不同，但归根结底还是一个"群落"。他拿蒙蒂塞利（Monticelli）作为反例，这位大师在文森特的眼里如同半个神灵，那些巴黎年轻画家们手上的调色板根本不入他的法眼。

可是蒙蒂塞利——把他拉入这场争论中真是罪过——之所以如此是因为他不得不如此。那种近似编织的绘画质地在他那里得心应手，完全能够表达他希望表达的一切。向蒙蒂塞利要求印象主义，如同向伦勃朗要求明亮的光谱色一样荒唐。当然，文森特原本可以像蒙蒂塞利那样画画，为什么不呢？

只要他像以往那样感受，他就会获得蒙蒂塞利那种厚重的画风，就像换上一层皮。文森特原本会喜欢这层"鳄鱼皮"，他熟悉蒙蒂塞利的方方面面，尊重这位被大众所蔑视的画家，后来这个糊涂的醉鬼倒在水沟里快乐地死去。在文森特看来，蒙蒂塞利和糊涂的、醉醺醺的伦勃朗如出一辙，而他本人与蒙蒂塞利有同样的亲缘关系，他因此尊重后者。没有人向蒙蒂塞利要求印象主义，但处在当下时代的文森特却不能幸免于此。他向自己要求印象主义，就像他向自己要求诚实。蒙蒂塞利的"鳄鱼皮"对他而言只是毫无价值的伪装，假如他缩回自己那层"纽南皮"下也是一样，如今只要想想这种可能性就会让他作呕。他清楚地知道，他追求的是纯净的色调，污浊的色调对他而言无异于污浊的思想。他心里不仅有蒙蒂塞利，还有日本人。提奥知道日本人那些欢乐图画的意义吗？巴黎只是为了不知满足的艺术收藏者而存在的吗？难道它不是同时也为那些欢乐而又新鲜的图画之梦而存在吗？假如巴黎不珍视这些梦想，那么巴黎将不再是巴黎。要想实现这一日本梦，毕沙罗的风景画中简单纯净的调子是必要的一步。文森特不需要像高更那样看到印象主义的限制，这只是开始，非常健康的开始，仅此而已。

提奥尽量掩盖一个事实：在过去几年中，这已是文森特第七次"开始"了，当然在巴黎任何人每天都可以进行新的尝试。然而文森特对这一切了如指掌，提奥在他眼前一下子变成了画商。在文森特看来，画商不会对画家的良心提出严苛的要求，因为在交易中后者并不重要。

兄弟俩之间偶尔会说上几句冷言冷语。谁也不想折磨对方，最明智的办法便是不予理睬，但是如果一个真的不理睬另一个，事情就会变得一团糟。亨纳尔那幅倒霉的《女奴》惹了一连串麻烦。由于画廊的老板崇拜亨纳尔，提奥不得不把这幅画留在展厅里，同时不得不听命于上司收藏成排成排的亨纳尔的画，而不是这些每天下午带着一身浓重烟草味涌进夹层展厅的"盲流"们的画。文森特从亨纳尔这幅画里看到了一种人身侮辱，劳特累克谈到它时百般嘲弄，高更对之则是毫不留情地攻击。一天夜里，提奥和文森特相处得还算不错，但不久文森特突然冲进了提奥的房间。"提奥，把亨纳尔那幅画取下来！"提奥耐心得像个天使。"好的，文森特，我会把它取下来。""明天吗？""明天不行，因为有个顾客要来看这幅画。""一个愿意出钱买亨纳尔的画的顾客？这人是什么样的蠢货！提奥，你是说你竟然要把这样一幅画卖出去？""此外我别无他法。我不能辞职，因为我……""不，你能——实际上你必须得这样做，因为它太恼人了。""那样的话，我们靠什么为生呢？""你是想责备我花你的钱过日子吗？没错，坦白说吧，你就是这个意思！""文森特，不，我不是这个意思。我只是希望你理解这是……""我知道，这就是生意！"

　　提奥的耐心有时候也会耗尽。无论怎么说，亨纳尔都不是这些画家中最糟糕的一个。难道他比文森特看重的齐耶姆（Ziem）差吗？文森特表达对后者的景仰时，劳特累克被逗得捧腹大笑。齐耶姆！那个草莓加奶油的家伙！文森特真是疯了。另外，雷诺阿在这些人当中也有点不伦不类，他的色彩完全不对路。齐耶姆曾为德拉克洛瓦辩护，在后者身上也可以发现很多类似的古怪之处。有人声称文森特计划为《美术报》（*Gazette des Beaux-Arts*）写一篇文章，内容是有关齐耶姆先生的精神生活。劳特累克站在亨纳尔的画前说画上的女子酷似他的侄女——一位伯爵夫人，他一定要用诽谤家族声誉的罪名起诉这个恶棍。

　　整个冬天，这个倒霉的亨纳尔一次次地引起争端，即使那幅画售出之后情况仍然没有改变。不久又出现其他的亨纳尔，画廊的经理发现提奥喜欢的画在销售上盈利有限。文森特爱钻牛角尖，最轻微的刺激也会让他立刻火冒三丈。只要提奥稍有异议，文森特马上威胁说要同他彻底决裂。这个冬季对文森特来说最是难熬，他的坏脾气也让自己吃了不少苦头。兄弟俩常常面对面坐着，一句话也不说。提奥有时真希望文森特能搬去别处，但他没有表现出来，只是默默忍受。很难说他的沉默是因为害怕他那强硬的哥哥，还是因为良好的忍耐力。有时候文森特又像突然变了一个人，他会不惜高价在严冬里买回一束鲜花，也会跑很远的路去买提奥喜欢的荷兰风味酒。

"提奥，我知道我让人讨厌。你是唯一一个对我好的人，但我这人就是这样，我也没办法。你以为能透过表面看到真正的我，但这个我并不存在，我常常觉得我从本性上说是粗俗之辈。但我的本性折磨着我自己，也折磨着你，你为此受的苦甚至比我还多。也许我心里其他的东西，某一天会战胜堕落，占了上风。我不敢说一定会这样，但有这个可能。"

冬季刚一结束，他就重新画起了风景。他和伯纳德在阿涅尔（Asnières）画了很多画，伯纳德和他父母就住在那里。他终于成功地使画面的色调变得明亮了一些。没有人帮他，高更此时也离开巴黎去了安的列斯（Antilles），但这对他或许不无益处。文森特似乎正在变成一个真正的巴黎画家，而且是当时最时髦的巴黎画家之一。这是新印象主义的春天。修拉的代表作《大碗岛上的星期天下午》（*A sunday on La Grande Jatte*）已经展出，西涅克正在展览他早期的油画作品。两人都有一些追随者，而年长的毕沙罗私下加入这个新的团体，也增加了它的声望。让古比尔画廊老板不快的是，提奥展出了这些画。他在夹层展厅里汇集了修拉朴素的海景画、毕沙罗强有力的油画和西涅克的组画。修拉的画遭到了"林荫大道"的嘲笑，毕沙罗的画中仍然可以看到莫奈的怀旧气息，西涅克的画则让更多的人尖叫。文森特整夜整夜地和修拉待在一起。他本能地反对这种新的信条，它条理明晰、逻辑严谨，而且切实可行，但违背了伦勃朗、米勒的精神。对于画家来说，追求技艺精巧当然没错，但把一切绘画都简化为经验法则纯属蠢话。

修拉的直率令文森特折服：他并不关心伟大的事物，也不以天才自居。任何一种行为，哪怕是天才的行为，都不能弥补这个时代可怕的能量浪费。德拉克洛瓦真的是一个伟大的画家吗，他有更高贵的心灵吗？他曾经意识到我们文化的宿命，为此他界定一切，目的不是要获得个性，而是要追求一种普遍的语言，一种所有人可能共同分享的艺术，同时也避免使其流于庸俗。他的努力获得了什么？不过是给有钱人看的博物馆展品，还有艺术品的股票和股市份额。这些画在绘制的时候，所有"林荫大道"的人都对它们视而不见。十个德拉克洛瓦也挡不住川流不息的谄媚者，他们的奉承话玷污了心灵最深处的圣殿。荒唐事接连不断，画家越多，世界上的误解和悖论就越多。还有人比雷诺阿更快乐吗？但他那无上的喜悦又能与谁分享？雷诺阿那无与伦比的创造能力曾使当代艺术有一分一毫的提升吗？不过，雷诺阿和德拉克洛瓦心中念及大众，他们无论作为社会先驱还是作为画家都同样引人注目，其他人只追逐个人的荣耀，他们的作品即使对少数专家而言也晦涩难懂，莫名其妙。

听着修拉的议论，文森特灵光一闪，突然有所领悟。修拉的话正好说中了文森特的所思所想。在跟莫夫学画的时期，他就曾经向莫夫暗示过这种想法，但后者将之斥为垃圾。就连像德拉克洛瓦和雷诺阿那样简单的代言者，对于大众来说都过于复杂。其他一些画家——比如高更和塞尚，可能同样伟大，但他们以及他们的作品有益于人类、艺术或世界吗？这些画家们来来去去，在美术书上留下大段大段的相关介绍，他们那售价不菲的作品挂在画商的展厅里或附庸风雅者的墙上。世界仍然是丑陋的，一天比一天丑。文森特或许曾经想过，现代艺术中的一百幅精选的作品也不能制造一幅真实的、和谐的画面。任何一位艺术家都不能创作任何对人类有用的东西。艺术是一个节日，它属于那些没有工作日的人，而对那些拥有一份体面工作，尤其是其中出类拔萃的一批人，艺术永远是一种难以获得的奢侈。

文森特的眼睛一动不动。他承认自己以前从未想到这一点。慢慢地，文森特的眼睛看到了一位仁慈缪斯（Muse）的优美形象——一个劳动者的兄弟，一个乞丐与妓女的朋友，一个流浪汉和无政府主义者。在这位女神的凝视下，文森特并不觉得羞赧，她那人性的朴素为他赋予了荣耀与尊严。伦勃朗和米勒的画中伟大的秘密难道不也有着相同的属性吗？修拉希望把文森特从理想主义的羁绊中解放出来，投身到对有益事物的创作中去。感受对人类的各种同情是有可能的，事实上这种同情是创作艺术作品的真正动力，即使那些伟大的破坏者也在一种类似的信念下行动。对动机的表达必须诉诸一种社会形式，尽管动机本身并非如此。

文森特感到羞愧，他承认自己从未考虑过这些问题。他再一次注视着自我灵魂的深渊。过去的日子是怎样虚度的？他是在哪里度过的？在修拉面前，他仿佛变成了一粒微尘。

在修拉看来，文森特的谦卑打开了通往自由的大门，那里的朴素无须矫饰。修拉最看不惯的是自命英雄，他讨厌任何拟古的事物，如同对待瘟疫一样避之不及。文森特和修拉很快达成了一致。他们渴望的共产主义必然要受自然可能性的限制。比如，创作中个人或精神的因素要停留在个人事务的层面上。他们的目标是像哥特艺术那样的一种形式、一种风格。文森特的内心充满了狂喜。但要实现这种风格需要一种深刻的信仰，或者不如说需要一种同样深刻的怀疑精神。修拉认为哥特时期的信仰从根本上说不过是那个时代社会凝聚力的外在化，其中宗教信仰只是一部分。然而，是否存在一种普遍的强大倾向，并在这种倾向下创作一种共同的表达风格？如果你足够谦卑，你就可能获得一种风格。理想主义者的目标被丢弃了，唯有确然的坚信进入他们考量的领域之中。在这里，新的神不是上帝，而是起因／诱发性；没有人会怀疑二二得四，他们也重视化学和物理的作用。过于讲求科学当然存在着风险，但这种风险并不比世界迫近的混乱更严重，事实上，只要接受科学作为生活的框架而不是内容，就不会带来任何危险。色彩是现代画家的天然媒介，于是他们俩制定了色彩的法则。康斯坦布尔（Constable）和德拉克洛瓦在色彩上的发现为他们提供了充分的支持。谢弗勒尔（Chevreul）的光学也为色彩的选择、配置、分区和渐变制定了法则。到此时为止，这些现象都被归于从属的地位，必须把它们从这一领域中分离出来。图画的线性结构也要服从于理性法则。一位画家遵守的法则越多，他的作品的抽象性也就越完全。比起中世纪的行会标志或教堂的教规，这些理性法则对画家而言是一种更沉重的负担吗？如果一位画家创作的景象被这种负担压垮，那么这幅图景本身可能并不值得保存。如果某些真正有价值的原创性观念被这一新信条窒息，让少数人受苦总胜过让多数人受苦，世界的负担也无疑会减轻。伴随着这样一个进步，绘画派别的扩张会自然而然地导向壁画艺术的生产，这将是一种普遍民主风格得以确立的最初标志。

　　这种新的信念听来令人心悦诚服，但更让文森特信服的是修拉那独特的话语中所蕴含着的普世精神和正直。西涅克的情况则有所不同，他坚决排斥异己。比之修拉画作中的古典倾向，文森特更认同西涅克作画时那种手艺人的态度，尽管如此，后者的褊狭却妨碍文森特同他接近。

　　文森特就这样变成了一个新印象主义者，至少在理论上是这样。文森特一时并没有领会修拉的终极目标，即把绘画艺术从框架限制中解放出来，用画作本身代替画架、墙壁。文森特那时连自己的家都没有，做梦也不会想到室内装饰艺术。后来，在和修拉交往很久之后，这种可能性才在文森特那里变成了实际行动。文森特只能理解这种新方法中的常识性因素以及这一方法的发明者的正直。他的手过于轻易地根据直觉挥动画笔，他的画面丧失了原本痛苦地建构起来的平衡。他惊讶地发现自己正在使用一种不纯的色彩。他不得不忏悔，同时恨得咬牙切齿，因为他的自负拒绝向技艺的法则屈服。他没能达到西涅克画作的壮丽，更没有呈现修拉作品中那种宁静的结构。尽管如此，他画出的一系列风景画仍然或多或少地遵循了新的准则。这些画是不冷不热的凡·高，它们并不缺少魅力，而是缺少本真的东西。在提奥看来，文森特的努力仿佛是一个人试图不通过言语来说话，不过他并没有告诉文森特。兄弟俩避开不谈文森特新近燃起的激情，但当其他人在场时，文森特偶尔会热情地称赞修拉，夸大这一新理论的种种妙处，而不用证据去证实。他不喜欢修拉给这场新运动取的名字，认为它过于自命不凡。他应该属于小林荫道上的印象主义。毕沙罗、莫奈、西斯莱是大林荫道上的印象主义者。修拉当然在所有这些人之上，在文森特的心里，他结合了古老的马赛克技工的手艺和现代人的智力。修拉是古典时代之子，文森特对他充满敬畏，因为修拉的画里有希腊精神。

　　文森特提到希腊有一点古怪。他觉得自己多少有点荒唐，因为每当谈及这个话题，他的话语就会变得笨拙不堪。劳特累克把修拉称为"小林荫道上的乔托（Giotto）"，而把文森特比作奥尔卡尼（Orcagna）。西涅克则讨厌文森特那外行的言论，他断言文森特和修拉扯不上任何关联，还不如坚持去画他的荷兰农民。把一只猫训练成一匹赛马，也比把文森特培养成新印象主义者来得容易。

　　西涅克是对的。文森特自己也多少同意西涅克那无情的排斥。但是，莫夫以及其他人都曾试图阻止过他的进步，而他最终坚持了下来。无论如何他都不会放弃。他继续把画布分成小点，他尽量把自己的存在缩小成一些没有光亮的小点。他故意和自己的本性中反对的因素对着干，而这帮了他的大忙。他拒绝做任何妥协，但有时在他用点连成的网络之下，会出现一种图案，即使再多的秩序也无法将其遮蔽。只要他稍有松懈，他自己的形式就会浮出水面，那些小点则仿佛是在一块闪闪发亮的金属板上跳动的雨滴。有一次在塞纳河畔，文森特正处在这样的状态当中，提奥恰好走来，他从文森特那里抢过正在进行中的画，发现它比文森特所有那些"新印象主义"绘画要好上一百倍。

这是一幅风景画。文森特说他本来想画一幅西涅克风格的画，结果却有点类似莫奈，而且过于粗糙。提奥在画中发现了莫奈，而文森特所谓粗糙只不过是对莫奈视野的进一步拓展。整幅画像破晓的太阳一样熠熠生辉，画中被分开的风景再一次融合，相互辉映，结果比最初触动画家灵感的内容更为紧凑。文森特在绘画中并没有遵从开始绘画之前自己定下的规则。画面是对瞬间印象的回应，由点和线构成，正如话语由不同的声音构成。

尽管只有这样孤零零的赞赏，而且还是出自提奥之口，可它毕竟给文森特带来了激励。虽然对新的画法充满渴望，他重新采用原来的方法，纽南那个初学画画的新手在文森特这个阶段的画中清晰可辨。

"感谢上帝。"提奥说道。现在的巴黎文化终于让这个纽南人变得稳健起来。最重要的是，文森特在作品中展现了自己的个性。一直以来他都难以挣脱原有的桎梏，但突然之间他从那些障碍中解放出来了。他笔下新的色彩不再是一种伪装，而是他本性的表达。

奇怪的是，文森特似乎只有在和自己的意愿对着干的时候才能有所进展，而修拉那样的人则会自动地按照他们的意愿绘画。因此修拉必然是正确的，而如果文森特画出了一幅兼具光度、颜色和布局的画，只不过是一种巧合。文森特确信他的努力不可能创造出一个新的巴黎，或者新的德拉克洛瓦。如果一个人像文森特那样，知道应该如何画画而又屡屡受挫，无法把理想的图画呈现出来，他就不能不流于平庸。这种平庸会向自己复仇，朝一个方向前进的每一步相对于另一个方向来说都是退后，文森特讨厌变成自己感觉的奴隶。

他一遍遍地尝试着同新的方法较量。他强迫自己坚持采用点彩画法，但在结束绘画前的五分钟又把整套方案抛至脑后，从而挽救了那幅画。他在冬天画肖像画，而肖像画总是会摧毁他坚定的决心。他放任自己的画笔，在画布上大肆挥舞。一天，他和伯纳德在一起，给卖颜料的唐吉老爹（Pere Tanguy）画了一幅肖像。文森特画画的方式像直截了当的剑击，由于唐吉老爹卖给了他一幅日本版画，所以他在唐吉老爹粗糙的面孔旁用一种更粗糙的日本壁纸做衬，壁纸上还画了很多面具。唐吉老爹可不是傻子，他留下了这幅画，于是文森特回家后又画了一幅，尽管他原来打算要格外小心，但第二幅画比原来那幅色彩更亮，更具有日本——文森特想象中的日本——的绘画风格，人物也得到了美化，画法更为大胆。他用同样的方式画了他和提奥居住的街道。还有一天，在一种略微有点疲惫，但相当幸福的情绪下，他画下了放着几本法语书的桌子。这是一幅静物画，在构成上比他那些鲜美的花卉图更有深意，流露出一种更微妙的内心活动，与那些精巧的法语散文散发出的气质如出一辙。只要他身边的朋友同意，他就给他们画肖像，他也经常给自己画画，但这些自画像并不像唐吉老爹那幅肖像一样洋溢着欢喜。

纽南的幽灵偶尔也会探出头来，损坏画中的日本风格。有时，他的调色板上掺进了阴暗的色调，有时则更糟，他的光亮度变得过浅，文森特手持画笔，如同拿着手杖的盲人一样在黑暗里徘徊。每当这种时刻，提奥就会备受折磨。凡·高从来不是完全意义上的画家，即使在他自己的意识中也不是，他从不故作姿态，他的理性总是滞后于感性。唯有艺术能使理性与感性平衡，因为对文森特来说，只有通过艺术才可以化解内心和灵魂中承受的压力。这种压力在不断增长。他越是和某种特定的方法较量，他的画面就越是充满爆发性，至少最好的那些画是如此。修拉、西涅克以及其他一些人的理论，甚至包括文森特自己的思想对他而言都如同绑缚气球的绳子，只有砍断绳子气球才可能高飞。他在巴黎观察、体验到的一切在他身上具有同样的影响力。

提奥清楚地看到气球变得越来越膨胀——几乎就要爆开了；他知道这种压力怎样折磨着文森特，尽管对后者来说这是天赐的福祉。正是这种压力，而不是模特或者风景中的河流，驱使着文森特手中的画笔。有时那股爆发力在绘画之外还有剩余，他需要寻找其他的出口。他说他本来应该画出的东西无法诉诸言语。但提奥并不能总是为这股潜在的力量提供充分的包容，假如遇到哪怕是最轻微的反对，它也会变得加倍猛烈。文森特的这个特点惹恼了很多人，结果提奥那个原本亲密的朋友圈子也出现了问题。提奥的工作要求他和许多画家打交道，物质利益把他的夹层展厅和画家们联系在一起，但是每当文森特开始发言，画家们就会一个接一个地溜出去，背地里的评价是"多么令人讨厌的东西啊（quel rasoir）"！文森特照旧滔滔不绝，丝毫没有留心大多数人对他的态度。

到了1887年冬季，他自认为已经取得了相当大的进展，可以着手实行建立一个画家公社的计划了，在他看来，这个公社毫无疑问要建立在画家对其本人以及其他画家的良好意愿上。身边的人对文森特越来越反感，只有小埃米尔·伯纳德是个例外，他是这些画家中最年轻的一个，也最能容忍文森特的怪癖。伯纳德被自己的一些对头惹急了，文森特让他冷静下来，告诉他成为画家本身已经是无上的福佑。文森特让他的小朋友从痛苦中跳开，他也用同样的方法远离自己的痛苦。也许成为一名画家并不意味着什么，在绘画中采用印象主义或新印象主义说到底也无关紧要，但妙的是在这个罪恶的世界上仍然有人会想到上帝，尽管这些人满口脏话，流连妓院，终日酗酒，但他们依然站在上帝这边作战，用他们那彩色的斑点、诡异的符号、肮脏的嘴唇和卑劣的习惯来赞美上帝——一切为了上帝，并且只为上帝！无论是冷漠的德拉克洛瓦，花花公子般的马奈，还是醉鬼蒙蒂塞利，他们实际上都是同一种人。米勒的虔诚也不是独一无二的，劳特累克和高更都可以与之比拟。高更是一位圣徒画家，既纯洁又简单，他前往殖民地为的是不被羞辱。除了在这些艺术家当中，上帝在巴黎难道还有其他的栖居地吗？由于画家的数量有限，他们唯一的希望就是团结起来，对抗不信仰上帝的芸芸众生。

提奥被束缚了，他给古比尔先生挣了数百万。善良而有眼力的提奥是整个巴黎最重要的人，比所有的文森特加在一起都重要，但这样的提奥却为了挣钱，为了替别人挣钱而蝇营狗苟。为什么会这样？他难道想当资本家？这样一个好心肠、好眼力的人要当资本家？绝不！他为什么不跟画廊礼貌地道声再见，然后另谋出路？他为什么不放弃经营这样一个讨厌的店铺，为一个共同体、为艺术和所有优秀的艺术家、为全人类铸造一项光辉的事业？在文森特看来，这项计划本身简单易行，而且注定能够成功。他梦想着一个由独立画家组成的公社，这个公社以共同的观念、共同的需要和共同的希望为基础。提奥所有的朋友们都会被优先考虑，他将选择正确的人，挑选出他们最好的作品，经营一项合作的事业。进行交易的不是画家个人，而是整个集体。所得不是交给绘画的作者，而是交给画家公社，公社的每个成员都能从公社中获得钱、面包、酒、颜料和画布。提奥是负责这件事的最佳人选，因为人人都信任他。他将不再是一个商人，而成为公社的父亲、社长。最初的几年当然会遇到困难，以后就会慢慢地好转。像毕沙罗一样的人也会加入进来。这些细节不需要讨论，因为提奥做事总不会有差错。这项事业将会名扬万里。他们要去外省、去中产阶级和农民当中画画；去荷兰画画，在那里必然会找到年轻的支持者；然后再去比利时和德国。比较适宜的做法当然是坐在大篷车上到处游历,然后像马戏团一样在所到之处举办画展。此后他们可以去更远的地方,漂洋过海到英国和美国。有钱人也会慷慨解囊,因为他们那时已经久闻公社的名声,金钱会像冰雹一样砸下来。这样一来,他们就可以置办十辆,甚至一百辆大篷车,像古比尔画廊那样建立分部,在各地为上帝服务。

提奥感觉自己就像堂吉诃德的侍者桑丘·潘沙一样,必须按照主人的意愿行事。他厌恶他的工作,和文森特一样渴望其他的出路,有时他甚至相信这些新的计划是可以实现的。提奥虽然是个深思熟虑、行为谨慎的人,但他也会突然被文森特描绘的美梦迷住,为这个新的公社制订狂野的计划,度过了一个又一个激动人心的夜晚。如果你充分考虑了现实性和每个成员的能力,一个画家的合作组织怎么会不成功呢?然而这项事业自然不会像文森特想象得那样容易付诸实施,它不但需要启动的资金,而且单是管理经费就需要一大笔钱。

文森特从来没有考虑过管理经费,而画家的劳动和画布一样都可以转化为资本。他准备开始时先不大张旗鼓,只把自己的画和其他人的画交换,目的是打下基础。这些都可以不动声色地进行,不让任何人觉察。他可以同西涅克、修拉、高更交换,用二十法郎买到蒙蒂塞利的杰作,他还可以同毕沙罗交换。即使对未来的公社成员也不能透露这个秘密,否则他们一定会走漏风声。等到他们获得了一百幅画,他们就会有足够的资金建立一个蓬勃的公社,按照这种设想,需要花费的资金几乎是可以忽略的。

然而第二天一早,这一切在提奥眼里又染上了一层黯淡的色彩,他悄悄地溜回店铺里去,感到自己既背叛了老板,又背叛了文森特。文森特呆坐在家里,像一个被刺破的气球一样,沮丧地望着窗外的雨,昨夜残留的酒精还在他的大脑里流动,让他无心工作。也许一切都是酒后胡话。这些性情如此不同的人们——劳特累克、高更和其他人——之间真的存在联系吗？他想着他们开的玩笑，他们总是乱开玩笑。他们这样做时心中真的想到上帝了吗？……雨水哗哗地打在窗玻璃上。

时间就这样溜走了。每个人都有自己的工作和担忧，一件件事情出现在生活中，却没有一件事情能够对问题有所改变。每个人都想要展示出自己的画，文森特和劳特累克以及伯纳德一起去了唐吉老爹那里，给了他一些他想要的东西，然后把画作挂在了克利奇大街铃鼓咖啡馆（Café Tambourin）的墙壁上。如果他能够卖掉一些画作，从而有那么点希望来偿付自己的颜料和画布开支就好了！其他人都卖掉了一些画。劳特累克的收入足以为生。即使伯纳德也时不时地能卖掉一幅画。只有文森特一无所获。他把自己的希望寄托在铃鼓咖啡馆，因为收银的那位女士喜欢他，或者假装喜欢他。提奥警告了他。这段插曲伴随着咖啡店的倒闭结束了，文森特不仅损失了自己的那些画作，甚至连画框也血本无归。

鉴于这些经历，为未来做筹划总是不那么容易。兄弟俩在晚上碰面，但是谁也不敢张嘴说话。提奥在等待，文森特也在等待。凭借着极大的努力，他们再一次开始兴奋畅谈自己的兴趣。当灯光照亮的时候，特别是还有些小酒喝着的时候，他们的交谈会更容易些。有时候不得不喝到微醉。提奥认为他们必须牢记两个困难：首先，新的社团对大众的吸引力将微乎其微；其次，它对所有饥饿的画家来说将会有巨大的吸引力。将来也许会好一些？毕沙罗已经期待了三十年。蒙蒂塞利也迫切希望它的出现。

文森特非常清楚地意识到，如果他不能把自己的弟弟从他目前的怀疑状态中扯出来，整个计划将会被埋葬在遗忘的炼狱中。对公众来说，他们在最近的一千年里都一成不变，从基督的年代开始就没有过任何改变。是基督创造了大众吗？他们要等到大众邀请艺术家们成立一个社团吗，这个团体的目标是拧着大众的脖子直到他们无法互邀品茶？有时候他发誓不再说任何事情，但是他依然不停地说着，因为习惯，也因为桌子上的酒。他活在自己的梦想中，就好像蜗牛在自己的壳里一样，而这个梦想中充斥着酒气。他的弟弟让自己尽可能被说服，这也是一种习惯。其他人也可以被说服，如果他们能得到合理解决的话。

突然间他放弃了。有一天晚上，当提奥一改往常成为兄弟两个中乐观的那个人时，文森特却宣布他再也不在乎自己的那个计划了，并且还推开了酒瓶。为什么？没有明确的理由，只是因为他对这一切感到厌倦。他厌倦了自己的那个蜗牛壳，他厌倦了那个只要你待在里面就能够获得温暖的家。他想要离开，远离每个人的理论和玩笑，远离他们的一派胡言，远离这个城镇！是什么让他的兄弟变得如此软弱？巴黎也许比海牙和阿姆斯特丹都要好，也许比世界上任何其他的城市都要好。正是这个原因，巴黎变得更加危险，因为它吸收了自己组成成分的性格来使自身变得强大。这个城市越强大，它的居住者就越弱小。每个人都在夹层楼面中妄自尊大，每个人都骑着高头大马，诅咒、许诺和责备着上帝以及整个世界。他们一到街上就变成了赶公交的路人。这里的每个人都可以发起一场革命，但是没有一个人能够从这场革命中建立任何事物。巴黎吞噬了所有行动的力量。这一切都是由金钱造成的，金钱在这里比在任何其他地方都重要，甚至比一些无形的东西——沥青和空气都更加重要。

最终，这个农民突破了重围。虽然奇怪的是他居然沉默了这么久，但他对外面世界的向往也变得更加清晰。突然间文森特觉得他一天也无法忍受巴黎了。他去哪里并不重要，只要这个地方属于开放的户外，是在有着很多农民的乡间就好。除了荷兰以外他愿意去任何地方。无论如何他都不想返回家乡。他没有家。也许在这个疯狂的城市里找一个家要容易得多，或者至少一个替代物，但是因为他并不想找任何替代物，因此他去哪里也几乎不重要了。他想要被抛弃，和他的造物主单独待着。最终他会选择南部最舒适、最优越的某处，一个温暖的地方。这个房屋的海洋中洋溢的冰冷，这个只能靠酒精维持温度的地方，几乎让他发疯了。也许他应该去马赛（Marseilles），蒙蒂塞利就在马赛。那里的面包更便宜，还有充裕的阳光。也许在那里成立自己的社团比在巴黎还要容易得多。南方的环境会让人们更容易理解和分享对当代画家的渴望。还有什么事情比在没有阳光的地方渴望阳光更荒谬呢？提奥为他在荷兰提供的生活费用在马赛会是充足的，也许他在那里会生活得更加舒适。

  提奥同意任何事情，甚至不用要求。没有其他的解决办法了，现在问题的关键就是把这个解决方案尽可能好地贯彻。这件事让提奥很伤感。他常常渴望一种正式的生活，特别是和哥哥一起在巴黎度过的第一个冬天，而文森特则如此无法忍受。到目前为止，作为和哥哥分开的最合理的理由突然把兄弟俩共同努力平摊的负担提上了另一个高度。他们已经到达了顶端吗，如果他们已经到了顶端，他们能够待在那儿吗？毫无疑问，文森特将会到达顶端。他在进步的路上匍匐前进。在不到两年的时间里，文森特这个荷兰人已经变成了一个欧洲人。而当这一切发生的时候提奥在哪里呢？……毕竟，他的所有烦恼确确实实地说完全都是文森特的发展。无法安分的创造性行为使文森特无法过上一种单调的、友善的生活。提奥一直在努力，但是这种努力意味着他正在参与到文森特的进步中去。如果他无法参与到哥哥的生活中去的话，那么除了一些令人疲倦的日常事务，他将一无所获。他并不想走到这一步，他宁可成为一个冒险家，尽管就这样的事业而言他没有任何天赋。他比以往任何时候都更加清晰地看到自己成立文森特那个画家社团的道路。

  文森特认为如果他的弟弟真的这样想的话，他就很可能把他们的梦想变成现实。当他在南部开辟属地的同时，提奥将会征服英格兰。伦敦有一些荷兰艺术品经销商，一些可以合作的老熟人，例如凡·维斯宁（van Wesselingh）。安特卫普和布鲁塞尔的一些大众已经开始萌生兴趣并且购买了一些画。如果提奥带着五十幅精心选择的画作来到英格兰的话，他一定会获得成功。即使提奥也认为这是可能的——事实上，很有可能。他在这个问题上变得很健谈，事实上，如果他状态好的话是完全可以卖掉画作的，当然还要有好的作品，特别是在远离古比尔画廊以后。在一个不同的夹层楼面里，他可以卖掉一百倍多的画作。为什么他不马上采取行动呢？提奥突然想知道为什么在他们能够面对面地讨论每一件事情的时候，他们却要分开呢。毕竟提奥从巴黎飞过来不是长久之计。也许过几个星期，当文森特不再坚持要去南方时，他们可以重新联合起来。

　　文森特很坚决。提奥在巴黎做的任何事情都比他或者其他人在南部做的任何事情要重要十倍，但是他不得不离开。他的血液在这些街道里凝固了。他曾经在巴黎找到了一些东西——这些东西是可爱的，是极其美丽的——但是他必须怀抱着孤独找到更丰富的表达。也许他所看到和经历的美丽多得满溢了，使他必须再一次孤独地面对自然。很可能去南部是一个错误，但是不去的话他永远无法知道结果。他有着对一幅全新风景的幻想，这幅风景不同于巴黎的景象，一如他的想法也不同于巴黎人的想法。莫奈是辉煌的，毕沙罗也是辉煌的，而他永远无法像他们一样优秀，但是也许自然中有某种东西，这种东西更加真实，也许对这些大师来说太过简单和单纯，但引导他徐徐向前。"提奥，我必须从头开始，我必须再一次毫无保留地投身大地——只要三四天就好，这就是我仅有的了，但是我必须做出再一次努力。我必须最终找到天空之下那一方空旷的土地。那里有我所渴望的风儿。我必须用自己的肌肤去感受它。在巴黎我完全失去了对这种风儿的触觉，事实上，我逐渐地失去了自己的肌肤。"

他们同意选择阿尔（Arles），而不是马赛。一个朋友述说了阿尔附近平原上的一些精彩的故事。此外，那里的生活费要比马赛便宜，并且他还能找到很好的农民模特。农民是唯一可以找到的人。

他的弟弟悲伤地点了点头。最后一天，文森特趁提奥还在画廊时把他们的房间装饰了一下。他平生第一次擦擦洗洗，把一切都收拾干净了。他从床底下拉出镶了框的画布，把它们弄平整，然后钉到墙上去，这样提奥也许能感觉到哥哥还在身边。然后他找来一些花儿，把它们放在桌子中间。它们和一旁油画中的花儿相比显得无比苍白，而那些油画中的花儿正用它们温柔的眼睛低头俯视着可怜的提奥。

阿尔的幸福时光

文森特是 1888 年 2 月 26 日到达阿尔的。

当时天气非常寒冷，白雪覆盖了街道。平原和山脉银装素裹，只有树木潮湿的黑影隐约可见。当地居民都非常高大。一切都很陌生，但是巴黎的气息依然紧随着文森特。他把写给特斯特格这个海牙古比尔画廊任性的合作者的信件草稿发给了提奥。这是英格兰绘画运动史上最重要的文件。如果特斯特格愿意的话，他可以对所有印象派画家敞开大门，当然他也可以只接受"林荫大道"式的作品。不知何故，他必须通过这里来接触"林荫大道"式的作品，似乎这是一种必需的方式。然而，如果他无法表明引起别人注意的重要性，或容忍自己因拒绝回答而被嘲弄的话——这显然是非常可能的——那么，人们将会尽可能地捉弄这个不会反抗的人，这也不是没有可能。特斯特格最亲密的朋友莫夫最近去世了。如果文森特以新社团的名义，注意，是新社团的名义，给他的遗孀送一幅画会怎样？送给莫夫一幅画，那是值得的。此外，还应该写封信，虽然信中没有一个词语是针对特斯特格的，但是字里行间透露出的信息表明，文森特对自己被他忽视深感震惊。任何没有意识到绘画界新生的人都是没有远见的。或许，受此影响的东西应该作为信的附件给别人看。早就该成立社团了。高更已经回来了,他就待在阿旺桥(Pont-Aven),且身无分文。

阿尔上方斗篷似的白色阴霾已经开始退去,人们也逐渐走出冰冷。幸运的是,这一切都从容地进行着。从房屋、公共汽车和人群的灰暗到南部的光彩炫目,这种突然转变本该是难以接受的。但在阿尔,无论是广场、阿里西亚女人、士兵、孩子,还是那些穿着白色法衣的牧师,甚至是妓院,这一切都很可爱。这里美好的事物令人倾倒,文森特如同一个在教堂做弥撒时的新教徒一样四处逃匿。他从北边来到这躁动的色彩中要做些什么呢?他的旅程对他来说似乎是一种荒谬的侵扰。他几乎不敢触摸任何东西。

奇怪的是,他眼前所呈现的一切似乎并不是全新的。他曾在日本画中悉数见过,虽然不够详细,但这种有别于北部的严谨,在华丽色彩的装饰下具有清晰氛围的作品,他确是曾经见过的。这正是他梦想中的日本绘画,清晰而简单。事实上,他已经勾勒了这样一幅美景,或者曾经尝试过。他对印象派及其一些相关理论的个人想法已经驱使他倾向于这些作品的用色,但是在北部不相称的环境中,这种做法显得太过刻意了。白雪融化了,杏树开始开花了。新的景象在他的眼前伸展开来,如若想要描摹这一切的本真面貌,就需要真实的色彩。每一天大自然都会平添一种全新的色彩;这里萌发的任何事物都比在北部快十倍。阿尔的快速成长嘲笑着他寻找正确色调的努力。寒冷的西北风掠过平原,远处的岩石微微发亮,大地呈现一片奢侈的财富。阿尔最初的那一抹春绿仿佛是一个庞大的管弦乐队用号角吹响新乐章的信号。无边的天空展现在他的头顶,并将光线照到最远的裂缝中去,照进每个人心中最阴暗的角落。这里的空气卸下他肩膀上的重担,他顿时像长着翅膀一样四处飞翔,而不是踩着庸俗的皮鞋四处奔波。他再一次开怀大笑,脸上深深的沟壑也舒展开来。

文森特开始绘画。除此以外，他还能做些什么呢？绘画是唯一的可能，特别是在这里，因为他一旦停下手中的画笔，这美好的乡村风光就会令他窒息。大门外盛开的一排排鲜花犹如一条条粉红色和洁白色的小溪。天空中满是粉色和白色的星星，空气中弥漫着浓郁的杏花芳香。树木形成了悠长、洁白的隧道，逐渐地消逝在泛着微光的远方，融入绵延起伏的山脉中。呼吸一口新鲜的空气便可以将这种魔幻般的景象凝固。大气中有一个光点，它不仅没有将难以渗透的错愕驱散开来，还使得最细微的景象初露端倪。悬挂在空中最小的叶片清晰得犹如悬浮着的字母表。一片泡沫般盛开的花簇被盘旋的枝条紧紧缠绕着，仿佛是被褐色的臂膀紧拥着，而在泡沫光晕中的繁花就好似夜空中的一颗颗繁星。

文森特用很多天的时间描绘了十幅阿尔花海公园的美景。他觉得他的画还不及自己所看到美景的千分之一，但从客观来看，这些画并没有那么差，毕竟它们只是一个开始。如果他可以像这样工作几年，也许可以达到某种程度。但是如果他想抓住眼前这些灿烂的杏花，却无法等几年的时间，那也就是几天而已。一周内，也许一切都将消逝。他一刻也不敢停留，每天一大早就赶到那里作画。当地的人们都好奇地望着这个顶着红色头发的怪人从自己身边匆匆跑过。

晚上回来的时候，他已经筋疲力尽，总是狼吞虎咽地吞噬着晚餐。他需要填饱肚子才能像这样卖力地作画，而且不能喝太多水，尽管他可以喝下一整桶。妓院也是没有益处的，因为他的血液需要静静地流淌。画画着实吞噬了他强壮的身体，还没有任何类型的印象派画家可以骄人地拥有这样的健康，艺术确实让他们消耗了太多。而在过去的岁月中，艺术家都是健康的。

这期间，他画了阿尔的吊桥，画中有黄色的手推车和小溪旁的浣洗妇。

那画淳朴地对你微笑，而画中已经有了一些南方的东西，同时还伴随着一种巴黎精神的触觉。也许他可以将这幅画赠送给特斯特格，以感谢他对自己信件的亲切回复。事实上，提奥已经将他早期的花园作品送给了莫夫的遗孀，而特斯特格也不怕麻烦地书写了他的溢美之词。任何人都不会低估这样的成功，而现在也有了一些赢取特斯特格支持新社团的希望。

　　文森特在阿尔似乎过着一种双重生活。也许每个人在类似的环境中都会做出一样的事情。他的画是在感情上对陌生形式的大自然的投降，是一种狂热的放纵。他就像一个第一次和女人接触的水手一样，尽管之前无数次地梦到她们作为母亲、姐妹的各种完美形象，但当他突然看到她们娇柔的本质时，她们不再是母亲，也不是姐妹，而是给人一种既置身于天堂，又被诅咒的感觉。巴黎已经是一个完全不同的经历，因为那里每天都有精神上的给予和攫取。生理的需要融入不停的对话之中。巴黎是艺术，那是他自己的主题，巴黎满是画家，这些画家都是他自己的同事。阿尔有阿尔的男人和女人，有山，有天空和色彩——这些事物都需要静静地被人接受。阿尔的每件事物都尚未成形，也还没着以颜料。在几个小时内，他的勤奋驱使他来到地中海沿岸的圣玛利（les Saint Maris），途中经过的乡村使他想起了罗伊斯达尔。海滨上停泊着很多小船，他立刻着笔去勾勒、去描绘。他想起了提奥拥有的那幅莫奈的油画。他感到如果不停地描绘这里的每一件事物，他便可更真切地触及这个村庄的内心。阿尔的平原从小镇的大门一直延伸到蒙马儒（Montmajour）。如果没有了色彩，这里的平原会让他想起老萨罗莫·柯尼科（old salomon koninck）。

　　究竟有没有可能用绘画来代替生活呢？这样的生活很大程度上不是一个美丽的梦吗？有时候这种纯粹的想法对他来说似乎是一种疯狂的臆想。他是怎么产生这种想法的？他所画过的任何人从来都没有过这样的想法。文森特驻足于绘画是因为他不属于这些人。正常的行为本该是和这些人聊天，聊聊工作，一起逛逛妓院。但是这样的生活什么也不能给他。沉默与绘画构成了他的生活表象。而晚上他则坐下来读书。都德（Daudet）的《塔拉斯孔的达达令》(*Tartarin de Tarascon*) 是一本很适合读的书；这些加斯科涅（Gascony）的好人很难猜到他们中间有一个怎样的"达达令"。他读左拉、龚古尔（Goncourts）兄弟、莫泊桑（Maupassant）的作品和每一本他可以得到的书。特别是左拉。左拉是他的精神食粮。晚上，他贪婪地吮吸文学，正如白天他尽情地吮吸着光线和色彩，他这样做是为了松弛白天的紧张，以再次填充自己已耗尽的大脑。阅读和生活有什么关系呢？或者他会在世界的另一端给提奥写信，写那些从来没有意识到的想法，以及那些没有思想的现实。他也写到自己总是没有钱，缺少颜料和画布，还有他想要画更多画的狂热愿望，这些都在摧毁着他的弟弟提奥，也没有给自己带来分文钱财，但他无法停下来。尽管他以付出为本意，但他的信件却变成了无尽的索取。有时晚上他困极了，以至于信笺上的字都在他眼前跳来跳去。写信和生活又有什么关系呢？是的，他和邮差交谈，这个他曾画过的迷人的家伙，还有法国轻步兵辖区的一个陆军中尉，一个友好的小个子伙计，有着壮如牛的脖子和大如虎的眼睛。他的名字叫米列（Milliet），文森特为他作画，因为画画就是文森特的表达方式。这个和善的邮差罗林（Roulin），总是尽可能地陪文森特多坐坐，并最终成为他的朋友，这是除提奥之外他唯一的朋友。

他在自己的绘画中表达了很多东西。他的用色就像一问一答那样轮廓鲜明，而语言则在他的画布间进进出出、流淌自由。无论提奥有没有从中获得什么，这些画中都包含了生活。也许这个小镇的房子意味着一种不同的生活，不够奢侈，却足够简单，但是放弃它们等同于放弃了艺术。或者他的激情正在描绘一种不同于通常所称为艺术的东西。

有时候他倾向于这样的观点是因为他失去了自制力，无法抵制自己的冲动，绘画时也从不思考。有时候他觉得把这种努力称为一种行为很荒谬。难道他太缺乏动物的本能或者艺术家的本能吗？像库尔贝那样的人会以一种玩世不恭的悠闲态度适应这样的新环境。因此，库尔贝是真正的大师。可高更是怎么说他的？一只没有头脑的手，一个绘画机器！难道他也是一个绘画机器吗？

他与艺术斗争，就像和罪恶斗争一样。也许去妓院会是更好的，也是更明智的选择。当太阳下山时，他强迫自己审视自己的作品。他会发现这一笔色彩可以轻些，那一笔可以加重些，但只有感受到那种统一的节奏感时，他才能够做到这样，而现在这种节奏感再也不能像画《唐吉老爹》时那样自如地控制了。尽管他不能控制这种动态的节奏，每次，当他有一些进步时，文森特便会有种满足感，因为这似乎是他油画中最有机的要素。躲避他的是这种有机的节奏和创造它的思想之手之间的联系。他仔细地描绘着，每一笔都像在纽南和德兰特时那样刻画；他要使他的节奏和意志相配合。这是他晚上的最后一个想法。可是当清晨第一缕阳光将他叫醒时，他之前的那种冲动就会全然消失。整整一天，他都是自己眼睛的奴仆，自己手的奴隶。多么不可思议的地方啊，它有着金色的光彩和无与伦比的光辉！凡·高已经为这一切期待了太久，在漫长的等待中他饥饿难耐，甚至连他自己也不知道这是为什么。他所看到的一切并不是完美的形态，但大自然拥有无穷的潜力，呈现一片永不知足的黄色。无论到哪里，他都被这无法抵抗的美驱动着、牵扯着。任何事物都无法阻止他。在他面前的不是出自人类之手或精神的绝美作品，而是那些繁盛的树木。

摆在凡·高面前的困难是巨大的。他感到了这种无形的压力。作为一个思考者，他是伦勃朗和德拉克洛瓦的信徒；作为一名画家，一名完全凭借着深度自学和经验而成长的画家，他是一位具有最好品质的自然主义者。他拥有着尚未挖掘的大量潜能和热情，而这些对他都非常有用，但他却将它们搁置一边，因为他将其视为一种不纯净的方式。毕沙罗圈子的成员都将那些不是直接出自自然的绘画视为文学绘画。凡·高真实地沿袭了他们的绘画习惯，仿佛这就是"十诫"之一。事实上，他还没有意识去寻找代替品。

　　这里要指出凡·高个人的遭遇。如果不是对精神体验的渴望及其表现形式的追求，那是什么驱使他走出巴黎的呢？那种锐化了巴黎人智慧的感官魔力已经令他生厌。而现在，他正面对着达到顶峰的魔力，这种魔力摒除了巴黎怀疑主义的所有障碍。这种压倒性的魔力或许最终会更加感官化，但对凡·高来说，却是精神上的；它是所有法国魔力的源泉，是民族的摇篮，它的优雅折磨着他。这里的春天呼唤着诗意，乡村风光中充满着远古的财富，在这里，阳光决定着人们的生与死。这里的人们确实应该穿着古希腊的服饰，因为他们的眼睛就是古老信仰的镜子。凡·高能为这种魔力做些什么呢？一篇库尔贝或者马奈的散文，一种点彩画法的理论，还是一种颜色分析法——所有这些都富含着魔力，非普通人所能触及。

　　这里还要祝福画家凡·高。因为他只能创作散文，所以他不得不比在他之前的所有人具有更加深入的洞察力。他的眼睛像斧头一样植入每一件物体，植入树木和土地中。他将短暂的空气化为有形的实体，从而创造出同样的魔力。因为所有的事物都是黄色的，他不得不将其描绘成黄色，但是这种描摹可以使你尝到、听到、嗅到，甚至可以触摸到它。他不停地描摹，直到石头生动到可以说话。

　　于是挣扎就产生了。他已经获得了一种风格。他创造了一种替代描绘形状和形式的速记方法；在创作过程中，他不得不放弃最后一些琐碎的风格。他就像一个受到强盗惊吓而以卧室为堡垒的人那样作画。他将最近的事物作为盾而将下一个作为矛。凡·高的需求强大了他即兴创作的力量。他自我压抑的感觉将所有经验的力量集结起来。他的风格就是巴黎花卉画，纽南织工和德兰特农民的产物，但他最近的所得——印象派，留下了最深的痕迹。结果类似他早前的作品，正如一个事件类似于使其不朽的史诗。文森特在巴黎或荷兰画的一棵树并不像一棵完整的树，而更像是一个部分，只是相当于它的树皮、树根或树枝。而文森特在阿尔画的树则像是呈现在人脸上的生命力；它的安排如此巧妙，以至于倘若它一旦遗漏，你将无法想象如何在它的位置上放上其他东西，正如两眼之间的着重线刚好是鼻子一样。有机功能代替了客观物体。他不再单单画树，而是去画一种成长过程，画树一样的生活；他不再单单画花，而是去画一种花开的繁盛。他用一种难以置信的耐心控制着他的绘画，过去仅仅是描述，而现在变成了一种不朽的凝聚，这种凝聚宣告了一种无与伦比、异常重要的有机联合体的产生。他的树可以产生另外一百个有机体。他画笔的每一笔，如今已经成为果断思维下游刃有余的工具，成为有着自己生命力的实体，而他不懈努力的色调也陡然迸发出光辉和激情。

在巴黎，凡·高曾被认为是一位有着偶然自发灵感并充满热情的诗人；而阿尔的阳光使他成为现代艺术的剧作家。他的剧作品质已经使他在现代绘画中独树一帜。文森特，这个总是努力地与他人为伴并喜欢他人的人，却更加远离了他的同龄人。他那孤独的位置总是成为他人的话柄，因为这样的位置往往令人怀疑。德拉克洛瓦是一位剧作家，还有其后的库尔贝，以及之前的塞尚。这三个名字足够说明这个观点。在德拉克洛瓦活着的时候，他的艺术成就体现在他是一位剧作家同时也是一位诗人，因为他的沉思从过去绵延到现在。德拉克洛瓦的想象力环抱着整个宇宙。在库尔贝的手中，剧作品质细化为提高他的自我修为。卢浮宫中《翻腾的大海》(*The Wave*)不仅仅是最强烈和最纯粹的库尔贝，同时也是他短时间内创作出的杰作。塞尚则通过战胜其早期黑暗的戏剧经历而获得成熟。在他耗尽他的个性之后，变得更加难以捉摸。同德拉克洛瓦一样，凡·高胸中有一种躁动，或许他的脑中有一轮更加明亮的太阳。他那极好的戏剧天赋被迫变得生理化（physiological）。在他的作品形成大胆奇妙的个性之前，他既不能达到如同塞尚般的自制力，也无法像库尔贝那样，将自己的力量倾注到多而广的渠道之中。在他自己的顶点上，那里只有凡·高的空间，无论他曾试图提携多少后生朝此攀登。他人生的戏剧已经在他的画中得到了预示。德拉克洛瓦胸中的躁动逃离了各种生理上的污点。他完成的油画犹如迈克·安格鲁（Michael Angelo）手下强健的音符。凡·高和他内心的"绘画机器"进行了斗争，他渴望德拉克洛瓦的宇宙。一颗更加炽热的心脏从未和人性的入口相抗争。他想要成为德拉克洛瓦，但是在入口的不远处，他的所有生活都被分离了。那些入口孤零零地残留在那里，尽管它们似乎常常召唤着他。它们展望着宇宙未形成前的混沌。而最终文森特只有同意库尔贝的绘画观。如果他可以看到德拉克洛瓦的想象空间，或者如果德拉克洛瓦还活着，文森特将会是他忠实的跟随者。而现实使他必然成为库尔贝，但是一个英雄主义和悲剧性的库尔贝。这种必然左右着他在画布上的每一笔，如果说它限制了他的艺术，那么正是它强化了这个画家自身；如果说它摧毁了通向德拉克洛瓦的桥梁，那么它也摧毁了我们自身和他之间的每一堵墙。对于他的画有很多可说的地方，但从来就不会有不同的评论。除了通往顶峰的疯狂疾驰，他什么也没有留下，在那个伟大的艺术世纪中，他的戏剧性因素是其他大师无法企及的。我们和他一起奔跑，气喘吁吁——去往哪里呢？这并不重要，因为我们跟随着这样一个人，一个英雄，或许是最后一个英雄！

基于这个原因，有一些东西必须从凡·高作为一名欧洲画家的称谓中扣除。作为它的第一个成员，凡·高属于一个新的无政府欧洲，为了这样的欧洲，他想要保留先前大师们的所有基本品质。这种愿望使得这个无政府主义者相对于自己的意志变得高贵起来，并且使他位列想要保存先前所有大师秘诀的库尔贝之前。尽管他的绘画获得了一种厚重的力量，这种力量迄今为止还不为其家乡同僚的艺术所知，甚至当他的古怪打破了他那安静的村庄所特有的习俗时，凡·高依然保留着荷兰人的特质。在用色方面，他也是如此。他的作品并不适合于任意一家荷兰画廊，但过去的荷兰人也不会适应现代荷兰的房子了。这些在沿海生活的人们所居住的花园房屋老早就已经熟悉了殖民地的快乐色彩了，而在他们的住处，凡·高的鲜明对比并没有引起不适应的状况发生。在他高尚的视野中也可以看到荷兰人的特质，即使阿尔最强烈的想象躁动也只是指导他去描绘对其而言真实的东西。他有着健康的自然本能以及本民族所有的优良特性，但这一切存在于一种巨大的扭曲形式中。

塞格斯（Seghers），这位17世纪的铜版画画家，可能和文森特有一点精神层面的联系。在塞格斯的作品中，可以找到与凡·高的作品有着惊人的相似之处的因素，还有很多人也论证了他与凡·高的相似特性。后者吸收了通过勤勉努力而获得的宝贵财富，这些财富正是由这个微不足道的荷兰风景和肖像画家用自己的想象力所收集的。当吸收他人的财富为自己所用时，文森特也成为另一种创新行为的大师。在这种成功的创新行为中，有一个因素只有另外一名超越了文森特和家乡所有画家的荷兰大师所拥有。通过自己的戏剧能力，伦勃朗使荷兰绘画在世界上首屈一指，他将荷兰绘画的技术、娴熟性和品位都提升到了更高和更广的领域，吸引了所有人的注意，甚至是那些既没有美好的心灵，也没有受过良好教育和品位不佳的人。他推动了荷兰绘画，使它成为一种发展的墨丘利神（众神的信使），超越了国际和社会进步的边界。

凡·高也几乎为印象画派做了同样的事情。凡·高奋斗的力量当然不像伦勃朗的那样具有统一性，那样极度的复杂，但它被印象派视为一种奇特的混合体，奇特到可以击倒许多从专业角度看曾被视为《吃土豆的人》，以便集合起所有那些构成法国艺术的力量。这幅画中的人物实际上是他了解的一个农民家庭。无论他是否成功地使其得到扩展则是另外一个问题。凡·高的贡献不是没有资格和伦勃朗相媲美。但是这种多边的混合体真的可以扩展吗？凡·高的行为也远不及精神层面——这里两位荷兰人之间的沟壑已经扩大到足以将他们分割为两个世界——它也不是专有的个人成就。如果说伦勃朗是他所突破的圈子中的天才，凡·高就是试图将这个圈子重新统一起来的思想的仆人。他从来都只把自己看作为他人所用的"车辆"。

从凡·高的处事方式来看，我们倾向于视其为英雄行为。他的英雄主义的最佳因素是希望自己所做的能够产生一定的社会影响。印象派曾经获得过任何社会认可吗？《草地上的午餐》（*Le déjeuner sur l'herbe*）或许就是朝着这个方向的一次努力，但至少从库尔贝的反应来看，这是一次反对一种阶级的努力，例如中产阶级，它从来没有努力提出一个建设性的理念来代替其自身具有破坏性的攻击。尽管有杜米埃（Daumier）和库尔贝，尽管是巴比松画派静默的反叛者，法国绘画仍然保持在一个更高的水平上，并且不自觉地遵从了17世纪荷兰一小部分中产阶级本能的要求。法国绘画公开于众的相对较少，但不惜一切代价要到达敏锐和直觉的最高峰。直觉还没有成为后来反对大众传统的武器，因为画家的艺术目标仍占据着统治地位。此时期莫奈和毕沙罗的革命远远比雷诺阿和塞尚的要彻底得多，后者仍以传统感官至上，将自身局限于一个画家所能使用的方式中。莫奈和毕沙罗为更加明亮和欢快的大自然色彩而战,这是一种或多或少受到科学学说支持的理论。真正的具有决定性、主观性的因素越来越丧失其重要性。这种主观性因素事实上正是莫奈和毕沙罗努力致力于改革的一部分。他们的艺术是为了艺术的艺术,或者说是为了天空的明亮和色彩。这样的学说最终将是摧毁所有艺术的最佳方式。虽然莫奈的作品包含着些许勇敢,但在一个非常满足的业余爱好者圈子前,也只不过可与一场大胆的表演相媲美。任何反对这种文化怪癖的战争似乎都只有通过对这种艺术的猛烈突破才有可能成功,而这个过程威胁到了19世纪每一个个体和有价值的事物。人们几乎愿意接受任何迷信,正如艺术顶峰已经过去的荷兰一样。文森特离开巴黎后,我们可以看到独立者激昂的运动中崩溃的前奏。

凡·高,属于革新派,保留了印象派的传统,或者任何可以和应当被保留的部分,正如印象派保留了之前大师们的传统一样。但是这种帮助注定要为更大的社团所利用。每一个拥有敏感、朴实心灵的人通过理解这种艺术形式,都会从中获益。凡·高的作品是一种简化艺术,它不是以孤立的方式存在的,而是整个现代的联合体。对于凡·高而言,感觉是通向灵魂的道路。他的简化并不仅仅是为了艺术,同时也是为了那些灵魂漂泊而又充满渴望的人们。

更多的绘画、更多的色彩,是为了揭示敏感性与新生活,也是库尔贝和莫奈的呼声。但是这个压抑的、负荷沉重的社会如何与生活为伴呢?

"更多画画!"文森特说,因为通过绘画,你可以重建那个已被撕成碎片的世界。你必须要画画,不是按照旧时那些满是灰尘的规则画,而是用早期马奈和莫奈的画笔画,他们曾经受到库尔贝海景图的激励。你必须用德拉克洛瓦的巴洛克式秘诀作画。色彩存在于其形状中,明亮得犹如蓝色的天空和红色的果实，而其形式却坚固如金属。让你的画笔在黄色、蓝色和橙色中狂欢。什么样的眼睛能拒绝这样简单快乐的魅力呢？用你画笔的轻重起伏来提升你的画面，让它们像微风中的旗帜一样飘扬，但要用你的绘画来控制着色。

凡·高在阿尔所创作的画有了一种全新的风格，它们更加饱满。荷兰画家浮出了水面；这种新的风格似乎发源于某一种线条结构和颜色的和谐。这种风格完全没有先例。他在阿尔那最初真正寂静的生活也充满了这种风格，尽管这些搪瓷蓝与黄色的对比那么鲜明，但那蓝色的咖啡仍渲染在黄土地上。同样的风格渗透到他成熟的画作中，里面有烛台、洋葱、他的烟斗和烟草、吉卜赛营地，以及几乎这个硕果累累的夏天能够包容的所有景象。我们面临着一种品位现象，说它是一种现象是因为它们并没有我们通常认为好品质应当具有的那些特征。凡·高并没有通过提升更高的水平来超越这些教条理论，而是采取了一种意想不到的、不可思议的效果变化做到的。

这个来自德兰特、没有背景的无产阶级者，这个曾经在生活中做出令人毛骨悚然的突破的文森特，有可能展现出真正的艺术品位吗？如果他做到了，那么穿着镶边亚麻布衣的塞尔维亚农民也做到了。文森特所使用的和谐颜色就像是一代一代传承下来的传统习俗一样，它们显然没有经过个人刻意的改变。他的画看起来就像朴素的农民们同时工作于他的画布一样，他们都沿袭着古老的着色方案。如果我们在他的用色中感受到的任何其他品质都是品位的话，那么它一定和其他因素相联系，这些因素比他自身更强壮，使他失去了自制力并且将他的作品提升到了一个不寻常的水平。那些在有洋葱相伴的寂静生活中凝聚的力量从中心向四周辐射，而绘画中我们视为好品位的并不是颜色的本身品质，而是由凡·高凝聚在一起的这些离心力的结合体。我们在凡·高这里称为好品位的是直接对抗常见观念的一种现象；它是一种令人惊讶的事实，如今变得明晰起来，那些洋葱、烛台、烟斗和烟草可以在某种环境下拥有自己的行为，也就是它们彼此之间以及与我们之间都有着前所未有的联系。这些画中展现的好品位是他"物"的感伤。如果我们感知的不是洋葱，而是一个英雄，丹东（Danton）或是布鲁图斯（Brutus），那我们将会谨慎地避免将这种炽烈的悲怆描述为好的品质，我们这么做是因为追寻究竟为何我们会被深深打动是一种徒劳，因为它唾手可得，我们只能抓住那些最不充分的观念。也许利用好品位的标准来审定画笔下丹东或布鲁图斯的激情会更加适合，因为一个优秀的画家很可能会从一个激情四射的英雄中创造出一个安宁平静的生活场景。

凡·高升华了自然，并用戏剧的形式将其表达出来。他的魔力唤醒了那些沉睡在荷兰老一辈画家手下的物体。这样的印象派只是成功地对其进行了净化，而没有破坏它传统的现实性表象。而凡·高那不可抵挡的力量却创造了一种新的构图本体。他的品位旨在尽管赋予了洋葱感情力量，但仍可将它保持原形；事实上，他的洋葱从本质上讲又不只是洋葱，因为将它们大力地推向画布揭示了它们的有机潜力。

在绘画史上，找到一种相似的品位并不困难。《阿尔的妇女：吉努夫人》（*L'Arlésienne：Madame Ginoux*）正如出自写乐（Sharaku）之手的头像画。凡·高如果能看到写乐的作品，他毫无疑问会比任何日本画家更加欣赏写乐。但是凡·高和写乐之间的联系并不能解释欧洲画家的魔力。凡·高着魔的自然主义正如东亚接近欧洲那样接近写乐。我们可以欣然地用日本画来粘满整张墙壁，而我们最先享受的就是日本画在其银色布景上大胆设计的简单、适用性元素。此外，我们还欣赏写乐的头像画，因为从中我们可以感受到他们压抑的情绪。日本的绘画方法也适用于欧洲艺术，特别是当这种艺术的欧洲特色不够确定或太过确定时。德加缓慢地使用这种方法，惠斯特

（Whistler）快速地使用这种方法，而凡·高却没有使用，至少是在他最和谐的画卷中没有这样做。写乐在他乡村人的传统相貌中加入了某种夸张性，从而为日本韵律融入了一股新的力量。德加则创造了一种独特的解剖学，这种解剖学反映了现代心理学和现代礼仪。所有这些画家都为自己的事业贡献出自身的勤勉、认真甚至感性，并且他们成功地激发了一种相似的情绪，但是他们任何一个都没能取得进步和发展。

凡·高则迈出了关键的一步。他改革的整个过程似乎都志在将他内心的紧张拉伸到表面，让它触到保险丝从而引爆。他的绘画好似燃烧着的强棉药。火焰像耀眼的花园、燃烧的树木、追逐的云朵和那炙热的太阳。比较起来，这些最先炙热的巴黎的花朵，就好似温室里的植物。我们享受他巴洛克式的光芒和热情，也享受了那些勾勒了洋葱、烛台、烟草的奇特弯曲的阿拉伯式图饰。我们匆忙地解读这些光芒和火焰中的强烈和暴虐。也许在写乐的画中可以找到足够多的解释，德加也有很多，但他们的画中都缺少催促我们解读的动力，因为它们缺少那种猛烈的火焰和热情。《阿尔的妇女：吉努夫人》中所表现出来的这种动机如此强烈，以至于凡·高死后20年，我曾经在阿尔拉马丁广场（Place Lamartine）那家小咖啡馆里拜访了曾作为凡·高模特的老妇人，了解有关凡·高的情况。我们谈论着凡·高，就好像他才刚刚离开桌子，马上就会回来一样。尽管这幅画两个版本的其中一幅从构图和色彩上和另外一幅作品极其相似，但张力稍显微弱，而它的装饰性元素使我们有一种冲动迅速解读它。我们面对的作品几乎都是由写乐所作。

凡·高的方法中没有任何新的东西，比如表现主义曾尝试将新理论的产生归因于凡·高，这种做法是对艺术家的贬低。他的方法是伦勃朗、鲁本斯、格列柯（Greco）、德拉克洛瓦的方法升级到了着魔的程度，因为他在布满了烟草、烛台和洋葱的桌子上度过自己的绘画生活,因为这个胸中充满了狂风暴雨的浪漫主义者将思想的神马变成了军马,因为这个堂吉诃德正在用向日葵和桃花为自己精神的那枚炽热徽章而战。新老世界之间的反差从来没有这么猛烈,也从来没有让我们如此地感动过。

当夏天临近,生命在每一片叶片上悸动时,凡·高将自己赤裸裸地展现出来。他好像在恍惚中作画,陶醉在南方的风景之中,似乎这灿烂的色彩就是唤醒他思想的鞭子和马刺,因为光线从一天的最开始就使他无法追逐。他感觉自然站在他的上空,似乎他不是在绘画,而是太阳在悸动中敲打着他的画笔,正如血液在血管中流动和跳动一样。他的苦恼或许归于这样的事实,即他能意识到自己体内的魔鬼,他听从的魔鬼,这个魔鬼的北方血统又阻止他投降于对南部的痴迷。

在对自己作品的狂热喜爱中,他预感到自己创造力的匮乏,感受到亥伯龙神对其他愉悦的渴望。他所做的不是真正的生活。"把孩子们带到这样的世界都不会花费那么多的代价。"和他人在一起不会变得更好吗?当然会更健康。他的身体多年来遭受着饥饿的折磨。他继续过着简居的生活,尽管他更加仔细地挑选着自己的食物。"我不得不像已经患过严重神经性疾病那样生活……最重要的就是不要做任何愚蠢的事情,不要受到女人或真实生活的引诱!"巴黎已经伤害了他。在巴黎他曾谴责过德兰特,在德兰特他责怪过博里纳日。也许在巴黎时喝了过多的酒。而现在他更多地作画,不再像以前喝那么多的酒,可是基本上于事无补。提奥也常常抱怨。医生说他的心脏不太好,但很可能是在指他的脑袋有问题。每个人的脑袋都出了问题。应该责备艺术吧,你的大脑支离破碎,但艺术却尽情招展着。

为了给自己的画找一个安身之处,他在拉马丁广场租了半间空房子。这房子外面是黄色的,里面是白色的,地上则铺着鲜艳的红色瓷砖。租金是每月15法郎，尽管很贵，但他就是不能把他的画永远地留在旅馆那间丑陋的房间里。而在这间房间里，那些画在白色的墙壁前看起来很辉煌。他本想也住在这间房子里，但是这就意味着要购置家具。他把门和窗子漆成白色，这让他又花费了10法郎。效果是很不错，房间显得更华丽了，当然唯一令他羞愧的是，提奥本来可以用这些钱去度假，特别是现在他还要帮助高更，而高更正在阿旺桥饿得要死。最好的解决办法就是让高更来到阿尔。如果生活计划得好的话，那么两个人一起只会比一个人的花费稍多一点。这房子里有足够的空间；他们可以自己做饭……如果高更不喜欢这个主意，他可能会告诉伯纳德或者其他人。在阿尔确实应该有一个艺术家群体，他们生活和工作都在一起，就像老荷兰画家那样。当然，这个艺术家群体也可以在布列塔尼（Brittany），而他随时准备动身去那里，只要南部有阳光和色彩的优势。如果未来产生了一个伟大的大师，他确信自己能够成为五彩画家。

　　文森特马上有了另外一个计划，组建一个他曾经想成立的团体。事实上，文森特从来没有真正地放弃过最初的这个想法，他定期地与朋友互赠绘画，结果是提奥收藏了很多"林荫大道"式的作品。然而，这种互赠只是纯粹的贸易，他现在思考的是完全不同的问题。他确信通过一起作画，大家可以激发出一些新的价值，这些价值比一个在阿旺桥、一个在阿尔，另一个在巴黎苦干要丰富得多，也更加普遍和有用。这种团体的生活方式着实对一个画家的生活产生重要意义，除此以外，这样同时也可以避免阿尔农民将他们视为小丑的可能。文森特开始慎重地准备说服他的弟弟同意自己的这个新主意，尽管他对文森特一直保持沉默，究竟什么对于文森特来说是最关键的因素，这也就是他强烈的个人需要。文森特写信给提奥谈了有关绘画和这个计划的实际优点等问题。他同时也暗示了对于高更的想法。高更对阿尔没有丝毫的兴趣；只要还没有饿死，高更更希望被阿旺桥的兽群包围，同时他也正在计划着去巴黎进行大规模的艺术品交易，这个计划会带来近百万的收益，而他自己则是经理。文森特耐心地等待着，他不会用任何方式干涉高更的计划。也许高更这样的画家建议这样的想法太不谦虚了。

与此同时，文森特数个星期都以硬饼干为生，因为他的模特都因为钱少跑掉了。他仅支付给他们饭钱，但现在这个价钱也上涨了。有一位头部长得很像苏格拉底的邮差名叫罗林，他喜欢坐着让文森特画像。罗林是个极好的模特，也是一个革新派。当他唱《马赛进行曲》的时候，文森特可以想象他正生活在 1792 年，他想到了杜米埃。如果他有足够的钱可以支付的话，他只想画罗林这样的人。这样的人体可以给予他最强烈的表达方式，特别是邮差这样的人，他们可以亲密地站在一起，另外还有高更。他的肖像使文森特意识到他有着更多德拉克洛瓦的思想，而不是那些印象派画家。他那有力的着色、随意的方法，以及绝非偶然的敏感和视野，这一切并不像印象派画家，而越来越脱离了他们的点彩画法。当然他像他们那样去划分表面，从而使它们变得明亮，但绝不是遵从某种理论，而是按照绘画的需要用自己有力的每一笔来收拢色彩。印象派用颜色描绘自然，当然颜色不是唯一的——每个人都有自己的用色方式——但有一半都服务于这个目标，而真正的绘画只需要另外一半。

对于文森特来说，颜色是他架在自然之上的春天甲板；当地的色彩为他提供了开始。例如，他画了一个他喜欢的人的头像，尽可能地遵从于自然的真实性，真实地描摹出白皙或褐色的皮肤。然后才是真正重要的部分，任性地提升色彩。金色的头发提升为橙色，然后是铬合金，或者是苍白的柠檬色。接着头像后面那乏味的墙被拿掉了，简单的亮蓝色背景无限延伸。随着两种亮色的简单结合，被提亮后的头像，就像碧空中的星星一样神秘。当然他不能每次都这样做,而且也不能用这种方法来画一个巴黎的暴发户。他曾经用这种方式来画《唐吉老爹》,因为唐吉老爹表现出来的完全不属于资产阶级的愉悦使他也进入了一种革新的状态,而文森特也非常喜欢他。当他画这个肖像时,他不敢像德拉克洛瓦那样完全地遵循自己的冲动,而是采用了莫奈的方法。他想到达某个点,在这个点上他和自己的根源之间的联系可以通过使用自己的色彩得到保护,这就使得和模特之间的熟识成为一种必要。出于这个原因,身边有朋友相伴就成为一件极好的事情,例如高更。高更每个月给提奥邮寄一幅作品以交换他在阿尔的生活来源。对于提奥来说,这是一笔相当昂贵的花费,但是一年12幅高更的作品也绝对不可小视。高更也许不想如此远离巴黎,因为他属于希望成功的群体。文森特很久之前就已经放弃成功的想法了。但是无论高更愿不愿意来,文森特都把房间收拾得很好,一方面他可以睡在那里,另一方面可以招待朋友。在旅店里居住,在餐馆里吃饭完全不合文森特的意。有一些波希米亚人也许喜欢这样的生活,但是对于一个工作的画家而言,必须要有属于自己的地方。咖啡对任何倾向于险恶用心的人来说都是毒药;所以才有了他在《夜间露天咖啡馆》(*Cafe Terrace at Night*)中野性的色彩:"为了表现这是一个你可能发疯或者犯罪的地方……伴随着一种黑暗的氛围,一种像梦魇一样伴你左右的痛苦和黑暗……"

提奥从海牙的叔叔那里继承了一小笔遗产,他用这笔钱资助了高更并置办了阿尔的房子。文森特买了白色的厨房餐椅以及一张白色的实木桌子,这看起来和白色的墙壁非常和谐,他把这些家具都放在铺着华丽红色瓷砖的画室中。许多肖像画被钉在了墙上,一些是文森特画的,但大部分是其他人的。提奥继续交换着尽可能多的绘画。任何人想要得到画,都可以拿一幅自画像来换取一幅或两幅其他的画。有一系列画家肖像的画室看起来是令人愉悦的。"它将有杜米埃的特色，而且我敢预言这将是不同寻常的。"但是最好的房间是客房，里面摆着一张胡桃木的床。这是一张双人床，因为不知怎的双人床看起来更加舒服、结实和宁静。他将他的《向日葵》（*Sunf lowers*）挂在床的对面。他想办法给自己买了一个二手的白色床架，他觉得可以做装饰用。他可以在一旁画一个女人，或者一个摇篮。他花了 400 法郎来购置这些家具，因此，如果没有人入住客房的话将是一个极大的遗憾。至少提奥可以在这里度假。高更当然只会在对自己有利的情况下过来。这没什么坏处，因为一个伟大的画家可以满足自身的方便，但是如果文森特这样做的话就完全是另外一回事了。最重要的是，不能强迫高更过来；最好的计划就是让他按照自己的方式行事。然而，他可以确定一件事，那就是他将不会在其他任何地方找到更好的朋友。也许时机已经成熟到可以问这样的问题："你会不会来？"

　　这段时间是文森特生命中最快乐的时光。他黄色的小房子给了他一种安全感。如果高更不愿意来，某些人一定会常常路经阿尔并与他共度一晚。即使没有漂泊的旅行者出现，他身边也会有其他的人，他也可以把房子留给这些人，那些可以继续他的事业，并会做得更好的人。延续性比其他任何事情更加重要。如果他画得很糟的话——文森特并没有任何幻想——他可以为后继者撑起一片屋脊。这房子对那些在世界上没有容身之处的人来说就是一个真正的艺术家家园。因为在这些日子里，艺术已经变得多余了，而且不会存活太久。只有一些碎片四处传播。而这又能坚持多久呢？

　　偶然一次，提奥去了阁楼，并且得到了很多精美的日本画，这些画可以将这间房子装饰得很华丽。这黄色的小房子就像是一个日本的缩影，一个小岛。他将引导伟大的葛饰北斋（Katsushika Hokusai）宁静地生活，来到这里的人都会马上意识到那里只能画出宁静的画。

结婚生子的愿望曾在文森特脑海中飞驰。而现在，受到愿与人分享他的房子和作品这一期望的激励，他的精力更加充沛了。高更写信说他会带一些其他朋友过来。越多越好！这间黄色的小房子很快会成为南部伟大的画室，高更则是它的领军人物。他的愉悦在画作中满溢，他的颜色也开始唱歌了。他夜以继日地作画，为了他的事业能够继续，他仅以面包和咖啡为生。那年寒冷的西北风尤为猛烈，当它一开始肆虐他就无法离开房子，但他绝不浪费一秒。

文森特画当地的公园。公园离他的房子很近。这个公园就像一个诗人们梦寐以求的花园，而不是任何工匠的杰作。夹竹桃还在盛开着，那里有真正的花海。一朵花枯萎，马上就有十朵花盛开。雪松和柏树更是增添了生机勃勃的绿色。他描绘公园的繁荣和茂盛，如果可以的话，甚至可以夸大些效果，不是那些树木或植物，而是它们热情绽放和蔓延的色彩，而同时必须保持柏树的庄严肃穆。成对的情侣在这粉色的小路上漫步，他们绝妙地融入了此情此景之中。

一组新画在这里诞生了，文森特将其命名为《诗人的花园》(Poet's Garden)，因为他可以想到南方的诗人，例如但丁，他曾经在这样的花园里产生过灵感。这幅画将会挂在高更的房间里，因为他一定会马上到来。树林边上的一对情侣也在画中，让人眼前一亮的风景三笔而成，在一排燃烧着的柏树前着以他最初的蓝色、黄色和粉色。他按照自己简单的韵律将人的形式和风景联系起来，不像库尔贝那样将一种因素加到另一种因素上，而是有机地连接，因为文森特赞赏蒙蒂塞利用一种情感来画风景和人物。他对重新获得蒙蒂塞利那令人崇拜的魔法感到绝望，那种魔法就好像阴凉处蜜蜂多情的嗡嗡声。他猜想自己需要有更明亮的心，应该品尝甜蜜的滋味，而不是将禁果装进自己的心里。

文森特所坚信的连续性进步实现了。他减轻了蒙蒂塞利厚涂颜料绘画法的厚重，用清晰的结构取代了蒙蒂塞利模糊的摇摆，奏响了他嗡嗡叫的蜜蜂交响乐。文森特的不懈努力使他逾越了那位他所钟情的，却表现不断倒退的蒙蒂塞利。他缺乏那种多情的魅力，却多了一种对人性更加高贵的觉悟。这时他有了险恶的想法，就像他常有的那样。他用尽所有的力气进行抗争，从而试图将他们的痕迹摒除在自己的画作之外，在寒冷的西北风刮起的时候，将它们储存起来供闲暇时间所用。在他奋斗的目标之上，高高的天空里悬挂着一颗星，他悄悄地抬眼注视着一颗星星：这个天才胸中充满了狂风骤雨，脑海中却有着一轮明日。他从德拉克洛瓦那里发现了可以驯服野性的、蛮横的冲动和混乱的秘诀。他最热切的希望就是能够成为他这个小领域的大师，正如德拉克洛瓦是世界大师一样。德拉克洛瓦的色彩就像是喷发而出的熔岩一般，但其中有着不可思议的"沟渠"将颜色布满整个画布。就像这位大师对自己的印象一样，文森特被他完全折服了，但是德拉克洛瓦的想象力来源广泛，因此需要有一个丰富的大脑对其进行控制，而文森特的印象画只出自一个来源；因为这个原因，它们以成比例的暴力向前流淌。这些方法更加简单，文森特画中的"沟渠"更加宽阔并且安排得很随意。你可以看到他的慌乱——就像一个人在死神敲门时慌乱地整理自己的房子一样。凡·高以一种疯狂的方式折服于他的敏感，并且他的反应是猛烈的。他将自己的力量带向成功是一个奇迹，但是他在这个时期几乎没有失败过。他用"情人般的盲目和洞察力"作画。他画中恋爱的情侣逐渐增多。他们的衣着色彩透露出的清脆音色表明他们彼此深爱着。南方的每个人都陶醉在爱情中——倘若能配成双的话。米列，这个法国轻步兵辖区的陆军中尉，身边总是想要多少女人就有多少女人，如此之多以至于几乎让他厌倦，而且，他当然不能把她们画出来。文森特画她们，这是他唯一能接近她们的途径。

秋天已经开始呈现它的色彩。新的黄色越来越多，葡萄树的藤蔓上也溢出了它们的红色血液。文森特既不想吃饭也不想睡觉，只想看着这世界。他的眼睛难耐疲惫。有时候，他想把自己关在一间黑暗的房间里写信，同时让眼睛得到片刻的休息。他画的是葡萄园和田野里丰收的狂欢。他的色彩从调色板中流出来，就好像成熟的水果落地一样自然。他需要一千只手来作画，有时候他想像懒汉那样愚钝，因为这样可以拖延这种繁华。

高更似乎对自己的作品很沮丧，也不满意，同时他又生病了。他写信说他会尽快过来。这已经是他第十次写这样的信了。他寄送了自己的肖像画，画中是一张苍白的、无精打采的脸。文森特本可以批评这些宁可在北方生病也没有精力到南方恢复健康的愚蠢的人们。如果高更不是待在阿旺桥就好了！也许他永远不会来。人们都是懒惰的；文森特从来没有感到自己的精力受控于这样的懒惰。这间黄色的小房子里优秀的作品越来越多，这都受益于南方。他还有什么可以解释他离开巴黎之后的这些进步呢？他在每一封信里都如此告诉提奥。他想要介绍给每一个画家，无论他是谁，来自哪里，都可以尝试这个德拉克洛瓦、蒙蒂塞利、雷诺阿、塞尚共同拥有的健康的处方。正是这种没有阴影的阳光，这种温暖的气候，这些简单朴素的人们，这样的食物和酒，所有和其他地方不同的东西，赋予了他一种不同的情绪。但是最好的东西当然还是这间黄色的房子，它有着自己白色的房间和红色的地面。谁又能说清，这间黄色的房子是不是比阿尔以及整个普罗旺斯更加重要呢？

这间房子至少有助于为他的绘画指出一个新的方向。起初他把看起来不错的画钉在白色的墙壁上，之后有一天他想起为这间房子画一组画，它们将由15幅同样尺寸的画组成。这一系列画作并不需要用狭隘的文字来排出先后顺序，但这些画作之间确实有着某种联系。它们的构思就像《诗人的花园》

那四幅图一样构成一个整体，尽管每张画都自成体系，但都符合整个系列的节奏和韵味。一旦他踏出房门就会忘记最直接的目的，但是本能地记得有着白色墙壁的黄色小屋——对其他人来说的"艺术之家"。这种潜在的意识驯服了他的冲动，拓宽了他狂野的视野，加强了他的节奏。同时，他也受到其他抑制性的影响和冲动的支配。德拉克洛瓦永远在他身旁，如仙境般的日本视野如同风景之上的海市蜃楼。当他那奇特的冲动使他的工作始终处于兴奋状态时，似乎这些力量沿着他的旅途开辟了一条小径。

现在文森特明白了修拉曾经告诉过他的一些东西，在那时仿佛就像是巴黎夜晚混着酒精的迷雾中的一道闪电。他突然明白了"修饰"这个词的真正意义。修拉曾经使他寻找一种新的民主风格作为他理性主义的主旨。修拉什么都不缺，除了没有那必须炙热的幻想。他感知得到行动的必要，他拥有建立一个社团所需的工具和物质条件，但是他缺少令人信服的经验和建立新教堂的基本信仰，他像凡·高一样原始而简单，在一些方面还要更加原始，太过原始会将他与这个世界分离开来。修拉是个高尚的人，和善而精力充沛，但是他没有想要联合的冲动。他本可以在这个地球上的任何角落圈下自己的空间；他是一个学者，一个专家。凡·高梦想中的那些日本人相较于凡·高，可能更可以欣然地接受修拉作为自己的一员，但是凡·高确实有着联合的冲动。这是他生活的全部，他的欢乐、他的动力和他的命运。这种动力驱使他游走于很多不同的国家和不同的人，这些人有着不同的职业，而现在这种动力又驱使他扩大了他目前的工作领域。如果证明"装饰"是一条通向联合和人类的合适道路的话，那么动力又引导他走向这条道路。这样的探索者所进行的探求往往是无意识的。如果他们能意识到他们的探求，他们可能永远也找不到任何值得寻找的东西了。他们像雇员为雇主服务那样服务着自己的希望，却没有注意到他们已经不再能控制他们坚信自己曾经选择的活动形式。令文森特惊讶的是，他意识到自己绘画中修饰的可能性；他从来没有在这种发展中看到他自然的冲动所带来的不可抗拒的变化。而正是出于这个原因，他创造的不仅仅是装饰品。修饰对于凡·高来说只是他活动的外在表现，他在每一笔中都保留了戏剧性的特质。习惯将每一个进步归因于他人帮助的凡·高写信向提奥表达了由衷的感谢，因为提奥给了他这所黄色的房子。这座房子帮助并指导着他的工作，他也提请提奥替他转达对修拉的思念和感激之情。他建议提奥为他们的社团购买所有修拉的重要作品，并且每幅作品都以不低于5000法郎的价钱支付。凡·高从没表示过自己将会沿着和修拉相反的方向去选择走向修饰的道路。修拉有着某种志向，这已经足够了。凡·高的感激之情满溢。

　　他也许还记得自己微弱的努力，例如那幅被称为《悲伤》的画，一个全裸的妇女阐释着痛苦和悲伤，这是用一种非常廉价的方式修饰的。他画这幅画时并不缺乏激情，但他的感情和形式之间的对照却极尽平淡。凡·高的发展史是一段他努力掌握感情和形式之间的对比的历史。他的成功并不是通过减轻自己的感性或者使用某种理性主义而取得的，他的成功依靠的是自身精神力量的成长。他的感性从一种无法想象的生活深度中升腾出来，达到了这样一个高度，他尽自己最大的努力维持着这个高度，所有的失败都像泥土一样剥落，剩下的是赤裸的韵律结构实体。修拉梦想一种有组织的修饰，并且希望有一天他能够机械地构筑新的适合墙面的传说。他相信自己能够用实际的思考代替皮维斯·德·夏凡纳（Puvis de Chavannes）的折中主义以及自己的古典主义传统。他是一个新型的学者，相较于以前那些老学者更加温和聪明，但是他实质上是装在新瓶子里的老酒。凡·高从来不去推测什么。他的信念就是把自己的眼睛看到的人和树的特点画出来，让他画中的太阳像火球那样放射光芒，让他的云彩相互追赶；事实上，如果他画出自己的感受，他一定是正确的，而结果也有可能同时具有修饰效果。即使修饰没有产生任何作用，但表达已达到一定水平。

　　凡·高的新倾向为他的作品带来了新的品质。当他创作自己的 15 幅组画时，其中的《特林克泰尔桥》(Le Pont de Trinquetaille)等作品都是在铁道下面完成的。这些作品的创作没有涉及他为房屋系列画所选择的调色，也没有任何修饰的想法。它们似乎包含了一个规则，这种规则具有前所未有的力量，冲击了这个机械的时代所根深蒂固的那种冷漠的、拘谨的典雅。凡·高的铁路桥画作具有全新的风格，这种风格是我们所梦想的现代建筑学，并且事实上他很多画作中的修饰魅力可以直接追溯到它们的建筑形式上。在他描绘橄榄树果园的一些作品中，缠绕的树木就像北方柱子的结构。他的四边形田野有着无边礼堂般的气息。他那幅《卧室》(The Bedroom)的作品中在笔直的地面上摆放着冗长的家具，有着一派古典庙宇的壮观。他的调色为自己的黄色、紫罗兰色、蓝色、绿色和深红色注入了一种闪耀的活力。他为自己的庙宇所祈祷的一切都被自己的色彩欢唱着。

　　当凡·高确切地得知高更马上要来时，他开通了煤气，并把自己半个月的收入都用在了完善客房的家具上。四幅组画《诗人的花园》经装裱后挂在了白色的墙壁上。提奥忍不住温和地批评了他。这所黄色房子里的装置以及不断增长的颜色和画布的开销已经使提奥入不敷出。而这次文森特甚至没有为自己极大的铺张而感到通常的自责和悔恨。这已经耗费了一大笔钱财，但这笔钱花得值得。他第一次可以审视并评价自己的作品。在最近的 8 个月中，他已经获得了一些东西。那个巴黎的点彩派画家，那个喋喋不休的巴黎人，那个病人，那个巴黎的酒鬼和悲观论者如今在哪儿呢？这确实耗费了很多钱，但他有足够的东西来证明这是值得的。而这仅仅是他真正的开始。他所收获的从来没有如此丰富过。一串串重重的葡萄挂在葡萄树上，几乎没有足够的空间来贮藏橄榄枝了。秋天伴随着自己所有光辉的色彩，好似一团火焰，而黄色的房子矗立在秋光中就好似葡萄园中的一只大桶。

1887—1888年
The life of Vincent Van Gogh

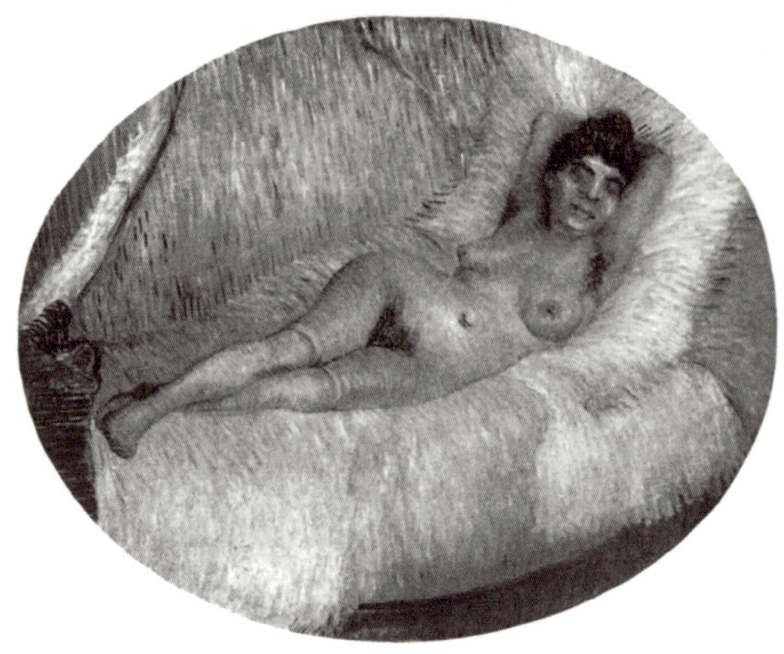

《床上的裸体女子》，1887年初，巴黎，布面油画（卵形），59.5×73cm，梅里恩，巴恩斯基金会

《裸体女子》，1887年初，巴黎，布面油画，24×41cm，奥特洛，克勒勒-米勒博物馆

《一双鞋》，1887年初，巴黎，布面油画，34×41.5cm，巴尔的摩艺术博物馆

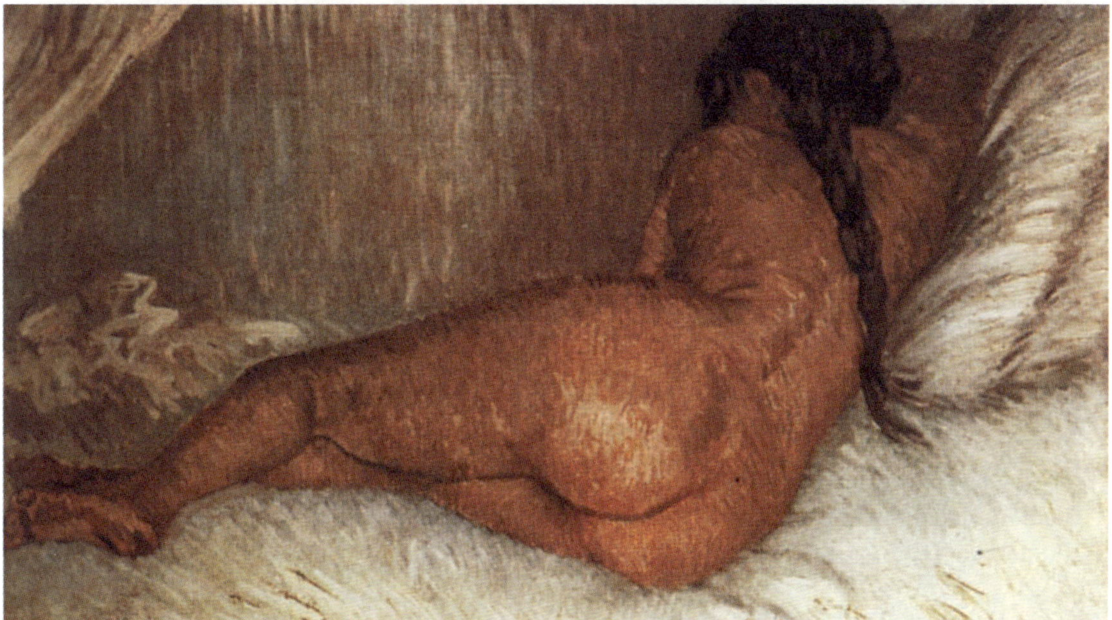

《从背面看裸体女子》，1887年初，巴黎，布面油画，38×61cm，巴黎，私人收藏

《有烟斗和玻璃杯的自画像》,1887年1月,巴黎,布面油画,61.1×50.2cm,阿姆斯特丹,凡·高博物馆

《一篮发芽的鳞茎》，1887年1~2月，巴黎，板面油画（卵形），31.2×48.3cm，阿姆斯特丹，凡·高博物馆

《三本书》，1887年1~2月，巴黎，板面油画（卵形），31.1×48.5cm，阿姆斯特丹，凡·高博物馆

《一篮子番红花蕾》，1887年1~2月，巴黎，布面油画，32.5×41.2cm，阿姆斯特丹，凡·高博物馆

《一双鞋》，1887年1~2月，巴黎，嵌板布面油画，32.7×40.8cm，阿姆斯特丹，凡·高博物馆

《韭菜花盆》,1887年1~2月,巴黎,布面油画,31.9×22cm,阿姆斯特丹,凡·高博物馆

《阿戈斯蒂娜·塞加托里坐在铃鼓咖啡馆》,1887年1~3月,巴黎,布面油画,55.5×46.5cm,阿姆斯特丹,凡·高博物馆

《盘子里的柠檬》,1887年2~3月,巴黎,布面油画,21.5×27.5cm,阿姆斯特丹,凡·高博物馆

《玻璃瓶、柠檬和盘子》,1887年2~3月,巴黎,布面油画,46.3×38.4cm,阿姆斯特丹,凡·高博物馆

《苦艾酒》,1887年2~3月,巴黎,布面油画,46.3×33.2cm,阿姆斯特丹,凡·高博物馆

《一盘面包卷》,1887年上半年,巴黎,布面油画,31.5×40cm,阿姆斯特丹,凡·高博物馆

《自画像》,1887年春,巴黎,板面油画,32×23cm,奥特洛,克勒勒－米勒博物馆

《自画像》,1887年春,巴黎,纸板油画,42×33.7cm,芝加哥艺术学院

《腌熏鲱鱼和大蒜》,1887年春,巴黎,布面油画,37×44.5cm,东京,普利司通美术馆

《画商亚历山大·里德的肖像》,1887年春,巴黎,纸板油画,41.5×33.5cm,格拉斯哥,凯尔温格罗夫艺术博物馆

《坐在草地上的女子》,1887年春,巴黎,纸板油画,41.5×34.5cm,纽约,私人收藏

《花瓶里的花、咖啡壶和水果》,1887年春,巴黎,布面油画,41×38cm,伍珀塔尔,冯德海伊特博物馆

《从文森特在勒皮克的房间看巴黎》,1887年春,巴黎,纸板油画,46×38.2cm,苏黎世,布鲁诺·毕修伯格画廊

《摇篮旁的妇女》,1887年春,巴黎,布面油画,60.7×45.7cm,阿姆斯特丹,凡·高博物馆

《阿涅尔的美人鱼餐厅》，1887年春，巴黎，布面油画，54×65cm，巴黎，奥赛博物馆

《有划艇的塞纳河》，1887年春，巴黎，布面油画，52×65cm，私人收藏

《阿涅尔的餐厅》,1887年春,巴黎,布面油画,51.5×64cm,牛津,阿什莫林博物馆

《克利希桥边的春天垂钓》,1887年春,巴黎,布面油画,49×58cm,芝加哥艺术学院

《阿涅尔的阿根森公园小路》,1887年春,巴黎,布面油画,59×81cm,纽黑文,耶鲁大学美术馆

《高架桥下的车行道》(高架桥),1887年春,巴黎,布面油画,31.5×40.5cm,纽约,所罗门·R.古根海姆博物馆,Justin K. Thannhauser 收藏

《阿涅尔的阿根森公园入口》,1887 年春,巴黎,布面油画,55×67cm,耶路撒冷,以色列博物馆

《春季里的阿涅尔公园》,1887 年春,巴黎,布面油画,50×65cm,马来西亚,Tan Sri Lim Kok Thay 收藏

《茂盛的牧草》,1887年春,巴黎,布面油画,31.5×40.5cm,奥特洛,克勒勒-米勒博物馆

《巴黎市郊》,1887年春,巴黎,布面油画,38×46cm,私人收藏(1986年11月18日,纽约索斯比拍卖行)

《蒙马特的菜园》,1887 年 3~4 月,巴黎,布面油画,45.2×81.4cm,阿姆斯特丹,凡·高博物馆

《克利希林荫道》,1887 年 3~4 月,巴黎,布面油画,46×55.5cm,阿姆斯特丹,凡·高博物馆

《自画像》,1887年3~6月,巴黎,纸板油画,19.1×14.1cm,阿姆斯特丹,凡·高博物馆

《自画像》,1887年3~6月,巴黎,布面油画,41×33cm,阿姆斯特丹,凡·高博物馆

《铜花瓶里的贝母花》,1887年4~5月,巴黎,布面油画,73.5×60.5cm,巴黎,奥赛博物馆

《开花的七叶树》,1887年5月,巴黎,布面油画,55.8×46.5cm,阿姆斯特丹,凡·高博物馆

《头骨》,1887年5月,巴黎,三合板布面油画,40.7×30.5cm,阿姆斯特丹,凡·高博物馆

《头骨》,1887年5月,巴黎,三合板布面油画,42.4×30.4cm,阿姆斯特丹,凡·高博物馆

《阿涅尔的餐厅》,1887年5~6月,巴黎,布面油画,18.8×27cm,阿姆斯特丹,凡·高博物馆

《塞纳河和格兰德贾特桥》,1887年5~7月,巴黎,布面油画,32.1×40.5cm,阿姆斯特丹,凡·高博物馆

《阿涅尔的里斯帕尔餐厅》，1887年夏，巴黎，布面油画，72×60cm，堪萨斯，纳尔逊·阿特金斯艺术博物馆

《自画像》,1887年夏,巴黎,布面油画,41×33.5cm,哈特福特,伟兹沃尔斯艺术博物馆

《戴草帽的自画像》,1887年夏,巴黎,纸板油画,19×14.1cm,阿姆斯特丹,凡·高博物馆

《戴灰毡帽的自画像》,1887年夏,巴黎,纸板油画,19×14.1cm,阿姆斯特丹,凡·高博物馆

《阳光下的树木》，1887年夏，巴黎，布面油画，37.5×46cm，阿姆斯特丹，P. and N. de Boer 基金会

《阿涅尔的塞纳河桥》，1887年夏，巴黎，布面油画，53×73cm，美国，私人收藏

《蒙马特尔附近的巴黎郊区》,1887年夏,巴黎,水彩,39.5×53.5cm,阿姆斯特丹国家博物馆

《从克利希码头看阿涅尔的工厂》,1887年夏,巴黎,布面油画,54×72cm,圣路易斯,圣路易斯艺术博物馆

《蒙马特尔小路旁的向日葵》,1887年夏,巴黎,布面油画,35.5×27cm,旧金山,荣誉军团博物馆

《雏菊和银莲花》,1887年夏,巴黎,布面油画,61×38cm,奥特洛,克勒勒-米勒博物馆

《瓶中的丁香、雏菊和银莲花》,1887年夏,巴黎,布面油画,46.5×37.5cm,日内瓦,艺术与历史博物馆

《丁香》,1887年夏,巴黎,布面油画,27.3×35.3cm,洛杉矶,阿曼德·哈默艺术博物馆

《阿涅尔横跨塞纳河的大桥》,1887年夏,巴黎,布面油画,52×65cm,苏黎世,E.G. Bührle 基金会

《塞纳河上的游泳船》,1887年夏,巴黎,布面油画,19×27cm,里士满,弗吉尼亚美术馆,Paul Mellon 夫妇收藏

《餐厅内部》,1887年6~7月,巴黎,布面油画,45.5×56.5cm,奥特洛,克勒勒-米勒博物馆

《走在花园里的妇女》,1887年6~7月,巴黎,布面油画,48×60cm,私人收藏

《麦田上的山鹑》，1887年6~7月，巴黎，布面油画，53.7×65.2cm，阿姆斯特丹，凡·高博物馆

《观景楼的入口》，1887年6~9月，巴黎，水彩，31.6×24cm，阿姆斯特丹，凡·高博物馆

《蒙马特尔的菜园》,1887年7月,巴黎,布面油画,81×100cm,阿姆斯特丹,凡·高博物馆

《菜园和向日葵》,1887年7月,巴黎,布面油画,43.2×36.2cm,阿姆斯特丹,凡·高博物馆

《自画像》,1887年7~8月,巴黎,布面油画,44.5×33.6cm,阿姆斯特丹,凡·高博物馆

《自画像》,1887年7~8月,巴黎,纸板布面油画,43.2×31.3cm,阿姆斯特丹,凡·高博物馆

《翠鸟》,1887年7~8月,巴黎,布面油画,19.1×26.6cm,阿姆斯特丹,凡·高博物馆

《两朵剪下的向日葵》,1887年8~9月,巴黎,布面油画,50×60cm,伯尔尼艺术博物馆

《两朵剪下的向日葵》,1887年8~9月,巴黎,布面油画,43.2×61cm,纽约,大都会艺术博物馆

《两朵剪下的向日葵》,1887年8~9月,巴黎,三合板布面油画,21.2×27.1cm,阿姆斯特丹,凡·高博物馆

《四朵剪下的向日葵》,1887年8~9月,巴黎,布面油画,60×100cm,奥特洛,克勒勒-米勒博物馆

《翻个儿的螃蟹》，1887年8~9月，阿尔，布面油画，38×46.8cm，阿姆斯特丹，凡·高博物馆

《戴草帽的自画像》，1887年8~9月，巴黎，纸板油画，40.9×32.8cm，阿姆斯特丹，凡·高博物馆

《有法国小说和玫瑰花的静物画》,1887年秋,巴黎,布面油画,73×93cm,私人收藏

《唐吉老爹肖像》,1887年秋,巴黎,布面油画,92×75cm,巴黎,罗丹美术馆

《自画像》,1887年秋,巴黎,布面油画,47×35cm,巴黎,奥赛博物馆

《一篮子苹果》，1887年秋，巴黎，布面油画，50×61cm，奥特洛，克勒勒-米勒博物馆

《葡萄、苹果、梨和柠檬》，1887年秋，巴黎，布面油画，44×59cm，芝加哥艺术学院

《苹果》，1887年9~10月，巴黎，布面油画，45.7×60.4cm，阿姆斯特丹，凡·高博物馆

《榅桲、柠檬、梨和葡萄》，1887年9~10月，巴黎，布面油画，48.9×65.5cm，阿姆斯特丹，凡·高博物馆

《戴草帽的自画像》，1887年，巴黎，布面油画，40.6×31.8cm，纽约，大都会艺术博物馆

《戴灰色毡帽的自画像》，1887年9~10月，巴黎，布面油画，44.5×37.2cm，阿姆斯特丹，凡·高博物馆

《盛开的李树园》（浮世绘仿作），1887年10~11月，巴黎，布面油画，55.6×46.8cm，阿姆斯特丹，凡·高博物馆

《雨中的桥》（浮世绘仿作），1887年10~11月，巴黎，布面油画，73.3×53.8cm，阿姆斯特丹，凡·高博物馆

《花魁》(浮世绘仿作),1887年10~11月,巴黎,布面油画,100.7×60.7cm,阿姆斯特丹,凡·高博物馆

《一篮子苹果》,1887年秋冬,巴黎,布面油画,46.7×55.2cm,圣路易斯艺术博物馆

《梨》,1887—1888年冬,巴黎,布面油画,46×59.5cm,德累斯顿,历代大师画廊

《自画像》，1887—1888 年冬，巴黎，布面油画，46×38cm，维也纳，奥地利美景宫美术馆

《自画像》，1887—1888 年冬，巴黎，布面油画，46.5×35.5cm，苏黎世，E.G. Bührle 基金会

《唐吉老爹肖像》，1887—1888 年冬，巴黎，布面油画，65×51cm，Stavros S. Niarchos 收藏

《有石膏像、玫瑰花和两本小说的静物画》，1887年12月，巴黎，布面油画，55×46.5cm，奥特洛，克勒勒-米勒博物馆

《有日本版画的自画像》,1887年12月,巴黎,布面油画,44×35cm,巴塞尔艺术博物馆

《意大利女子》(阿戈斯蒂娜·塞加托里?),1887年12月,巴黎,布面油画,81×60cm,巴黎,奥赛博物馆

《画架前的自画像》,1887年12月—1888年2月,巴黎,布面油画,65.1×50cm,阿姆斯特丹,凡·高博物馆

《阿尔的老太太》,1888年2月,阿尔,布面油画,58×42cm,阿姆斯特丹,凡·高博物馆

《从窗子看外面的肉店》,1888年2月,阿尔,纸板布面油画,39.7×33.1cm,阿姆斯特丹,凡·高博物馆

《远处有阿尔的雪景》,1888年2月,阿尔,布面油画,50×60cm,伦敦,私人收藏

《阿尔站附近的林荫道》,1888年3月,阿尔,布面油画,46×49.5cm,巴黎,罗丹美术馆

《玻璃杯中盛开的杏花和一本书》,1888年3月初,阿尔,布面油画,24×19cm,日本,私人收藏

《玻璃杯中盛开的杏花》,1888年3月初,阿尔,布面油画,24.5×19.5cm,阿姆斯特丹,凡·高博物馆

《篮子里的六个橘子》,1888年3月,阿尔,布面油画,45×54cm,洛桑,Basil P. and Elise Goulandris 收藏

《黄盘子里的土豆》,1888年3月,阿尔,布面油画,39×47cm,奥特洛,克勒勒-米勒博物馆

《盛开的桃树》(纪念莫夫),1888年3月,阿尔,布面油画,73×59.5cm,奥特洛,克勒勒-米勒博物馆

《维格伊拉运河上的格莱兹桥》，1888年3月，阿尔，布面油画，46×49cm，箱根，Pola美术馆

《阿尔的朗卢桥和洗衣妇》，1888年3月，阿尔，布面油画，54×65cm，奥特洛，克勒勒-米勒博物馆

《从路上看阿尔的朗卢桥》,1888年3月,阿尔,素描,35.5×47cm,斯图加特,巴黎,私人收藏

《阿尔的朗卢桥和运河旁的路》,1888年3月,阿尔,布面油画,59.6×73.6cm,阿姆斯特丹,凡·高博物馆

《花朵盛开的果园》,1888年3~4月,阿尔,布面油画,72.4×53.3cm,纽约,大都会艺术博物馆

《果园里盛开的杏树》,1888年4月初,阿尔,布面油画,65×81cm,阿姆斯特丹,凡·高博物馆

《阿尔的朗卢桥》，1888年4月，阿尔，水彩，30×30cm，私人收藏

《阿尔的朗卢桥》，1888年4月，阿尔，布面油画，60×65cm，巴黎，私人收藏

《有柳树的田野小路》，1888年4月，阿尔，布面油画，31×38.5cm，瑞士，私人收藏

《花朵盛开的杏树》，1888年4月，阿尔，布面油画，55×65.5cm，私人收藏

《柏树林边花朵盛开的果园》,1888年4月,阿尔,布面油画,65×81cm,奥特洛,克勒勒-米勒博物馆

《果园里花朵盛开的桃树》,1888年4月,阿尔,布面油画,65×81cm,私人收藏

《柏树林边花朵盛开的果园》，1888年4月，阿尔，布面油画，32.5×40cm，纽约，Richard J. Bernhard 收藏

《花朵盛开的李树》，1888年4月，阿尔，布面油画，55×65cm，爱丁堡，苏格兰国家美术馆

《花朵盛开的果园》,1888年4月,阿尔,布面油画,72×58cm,瑞士,私人收藏

《盛开的杏树》,1888年4月,阿尔,布面油画,50×37.5cm,阿姆斯特丹,凡·高博物馆

《盛开的梨花》,1888年4月,阿尔,布面油画,73.6×46.3cm,阿姆斯特丹,凡·高博物馆

《花朵盛开的桃树》,1888年4~5月,阿尔,布面油画,80.9×60.2cm,阿姆斯特丹,凡·高博物馆

《阿尔附近田野上的农舍》，1888年5月，阿尔，布面油画，24×35cm，阿姆斯特丹，凡·高博物馆

《在暴风雨的天空下》，1888年5月，阿尔，布面油画，60×73cm，格施塔德，Louis and Evelyn Franck 收藏

《阿尔附近的小路》，1888年5月，阿尔，布面油画，61×50cm，格赖夫斯瓦尔德，波美拉尼亚基金会

《田野上的农舍》,1888年5月,阿尔,布面油画,45.3×50.9cm,阿姆斯特丹,凡·高博物馆

《前景有鸢尾花的阿尔风景》,1888年5月,阿尔,布面油画,54×65cm,阿姆斯特丹,凡·高博物馆

《蓝珐琅咖啡壶、陶器和水果》,1888年5月,阿尔,布面油画,65×81cm,列支敦士登,私人收藏

《阿尔的朗卢桥》,1888年5月,阿尔,布面油画,49.5×64cm,科隆,瓦尔拉夫-理查尔茨博物馆

《圣玛丽的街道》，1888年6月初，阿尔，布面油画，38.3×46.1cm，私人收藏（1981年5月19日，纽约克里斯蒂拍卖行）

《圣玛丽的海景》，1888年6月，阿尔，布面油画，50.5×64.3cm，阿姆斯特丹，凡·高博物馆

《以蒙马儒为背景的干草垛》(或《收获景象》),1888年6月,阿尔,布面油画,73.4×91.8cm,阿姆斯特丹,凡·高博物馆

《普罗旺斯的收割》,1888年6月,阿尔,钢笔淡彩,39.5×52.5cm,剑桥,哈佛大学福格艺术博物馆

《圣玛丽教堂和城墙景观》,1888年6月,阿尔,钢笔画,43×60cm,温特图尔,Oskar Reinhart 收藏

《圣玛丽教堂》,1888年6月,阿尔,布面油画,64×53cm,奥特洛,克勒勒-米勒博物馆

《播种者》，1888年6月，阿尔，布面油画，64×80.5cm，奥特洛，克勒勒-米勒博物馆

《普罗旺斯的干草垛》，1888年6月，阿尔，布面油画，73×92.5cm，奥特洛，克勒勒-米勒博物馆

《从麦田远望阿尔》,1888年6月,阿尔,布面油画,73×54cm,巴黎,罗丹美术馆

《麦垛》,1888年6月,阿尔,布面油画,55.2×66.6cm,火奴鲁鲁,檀香山艺术协会

《普罗旺斯的农舍》,1888年6月,阿尔,布面油画,46.1×60.9cm,华盛顿,国家艺术画廊,Ailsa Mellon Bruce 收藏

《小山似的麦田》,1888年6月,阿尔,布面油画,54×65cm,阿姆斯特丹,凡·高博物馆

《圣玛丽海滩的渔船》,1888年6月,阿尔,芦苇笔画,39.5×53.5cm,私人收藏(1998年5月5日,纽约克里斯蒂拍卖行)

《圣玛丽海滩上的渔船》,1888年6月,阿尔,布面油画,65×81.5cm,阿姆斯特丹,凡·高博物馆

《圣玛丽的海景》,1888年6月,阿尔,布面油画,44×53cm,莫斯科,普希金博物馆

《朱阿夫兵》(半身像),1888年6月,阿尔,布面油画,65.8×55.7cm,阿姆斯特丹,凡·高博物馆

《坐着的朱阿夫兵》,1888年6月,阿尔,布面油画,81×65cm,阿根廷,私人收藏

《特兰凯塔耶的铁桥》，1888年6月，阿尔，布面油画，65×81cm，以色列，Joseph Hachmey 收藏

《运河和洗衣妇》，1888年6月，阿尔，布面油画，74×60cm，私人收藏（华盛顿，Joseph Albritton）

《有麦垛的田野》,1888年6月,阿尔,布面油画,28.5×37cm,私人收藏(1987年5月18日,苏黎世阔乐拍卖行)

《从蒙马特尔看拉克罗》,1888年7月,阿尔,素描,49×61cm,阿姆斯特丹,凡·高博物馆

《鲜花盛开的花园》,1888年7月,阿尔,布面油画,92×73cm,纽约,私人收藏

《花园里盛开的鲜花》,1888年7月,阿尔,素描,49×61cm,温特图尔,Oskar Reinhart 收藏

《鲜花盛开的花园小路》,1888年7月,阿尔,布面油画,72×91cm,海牙,海牙市立博物馆

《公园里阳光照耀的草地》,1888年7月,阿尔,布面油画,60.5×73.5cm,苏黎世,Merzbacher 收藏

《上班途中的画家》,1888年7月,阿尔,布面油画,48×44cm,第二次世界大战中被烧毁;之前藏于马格德堡的凯撒·弗里德里希博物馆

《去往塔拉斯孔的路上》,1888年7月,阿尔,素描,25.8×35cm,苏黎世,苏黎世美术馆

《蒙马儒》,1888年7月,阿尔,素描,49.1×61cm,阿姆斯特丹,凡·高博物馆

《位于丰特维尔的阿尔丰斯·都德磨坊》,1888年7月,阿尔,水彩,30×50cm,苏黎世,Dr. Peter Nathan 收藏

《邮递员约瑟夫·鲁林的肖像》,1888年8月初,阿尔,布面油画,81.2×65.3cm,波士顿美术博物馆

《邮递员约瑟夫·鲁林的肖像》,1888年8月,阿尔,素描,31.8×24.3cm,洛杉矶,盖蒂博物馆

《花园中的鲜花》,1888年8月,阿尔,素描,61×49cm,纽约,William Acquavella 收藏

《房子后面的花园》,1888年8月,阿尔,布面油画,63.5×52.5cm,私人收藏

《花瓶中的夹竹桃》,1888年8月,阿尔,布面油画,60.3×73.7cm,纽约,大都会艺术博物馆

《佩兴斯·埃斯克利耶肖像》,1888年8月,阿尔,布面油画,69×56cm,Stavros S. Niarchos 收藏

《花瓶里的十二朵向日葵》，1888年8月，阿尔，布面油画，91×72cm，慕尼黑，新绘画陈列馆

《花瓶里的三朵向日葵》，1888年8月，阿尔，布面油画，73×58cm，美国，私人收藏

《花瓶里的十四朵向日葵》，1888年8月，阿尔，布面油画，93×73cm，伦敦，国家美术馆

《运煤船》，1888年8月，阿尔，布面油画，71×95cm，安纳波利斯，Carleton Mitchell 收藏

《从码头运沙船上卸货的工人》,1888年8月,阿尔,布面油画,55.1×66.2cm,埃森,弗柯望博物馆

《运煤船》,1888年8月,阿尔,布面油画,53.5×64cm,马德里,提森-博内米萨博物馆

《阿尔公园的小路》,1888年9月,阿尔,布面油画,73×92cm,奥特洛,克勒勒–米勒博物馆

《绿色的葡萄园》,1888年9月,阿尔,布面油画,72×92cm,奥特洛,克勒勒–米勒博物馆

《诗人的花园:有垂柳的公园》,1888年9月,阿尔,布面油画,73×92cm,芝加哥艺术学院

《阿尔公园的入口》,1888年9月,阿尔,布面油画,72.5×91cm,华盛顿,菲利普美术馆

《献给高更的自画像》,1888年9月,阿尔,布面油画,62×52cm,剑桥,哈佛大学福格艺术博物馆

《欧仁·波什的肖像》,1888年9月,阿尔,布面油画,60×45cm,巴黎,奥赛博物馆

《文森特在阿尔的房子》(又称《黄房子》),1888年9月,阿尔,布面油画,72×91.5cm,阿姆斯特丹,凡·高博物馆

《老磨坊》,1888年9月,阿尔,布面油画,64.5×54cm,纽约,水牛城公共美术馆

《夜晚咖啡馆室外》,1888年9月,阿尔,布面油画,81×65.5cm,奥特洛,克勒勒-米勒博物馆

《播种者,背景是阿尔市郊》,1888年9月,阿尔,布面油画,33×40cm,洛杉矶,阿曼德·哈默艺术博物馆

《罗纳河星光灿烂的夜空》，1888年9月，阿尔，布面油画，72.5×92cm，巴黎，奥赛博物馆

《第三张朱阿夫兵米里耶的肖像》，1888年9月末，阿尔，布面油画，60×49cm，奥特洛，克勒勒-米勒博物馆

《日落时的柳树》,1888年秋,阿尔,纸板油画,31.5×34.5cm,奥特洛,克勒勒-米勒博物馆

《诗人的花园:公园里的一对夫妇和蓝色杉树》,1888年10月,阿尔,布面油画,73×92cm,私人收藏(1980年5月13日,纽约克里斯蒂拍卖行)

《阿尔的公园》，1888年10月，阿尔，布面油画，72×93cm，私人收藏（1980年5月13日，纽约克里斯蒂拍卖行）

《艺术家母亲的肖像》，1888年10月，阿尔，布面油画，40.5×32.5cm，帕萨迪纳，诺顿·西蒙博物馆

《塔拉斯孔的驿车》，1888年10月，阿尔，布面油画，72×92cm，普林斯顿大学艺术博物馆

《特兰凯塔耶的铁桥》，1888年10月，阿尔，布面油画，73.5×92.5cm，私人收藏

《蒙马儒大街上面的铁道桥》，1888年10月，阿尔，布面油画，71×92cm，私人收藏

《阿里斯康道路》，1888年10月末，阿尔，布面油画，93×72cm，私人收藏

《阿里斯康道路》，1888年11月，阿尔，布面油画，92×73.5cm，私人收藏（1985年5月15日，纽约克里斯蒂拍卖行）

《阿尔的夜间咖啡馆》(吉努太太),1888年11月,阿尔,布面油画,73×92cm,莫斯科,普希金博物馆

《红色的葡萄园》,1888年11月,阿尔,布面油画,75×93cm,莫斯科,普希金博物馆

《埃顿花园的回忆》，1888年11月，阿尔，布面油画，73.5×92.5cm，圣彼得堡，艾尔米塔什博物馆

《播种者》，1888年11月，阿尔，布面油画，32.5×40.3cm，阿姆斯特丹，凡·高博物馆

《阿尔的妇女:吉努太太和书》,1888年11月(或1889年5月),阿尔,布面油画,91.4×73.7cm,纽约,大都会艺术博物馆

《高更的椅子》,1888年11月,阿尔,布面油画,90.5×72.5cm,阿姆斯特丹,凡·高博物馆

《自画像》,1888年11~12月,阿尔,布面油画,46×38cm,私人收藏

《阿曼德·鲁林的肖像》,1888年11~12月,阿尔,布面油画,65×54.1cm,埃森,弗柯望博物馆

《小学生(卡米尔·鲁林)》,1888年11~12月,圣雷米,布面油画,63.5×54cm,圣保罗,圣保罗艺术博物馆

《文森特的椅子和烟斗》,1888年12月,阿尔,布面油画,93×73.5cm,伦敦,国家美术馆

南方的兄弟情谊

文森特来到阿尔刚好 8 个月的时候,高更于 1888 年 10 月 20 日也来到了那里。高更是一位非凡的艺术家。文森特本以为他是一个饱经病痛的患者,但他依然像在巴黎时见过的那个天才一样,肌肉发达,精力充沛。高更是个巴黎人和土著人的混血儿。他的外表冷酷,却有一颗触手可及的柔软的心,但同时又是一名与众不同的艺术家。这一点,可以从他对"生活的必需品"(the necessities of life)的快速领悟中看出来。他可以立刻解决困扰文森特的生活问题。高更是一个非常实际的人,并且他的决定都是一瞬间果断做出的。和这样的人共处你可以节省大量的时间,他是家里的瑰宝,给你一种安全感。他是一位最不平凡的艺术家,也是文森特最特别的朋友。他有时候喜欢捉弄熟人,而当文森特谈到当地居民的友善时,他只是笑了笑。但很少有人不听从他的意愿,而他也总能在适当的场合用上适当的措辞。他具有统治者一样的气质。事实上,如每个艺术家应该具有的那样,这种气质是与生俱来的;可以说,他就是鲁本斯一样的艺术家。毫无疑问,他也可以成为一名出色的政治家,他知道关于政治的一切,并且对于卡诺(Carnot)、克列孟梭(Clemenceau)、罗契福特(Rocheford)、弗雷西内(Freycinet)、朱尔·费里（Jules Ferry）以及议会共和制有着自己的见解。他也是一个出色的理财家，这种本领很可能是他在自己早期的职业生涯中获得的。他对细节的清晰认识使得他能够轻松地应对周围的环境。钱财对他来说并不是可畏的险恶力量，因为它们在他的才智控制下。你可以赚得你想要的足够的钱，只是有时候为钱烦恼是一件恼人的事情。他有理由这么说，因为提奥刚刚以500法郎的价钱卖掉了他的一幅以布列塔尼为题材的画；即使这样概括高更的高尚美德也不为过。但高更的能力让文森特不能这样想。他认为100法郎或者1万法郎对于创造新事物付出努力的人来说是远远不够的。他视金钱为身外之物，这样他也不至于去干诈骗银行的事情，尽管这种行为可以铤而走险获得百万法郎。现在，尽管他仅靠微薄的钱财维持生计，但身心都很愉悦。如果只为了过一种体面的生活，提奥每个月提供的生活费已经足够了，但没有剩余的钱从药剂师那儿买来画画用的原材料了。

　　一天，文森特找到了一个小木匠，这个小木匠能够制作讨人喜欢的相框，每个才3法郎。对此，高更笑而置之。因为他从来不买相框，而是简单地钉上一圈窄窄的木条后再刷成白色。金色的框边是为富裕的资产阶级准备的，而这样精美的白色相框花费不是3法郎，而仅仅是3苏。高更的颜料也是批发原材料，然后自己研磨，这样可以节省60％的费用。他甚至自己准备画布，从而完全地节省该项费用，另外，他还找了更好的画布来作画。能够想象以往那些大师为了追求自己的理想事业而从事与金钱有关的工作吗？

　　卓越的创造者！文森特每一天都正视这一切——他所缺乏的正是高更都具备的，尤其是在思维敏捷方面。画画并不是一种感情上的事情，而是通过身体上的活动来实现的。一个画家就是一个充满想象力的剑术家。一个没有能力将盖子钉到盒子上的人必定在某方面有着能力的欠缺。一个出色的画家应该有能力为自己的鞋子换鞋底，换句话说，如果把他扔到荒野中去，他应该有能力用自己的双手建一所黄色的房子。一个画家只有在这种所谓文化方面保持独立——高更也非常认可这个词——他才能在自己迷乱的想象中保持独立，不受约束。

高更可不仅仅这样谈话，尽管他非常健谈，但他总是言行一致。他们在家里吃饭，高更负责烹饪佳肴。文森特从来没有得到过这样悉心的照料。高更曾经可能做过尤塞公爵夫人（Duchesse d'Uzes）的大厨。他做的饭菜并不像马赛食物那样口味重且过于油腻。他做的蔬菜保留着天然的味道，肉类保持着最大限度的营养。高更从来不为自己的技艺而骄傲，同时烹饪也不会占据他太多的时间。他做饭速度很快，几乎一分钟搞定，而这似乎只是他与生俱来的能力之一。但文森特从来没有感到自己在这方面的不足。

很难从这位非凡的人物这里得出有关文森特绘画的准确判断。高更对凡·高在一些细节的处理上非常欣赏，例如《悲伤》的表达方式。他同时也对《向日葵》给予了肯定，而且对自己卧室里的一些画作也很喜欢。文森特仔细考虑之后认为他的画作不会得到高更严肃的认可，因此也没有必要问什么问题了。他的画作从高更的角度来看似乎是屠场；它们缺乏高更那样对颜色的控制；它们承受着自身节奏的重负，而这种节奏只是沉闷的唯物论。当高更和文森特一起来到葡萄园时，便对着同一个收割的农妇作画。文森特非常希望他们在一起的第一幅画作能够是彼此的肖像画，以此作为他们努力的象征，而文森特也认为能被高更画肖像画是一种无上的荣幸。然而高更在开始肖像画之前需要和模特之间培养一种相当程度的亲密关系，因为他画肖像画，像画其他所有画一样，是从记忆中作画的，然而目前这种必要的亲密好像还不具备。有一天他们之间的熟悉感将成长为亲密，而一起在葡萄园作画的经历也有好的一面。

文森特认识到了自身的不足。高更的画作是一张有机的网，它勾勒了大的轮廓同时又将它们连接起来。当你看他的画作时，一种晴朗的和谐感会温暖你的视线。他的画还有一个最重要的特点，他连接不同轮廓的形式是一种来自模特的灵感的表达。他井然有序的风格也很大胆，具有静止、对比和透明的特点。在文森特的画作中，所有的事物都是颠三倒四的，他的色彩像洪水一样淹没了画布。它是人、树叶、土地和云彩的混合体，像红葡萄酒一样燃烧着。文森特并不整理他的素材，他不是自己画作的画者，而是葡萄园里坐在葡萄树中间的劳动者。他的画是它们所描绘的景物的组成部分，并且还处于不断发展变化之中。也许某种调整可以在画中找到，但被自身的活跃性埋葬。

　　文森特和高更肩并肩地看着两个人的画作时深感惭愧，并且想把自己的画扔到最近的火炉中去。他决定找到一种新的方法。高更的画作更加宁静，正如高更的性格一样。对文森特来说，没有什么比这样的品质更让他喜欢的了。当然，他无法改变自己的性情，即使有这样的想法也是愚蠢的，但是有一种宁静是可以从任意形式的自然中获得的，也许经验可以获得这种宁静。高更比他年长几岁的事实并不能充分地解释这种区别。高更拥有更加敏锐的思维，事实上他是最杰出的人。他谈起艺术时能够在你的眼前勾勒出一幅全景，在你的视野中时而缓慢时而快速地作画，有时候又是跳跃的。他从古老的埃及人开始，以马奈和塞尚结束。如果你注意观察的话就会看出他每一个进程的逻辑次序，但是你不得不非常专心，因为高更可能在大的全景旁边打开无数个小的全景。这很困难，而你一旦不能把这些小的全景区分开来，发现自己是一名愚蠢的倾听者，你将会非常不安。最怪异的是很多轮廓在文森特对全景的理解中缺失了。例如，米勒、布勒东和齐耶姆在哪里？文森特一片茫然地问道。高更打了个呵欠。布勒东？齐耶姆？他想起来了，这个人在巴黎时也曾有过这样的疑问。高更关于梅索尼埃（Meissonier）的疑问也应该包含在内。文森特立刻回答是,几乎没有任何迟疑。高更常试图让文森特仔细观察,看他是否真的很严肃。文森特夸大了梅索尼埃的优点。高更的嘲笑也像钢铁声一样刺耳,好像来自林荫大道的夹层楼面一样,而有时候他强健的胸腔如老人一样发出雷鸣般的呼声。梅索尼埃!为什么是他呢?有什么问题呢?文森特困惑地支支吾吾——哎,这个,梅索尼埃……

高更发现这所黄色房子的主人有一种不佳的心态。他很乐意承认文森特的画作具有某些好的品质,尽管这与他的领域不同。但是凡·高的这种与众不同的平凡从哪里来的呢?凡·高同时还谈到了德拉克洛瓦,并且对伦勃朗的作品也非常熟悉。梅索尼埃和伦勃朗,多么伟大的人物啊!凡·高的衣着、画室以及每一件事物都有着类似的杂乱,这都来自他没完没了的自然主义。那些不具有严肃认真思维能力的人很难为自己创建一番事业,也很少能创造属于自己的艺术。

文森特承认自己的懒散,他确实也想了很多,但无疑是方式不对。如果高更可以教会他用正确的方式思考,文森特也很乐意做高更的学生。只是当与高更在一起时,他的大声讲话和刺耳的笑声会让人难受。

由于晚上有足够的时间,除了管些家务事,高更还肩负着给文森特灌输健全思想的任务。这种对当代文化的破坏可体现在无法将德拉克洛瓦和布勒东区分开来,也表现在将两人的精华同时吸收。而自然主义的重要部分就是全盘吸收或者全盘摒弃。文森特用自然让自己兴奋,正如他在巴黎时习惯于用烈性酒来使自己兴奋一样。

文森特承认他对自己一点儿也不满意。他常常有这样的恐惧和担忧,而他的画也很可能与艺术没有任何关系。不过,他已经从某种程度上有了一个新的开始。

高更解释说文森特的作品已经远不只是开始了,谁也无法否认它诠释了一种令人惊奇的气质。他有能力来施展这种气质，并且让手中的画笔服务于这种气质。他对铬合金的黄色有一种激情。他的作品还展示了更多的东西，展示了一种完美的正直和真诚，一种比完美的莫奈更加系统化的印象派，几乎和杰出的印象派代表毕沙罗一样有价值的东西。

毫无疑问，高更是正确的。高更一出门文森特就想起了他说的话，然后他得出了正确的结论，但高更说这些不可思议的东西的时候，几乎不可能不受到抵触。他冰冷的语调非常恼人，他在两个句子中省略任何主语的方式也是恼人的。他和毕沙罗的关系已经结束了吗？很显然，这有点儿太快也太远了。一年前，他对他的评价还完全不同。这是不是有点儿刻薄了呢？高更难道没有从毕沙罗那里学到东西吗？

高更回答说，他确实从毕沙罗身上学到了东西。他学到了一堆废话以及点彩画法。他在毕沙罗那里浪费了三年的时间，以及忘却了所有他所具有的愚蠢行为而付出的努力。

文森特认为高更没有创作的东西并非没有根据。"是的，几乎所有其他的东西都没有意义"，得到的是这样淡漠的回答，而且不仅仅是在艺术方面。在逐渐接近当代时，艺术全景画显示出很多无生机的画面，这种退化主要是因为社会的瓦解，而这同时也可以用一幅全景表现出来。高更充实了全景画的内容。任何坚持当代演变方向而且意识到没什么能阻碍它发展的人，除了背弃欧洲大陆，到殖民地和那些所谓未开化民族生活在一起，别无选择。这是他的目标。他在这里所做的每一件事都是一种离开欧洲的途径。只要他有足够多的钱，他就将返回马提尼克岛（Martinique）或者其他乐土，永不回来！

文森特感到浑身战栗。他的无助使他无言以对。当然，他还没敢告诉高更在这所黄色的房子里创造社团的计划，而现在在他的面前用这么多言语来说出这个计划似乎更加不可能了。然而他们生活在一起的整个目标不可能被误解为其他的东西，这很显然是打扰他们快乐生活的无谓攻击。然而，在高更到来的第一时刻，文森特便了解了他的态度。

文森特无法把他在阿尔或其他任何地方的存在视为一种权宜之计。他的每一种本能都反对这样的观点，否则他根本无法拿起自己的画笔在画布上作画。毫无疑问，他和高更一样对大部分事物都持怀疑态度，特别是在某些时候。但是他的怀疑主义仅限于他的智力而不是他的感情。曾经，他认为自己将不得不以自杀的方式来结束生命，不过他还不至于干出那种傻事。仅仅是因为艺术遭到了来自全世界的威胁，艺术家才必须紧紧地团结在一起组成一个团体。或许这完全没有意义，多少也是这样的；高更已经从每一个角度考虑过生活，因此也自然对生活有更多的理解。

高更是一个杰出的人，但这个人的本性中有一些矛盾。如果他是好的，而其他所有人都是罪恶的，那就很难说清为什么他要把自己的妻小——从照片来看是非常好的人——发送到丹麦，而自己在阿尔则表现得好像根本没结过婚一样。但是这么想也有点儿卑劣了，因为毫无疑问他这一系列行为都有着充分的理由，这关系到他的另一幅全景——婚姻全景。文森特感到自己最没有权利来评价高更，并且将自己这种未说出口的批评视为丝微的敌意。

高更并没有声称任何道德上的优越性。他相信文森特更具备某些道德品质，特别是从欧洲对这个词语的解释来看。高更只是声称他允许一些"动机"纳入他的考虑范围。"动机"是艺术家产生想法的最重要的向导。但即使是在欧洲，所有行为都受到人本能的支配，艺术在任何水平上都应该服务于想象力的需要。如果要求想象力发展到一种可预测的地步，艺术家将不得不学会稍稍控制他们的思想。自然主义是控制"逃跑的奴隶"最好的手段，而这意味着精神的崩溃和经济的坍塌。

文森特是踌躇的。他热爱自然却对自然主义没有太多要说的。如果你阻碍了他走向自然的道路，你就阻断了他所有的道路。高更是不会让步的。当然，每个人都喜欢他软弱的抗议，尽管这种软弱和你对它的期待相比微不足道。每个人都知道，爱让你变得盲目。这是最糟糕的——对此，文森特笑了。他以为自己已经学会了如何在这里使用他的眼睛。当然，如果你把自己置于一棵苹果树前，那就不需要洞察力也不需要从整体去观察这棵树了。当高更不用眼睛看物体就能即兴创作出他的第一幅画时，他便感觉自己已经成为一名画家！一种由来已久的心酸在文森特心中升腾起来。高更甚至并没有经过观察，便一目了然地了解了凡·高的心思！他能把你的世界顷刻间完全颠覆！但是高更坚持认为梅索尼埃和他的拥护者深信自己拥有想象的力量。

当高更随意评论这些人物时，文森特就有些怒不可遏。他不能忍受有人对自己的偶像任意中伤。他认为高更可以对他的作品进行评价，这是值得的——但其他的方面要尽可能少或者永远不要发生，如果高更想要和自己平安相处的话，他就不要颠覆事情的原貌。

高更像以往那样耸耸肩，作无所谓状，便开始作画。

尽管有许多这样不愉快的事情发生，但高更还是一个伟大的人，一个最珍贵的朋友。毕竟一个人的行为比他的言语更加重要，而文森特从来都是怀着最深的谢意来欣赏高更的作品的。

在高更的指点下，文森特决定即席作画！高更给文森特提出这样的建议显然不是为了跟他争吵，而是为了让他这位不领情的朋友能得益于自己反复验证过的东西。高更知道每次出于好意的建议换来的是一篇愚蠢的胡话。文森特也意识到如此依赖自然是冒着多大的风险。高更告诉他去画自己记忆中浓缩入画的景物。文森特用自己父母在纽南的花园做了一次尝试。这次尝试失败了，而所做的画也付之一炬，但是文森特不会因此而沮丧。他决定尝试比较即席作画与自然情况下作画的不同。他画了阿尔坟墓边的林荫道，他和高更经常经过此路，他在画室完成了这幅画。这种方法还有一个好处，就是可以让文森特摆脱天气的干扰。如果可能的话，他还想到通过这种方式来画一幅布满星星的天空的画，当然这不可能从自然中实现。

高更喜欢这条坟墓边的道路。它的主体很简单，一条宽阔的、两旁种着白杨的不规则小路，白杨前面还有着朴素的罗马石棺，很适合做夸张的处理。凡·高夸大了原来的结构，他把两排树木改成了高度对称的火红色的墙，并且用一排巨大的石头让这两面墙在尽头相连。他这样画成的一条林荫大道，蕴含了一种凯撒式的凯旋征程。高更对这种鲜明的主题给予了肯定，同时也赞扬了文森特沉默寡言的方式。如果他继续这条思路，他们将可以达成一种理智的、互补的共识。他们还可以一起画壁画。文森特凝视着前方。这正如那些仁慈的捐赠者，他们不断地谈论着社团，而你一旦在这个方向迈出了明显的步伐，他们就会像个白痴一样站在那里打呵欠，对此漠不关心了。

文森特设想他们将需要所有画壁画时需要的东西，例如墙壁。

高更指着他们洁白的墙壁："你不能在那里画出好的壁画，你确实需要泥瓦匠的帮助，但是你可以用这里进行小规模的尝试。"以前他在阿旺桥试过。

然后他继续对文森特进行了有关壁画的长篇演讲，并且揭开了另外一个全景，从庞贝（Pompeii）到皮维斯·德·夏凡纳……高更喜欢壁画是因为它们把你的思想从双手造成的羁绊中解放出来。你可以不再遵从自然作画，因为你不能把自己的模特搬到自己的梯子上。你不得不保留思想之眸中的全部结构，并且把它用简单的画笔呈现到墙壁上来。

修拉先前和他谈过有关壁画的问题，文森特因此将它们和某种形式的新印象主义联系起来。也许意味着你不得不再次使用点彩画法。高更谴责了修拉以及他所有的观点："你只要坐下，想出你的计划，并且在梯子上把它呈现出来就好了。你处在圆屋顶高高的炮塔内，而你作画的效果是要从 20 码远的地方欣赏的。你可不能头昏眼花。"

经过一些努力，在不知道谁的颜料被白色涂料一次次覆盖之后，这所黄色房子的墙壁颜色也最终被改变了。文森特并没有参与这些改变墙壁颜色的事情，因为壁画在他的领域之外。同时，他兴奋而焦急地为这种努力做准备，因此他重画了一次坟墓边的林荫道，这让高更很满意。这次他以完全不同的方式处理了画中的主体，并且完全凭着印象来作画。他的第二幅画并没有使他更加满意，而他发现这种新方法处于某种危险下。高更所赞扬的沉默寡言使他失去了紧张的力量，它的结构以及色彩变得单薄而脆弱，画出的不是有层次的画面，而只是平坦的表面。这种结果就好像布景制作一样。

高更，这个时不时就很厌倦在阿尔生活的人，告诉文森特一旦你迫使一些画家仅仅使用自己的智慧作画，那么他们的画就会变得像薄烤饼那么平坦。这是一个悲伤的事实，但是没有任何事物能够使其改变。

但是文森特找到了他的朋友罗林，并且画了他和他的妻子及孩子，他画了半打肖像画，这些画和之前的画相比好像刚刚洗过的一样。当文森特滔滔不绝地说着象征主义的别致时，高更看着它们，耸耸肩。高更说象征主义的作品是画画文艺，因为它们试图避免画画工艺的困难。他们低头看着自然是因为他们无法直接从脸上看到任何东西。他们认为他们超越了罗林这样的模特，但地球上像罗林这样的模特还有成百上千个。

高更只是徒劳地娱乐自己。如果你对文森特这样的人稍加戏弄，他甚至会出走北极。文森特走上前去握住他的双手："高更，做一个好伙伴吧，好吗？"他的声音嘶哑。高更笑了。只要文森特能够不用厚重的颜料来表达他灵魂的善良，他很乐意好好地陪伴他。

文森特空洞地点点头，他走出门去，在空荡的草原上四处疾走，直到自己筋疲力尽。他在外面待了6个小时。很奇怪，在这种危机的时刻却总是找不到他想要的词语。或许对于这些来自巴黎的人来说，词语没有任何的意义。他们只是谈论、画画，并且倾听着外部的噪声。一个像高更这样的人逃到了原始的地方，但他无论到了哪里，肩上都背着"林荫大道"。可怜的高更！首先他必须将巴黎从自己的体系中赶出去。这是一种疾病，而这所黄色的房子可能是比马提尼克岛和塔希提岛（Tahiti）更好的滋补品。他会尽量帮助高更，不使用苛刻的词语，事实上不用任何词语。高更可能到达了谷底，最深的谷底，尽管他是一个伟大的画家，却不是一个伟大的人。因此他必须被矫正为一个好人。他所缺乏的这种发光点就是善良，因为他的思辨哲学中没有任何善良的空间。即使他对文森特画中木底鞋颜色的反对也只是他"林荫大道"式刻薄和高傲态度的另一种形式。但是因为高更远离林荫大道数英里，因此，只要他能得到帮助，他便有一百种方法可以克服这些不足。文森特想通过他曾经帮助任何人的途径那样来帮助高更，也就是用真正的画作来帮助高更。

这天，他用黄油色的稻草座来画他的椅子。他所做的这幅画的颜色如同他的双手一样厚重。画中除了未加修饰的、乏味的椅子外别无他物，而整所黄色的房子则扑入眼帘，画中还有阿尔、整个普罗旺斯，以及从纽南到德兰特的场景。

当他将这幅画给高更看时，他已经料到了他会像往常那样耸耸肩膀，不仅如此，高更的嘴角还流露出诅咒。不过，这把厚重的椅子让他兴奋了。这把椅子像向日葵一样强壮，或许比向日葵还要强壮，这正是一把椅子的灵魂。没有人曾经像这样作画。真是个奇怪的人！印象主义可能已经整装完毕，并且在桌子下面徐徐前进。

文森特当然看到了高更评价时的夸张表情，正如高更夸他的向日葵比莫奈画得还好时一样。不过，他发现这样的经历非常快乐，并且决心再也不与他争吵了。当然你不得不说，这是你们要在一起的原因所在，当你完成一幅画时，空气中弥漫着某种东西，这种东西迫使你去交谈。如果你回答了高更一个荒谬的问题的话，他将简单地耸耸肩并且和你继续谈话，即使那时他也是不满意的。想要到达任何事物极端的人往往很难达成协议。现在谁会说出一致的话呢，即使是和自己的亲兄弟在一起。所有这些全景都太过笨拙，即使一张愚蠢的椅子都可以让他们心烦意乱。因此你不得不找到其他的方式来让自己得到理解——高更建议他们应该乘车前往蒙彼利埃（Montpellier）。在那里博物馆的墙壁上可以找到这样的方式。在布吕亚（Bruyas）的陈列室中有库尔贝和德拉克洛瓦的画作。他们只需要付一人1法郎的车费就可以了。

　　和预想的不同，那天天气非常好。已经是12月份了，但是太阳还高高地照射着大地，天空也蔚蓝一片。高更知道那家画廊，他像一名向导，正如他曾经和这位慷慨的布吕亚先生熟识一样，而文森特也感到似乎他应该为自己的舒适而感谢高更。他确实很享受这次旅行。他已经有将近一年的时间没有去过画廊了。他的眼睛似乎只有在间断中才能稍事休息，因为它们现在能够以飞快的速度将所有事物一览无余。一个很让人高兴的巧合就是这里的收藏富含肖像画，因为此时肖像画法对文森特来说很适合他的领地。而库尔贝，无论高更怎么说，都像是一尊青铜肖像。虽然高更也给予了布吕亚的肖像一个及格分数，但他更喜欢德拉克洛瓦画的肖像。这两个造访者取得了一致意见。自然在他们看来，仅从华贵方面来判断，德拉克洛瓦的画技独领风骚。多么高贵啊！你感到自己如此渺小！一个王子！他用不同于其他画作的方法来作画，正如在重大的社会场合与在自己家里表现得不一致那样。没有人像德拉克洛瓦那样受约束。他可以放慢自己的步伐，但保持着全部的表现力，而你却在精致的生活中耗尽了所有的力气，榨干了生命的最后一滴血。如果你没有耗干生命，那么你的画布就失去了所有生命力和表现力。高更试图用其他的方式来做同样的事情。现在文森特理解了高更反对他采取冲动行为的原因。高更是正确的。你应该更努力地培养习惯，你的习惯永远不够。但是你从哪里获得自己的习惯呢？德拉克洛瓦的这种能力是与生俱来的。在他生活的年代里存在一种像欧洲巴黎那样有效、切实、运转着的机制，而不仅仅是画家们的巴黎。那时候，不仅在画中，而且在现实生活中也存在许多贵人。

"举止高雅"是高更的一种亲昵表达。那之后的下一代艺术家已经看破了中产阶级的面目，尽管这不是一件艰难的事情；他们认为随处吐痰是诚实的表露，而他们通过手中画笔的节奏表达了高贵的风度。有一天，他们将会悔恨地回到安格尔（Ingres）的表现手法。如果一种有效的风气不复存在的话，你应该出去寻找。如果你在欧洲找不到的话，那么就去欧洲之外未开化的地区寻找，那儿的生活充满了传说。文森特会介意和他一起去马提尼克岛吗？

文森特在这个自然而然的邀请面前所表现出的喜悦克服了他对外来思潮的惊骇。他很乐意去任何地方，哪怕是去世界的尽头。但是他们需要的传说只能由一个团体创造。无论你在哪里发现，这里或其他任何地方，都会有一座教堂矗立在那儿。无论是一座还是两座教堂在一起，上帝都存在那里。真是好极了！他们将会把这所黄色的房子移到马提尼克岛。

德拉克洛瓦逐渐将他们带回了欧洲大陆。他们站在他的《阿尔及利亚妇女》（Algerian Women）画前。旁边挂着那幅可爱的只剩下四分之三长度的《黑白混血妇女》（Mulatto Woman）。高更曾经充满热情地临摹了这幅画。德拉克洛瓦的欧洲！它延伸出了整个巴黎的边界，而巴黎却是很多人固守的地方。普通人处于被异国化的危险中，如果他们走得太远的话。但是他们可以轻松地面对这种危险，因为在家乡有着更大的危险。高更并没有因为没能适应欧洲而让自己变得傲慢。他只是渴望能有一个斗篷掩盖他的脆弱。德拉克洛瓦在他离开欧洲大陆后成为一个欧洲人。高更以前从来没有这样说过。他是一个多么优秀的人啊！文森特想要拥抱他。而高更在德拉克洛瓦的荫蔽下显示出这种热心的事实本身也说明了一些问题。但是高更完全没有必要因为自己的倾向而羞愧。欧洲有很多黑人。文森特并不认为自己和他有皮肤的颜色差异，仅仅只是情调不同而已。当文森特用自己的黄色皮肤来击手鼓时，德拉克洛瓦并没有堵住自己的耳朵。

然后他们看着《狮洞里的丹尼尔》(Daniel in the Lions' Den)，现在这幅画成了文森特想要临摹的目标。他毫不犹豫地承认把画笔用于任何其他地方都是罪恶的。这让他想起了在阿姆斯特丹的《夜巡》(The Night Watch) 前面停留的那一个小时。高更说这幅画是另一幅画的自然结果，只有德拉克洛瓦具有这样无穷的力量。在这点上你必须无比清晰，如果没有伦勃朗，丹尼尔这幅画可能就不会诞生了。

文森特认为这种断言是多余的。他自己对德拉克洛瓦有更强的倾向性，但是你不能因为你倾向一方面或另一方面，就拿排水槽和莱茵河相比较。没有人会拿桃子和葡萄相比较。这种比较没有任何意义；这是愚蠢的知识分子的把戏，正如在证券交易所进行投机一样。

高更笑了。证券交易所也有好的一面。他很感激自己在那里的经历，正是在那里他对艺术的价值有了很好的理解。

文森特感到羞愧。当然，高更曾经在证券交易所待过。他怎么会把这件事忘记了呢！

高更并不因为这样的提及而有丝毫被冒犯的感觉。相反，他很为自己的过去而骄傲，但是他改变了主题，开始讨论击剑的话题。这就是高更。无论是进行理论辩论还是探讨德拉克洛瓦，你永远不能和他就一个问题讨论到最后。

当然，高更在理论方面具备的实力是经过他在击剑学校取得的成功证实过的。他在任何地方都被视为一名一流的击剑手，这并不是浪得虚名。

事实上，文森特完全可以想象得出，如果他不对这样的一个运动员，一个极其敏捷的人发表任何意见，也是可以的。高更历经挫败，成为一名出色的击剑手，而文森特对此却一无所知。

约纳维尔桥（Joinville-le-pont）学校被认为是当地最好的，它和艺术学院有相似的地位。你应该对一名在约纳维尔桥学校学过击剑的人保持警惕。他们经常玩弄诡计，甚至像杂技演员一样机灵，但是整个学校并不应该受到抨击。高更的理论并不仅仅是常规的问题。一只健康的手经常被刮伤，娴熟的双腿也频繁地受伤，显然，一个有着健全头脑的人也常常容易受伤。具有健康心智的人可以成为一名优秀的击剑手。而任何习惯思考的人都会考虑自己的体格特征，适合做什么事情。任何训练内容如果没有把方法建立在这种基本考虑的基础上都是无用的。约纳维尔桥学校那些学者的愚蠢之处就在于他们认为所有的学生都有着类似的胳膊和腿。这种情况类似于拳击。所谓法国拳击只是拳师的一种理想。除了美国，只有一所拳击学校，那就是英国。

文森特跟着运动员高更到处溜达。他们去了一个地方吃午餐。高更每次一谈到这样的话题就处于兴奋状态。午饭后他们回到了博物馆，因为在蒙彼利埃已经没有太多别的事情可做，特别是文森特不玩桌球，就更没有可玩的事情了。高更曾经在一场比赛中连续得分达到了 150 分。在玩完桌球和骑完马之后，他们谈论的主题回到了德拉克洛瓦和伦勃朗。毕竟，将两位艺术大师进行对比并不像在两个击剑手之间评判谁更好那样简单。只要能达到自我教育的目的，这便是自我教育的最好方式。正是在这种方式下，德拉克洛瓦成功地超越了伦勃朗，并且凭借这种方式，他避免了过度担忧荷兰人的热情而产生的苦恼。比较的思维使他造就了自己的灵活和敏捷。伦勃朗笼罩在他不为人理解的神秘中。普桑（Poussin）和莫奈可能对他产生过厌恶，因为他缺乏先人的传统。

高更有时非常活跃。他的辩证法正如他的剑，只是更加地巴黎化而已。他的玩笑就像他的剑一样随时上手。但是不可能每个主题都可以挥剑一指，事实上没有什么严肃的主题可以经受这样的待遇。高更常常有意地躲避问题的根源。他并不是因为和自己的思想不符而避开严肃的主题，而只是做出了这样的选择而已，他称其为好的品位。当他谈到德拉克洛瓦时，他从来不会把话题扩大化，而且也从来不会论及对文森特而言的问题核心。文森特是从不同的角度来触及生活的。高更总是从冷静思辨的角度来看问题，尽管他的方法常常具有纵深的深度。高更认为谈及大胆的主题是粗俗的，或者谈德拉克洛瓦的创意。任何新的事物在高更的观点看来都是粗糙的。左拉就被他视为一种新鲜的现象。他认为一些狼吞虎咽了大量书籍的人可能会看到一首左拉的诗歌，因为他是新人。德拉克洛瓦的伟大建立在他与其他人结合的基础上。一个天才的深度可以通过他的行为所创造的团体规模来衡量。

文森特很感谢这样的文字：联合，团体。如果它确实意味着什么的话，这就是艺术的全部意义。布吕亚建立了一种不同类型的黄色房子；从很大程度上讲，他是南部艺术学院的创立者，而他们必须继续把这所学院办下去。他的肖像画，有着红色的胡子和红色的头发的画，和凡·高两兄弟有着最为显著的相似性，由于德拉克洛瓦画了这幅肖像画，这就好像凡·高直接和德拉克洛瓦建立了联系。这让文森特感到很奇妙，并且也给了他精神食粮。德拉克洛瓦就是这所有着精神力量的黄色房子的建造者。

高更和文森特在深夜返回。文森特坚持点亮壁炉，因为还有太多的话要说。当文森特再一次走进卧室时，高更已经上床睡觉了，尽管文森特只想待一分钟。他坐在了床边。这正是揭开那个建立团体计划的时刻。他粗略地勾勒了这项事业的前因后果,在伦敦、海牙、美国,在山间小道、林荫大道等地方建立分支,而且和他们分享创作过程的方法。已经到了建立社团的时机。一旦适合干此事的人联合起来,必将取得成功。

高更很难听进去一个字。文森特的嘴巴还是不停地一开一合,而他的朋友那强健的胸腔已经开始了有节奏的一起一伏。

在这次事件之后不久,高更便开始为文森特画肖像。多么好的艺术家,多么好的朋友啊!文森特开心得像个小孩儿。圣诞节就要来了,文森特期待着这个从孩童时就开始期盼的第一个快乐的圣诞节。提奥确实应该加入他们,但是他想去荷兰,他在那儿还有一些神秘的使命。文森特刚刚收到了一封来自提奥的信,这比往常要令人兴奋得多。显然他的神秘差事是和爱情相关的。如果能够如愿就好了!

文森特的消息是非常重要的。他不停地跑到高更的房间将这些消息告诉他,而且他还认为他的朋友需要看到高更为他作肖像画的情景,然而情况并不如他想象的那样。高更更喜欢独自作画,这样,居住在这所黄色房子里的两个人就产生了巨大的差别。一个画画是因为他的怀疑主义看穿了人类的天性,另一个画画是因为这是他能够找到的人类最好的替代品。要维持这俩人之间的关系,就只能靠高更放下他的怀疑主义了。文森特真心希望他高贵的画家朋友能够让自己的心灵皈依对人类的信任。如果他的画缺少某些东西的话,那就是对人类的同情心。友谊的责任迫使文森特不断按照他新获得的知识行事。他越看高更的作品,就越坚定了要揭示他的朋友作为一个自然人失败的地方,文森特认为高更失败的原因在于他所谓"品位",以及行事武断的个性和巴黎式的微妙感觉。而这些缺点并不只在个别的例子中可以找到,而是在所有的画作中,例如在高更创作的文森特的肖像画中。因为文森特总是乐意接受对自己作品的批评——即使罗林的意见也是有益的——并且由于他把来自高更的每一次批评都视为慷慨的礼物，他认为也可以对高更进行一些批评。但是高更并不能理解文森特简单的批评，当文森特变得更加直率时，高更几乎要发脾气了。而实际上这又很难避免，因为文森特总是没完没了地重复自己的每一次发现。他无法理解为什么高更会想要画一幅如此平坦的肖像，尽管这种平坦是高更表达的独特方式。很好，这是高更自己的事情，但是你的色彩表面是平滑的还是粗糙的，当然不得不受到画家和他的模特之间关系的影响。

高更怀疑任何崇拜梅索尼埃的人是否有能力理解综合创造行为（synthetic creative action）的本质。文森特发现这种谈话像一门外语一样是可以理解的，但是任何画肯定有综合的成分。他画的《阿尔的妇女：吉努夫人》肖像画不就是综合而成的吗？高更笑了。他承认《阿尔的妇女：吉努夫人》是综合，但这幅画是文森特作品的特例，而且可能归因于文森特似乎已经忘记了的一件事，即该作品曾经得到高更微薄却有效的帮助。难道文森特忘了吗？高更曾用几条铅笔线，粗略地勾勒出这幅招人喜欢的肖像画的轮廓。

文森特对此好像确实什么也不记得了。高更又笑了。高更无疑又犯了个错误，他也经常为此道歉。高更笑得让人难受！文森特的脾气会突然地、充满挑衅地到达沸点。他的笑多么粗俗啊！文森特摔门而走。

文森特一回到自己的房间就重整旗鼓。也许在画《阿尔的妇女：吉努夫人》时他已经想到了高更。他常常想到高更，如果他能够更多地想到他以及他的建议会更好。文森特是个谨小慎微的人，总之是不适应在团体中生存的。很快他便回到高更身边，并且为之前摔门的行为而道歉。他打算重新画《阿尔的妇女：吉努夫人》，这次他将严格按照高更的说明来画。他亏欠高更很多，不仅仅是因为《阿尔的妇女：吉努夫人》这件事，还有其他每一件曾经做过的事情。自从高更到来之后他感到好多了，他的作品也有了进步，对他来说唯一解救自己的方法就是永远和高更在一起。他也请高更和他一起去公园，他并没有说明为什么他必须在公园里发表声明，当时的公园也没有什么吸引人的地方。

他们漫步去了公园。文森特更喜欢在户外交谈。他在走路时可以更好地整理自己的思绪，但他常常做不到这一点，尤其是在重要的事情上。他的计划略显古怪，或者是因为与自己的年龄不相符而显得古怪，但对于处在黄金期（Golden Period）的人来说则似乎是太过平常了。他认为他现在可以彻底地宣称已经了解了高更所有的绘画，而高更也了解了他的全部。如果你能够客观地看待他的绘画，你会发现它们所欠缺的品质就是高更所具有的，而这是最实质的东西。而文森特的画中缺乏大量的东西，这是很必然的事情。即使高更的绘画也不是尽善尽美的；高更的画缺少某些元素，而这些元素又可以在文森特的画中发现，尽管他画中的有些东西并不是那么重要。比如，高更画的是一座花园，而高更就是园艺师，或者他画的是山水园林，而他就是设计者，正如那个设计了凡尔赛公园的著名园林设计师，尽管文森特已经忘记了设计师的名字。那么，那个他不记得名字的凡尔赛花园的设计师在没有任何帮助的情况下，例如没有人进行街道上的造型装饰，没有工程师来完成喷泉的喷水系统，或者没有花床设计师等状况下，能够独立完成他伟大的工程吗？不，他不能，那么为什么高更不该有一个助手呢？

高更可能不会明白文森特的用意所在。高更难道不是这样的园林建筑师吗？他的画设计华丽，有宽阔的马路、人行道和开放的空间。高更总是能想出一个壮丽的结构，同时还伴随着很多微妙的细节。但是有些东西缺失了。他的计划其实还能托起一个更丰富的存在体系，更多的花丛，或许还有一个更加丰富的颜色编排。因此，他应该像建凡尔赛花园那样来设计他的画。他不得不自己承担最主要的活儿,来构思整个计划,然后文森特应该加入进来,布置花坛、花、植物,以及引入喷泉。

"去同一个地方吗?"高更问道。文森特红色的脑袋点了点:"当然啊!"

高更呆呆地站着。文森特没有注意到他停下来了,他像他们刚出门时那样继续长谈经常谈论的话题。当高更停在一个角落,看到一棵树时,文森特并没有停下他的嘴巴。

文森特忽然听到了身后令人恐惧的笑声。幸运的是他们在户外,否则黄色房子的窗户玻璃一定会被震成无数块碎片。高更仍在大笑。

俩人同作一幅画!为什么不是三个或者更多呢?小伯纳德也应该加入吧。太荒唐了!梅索尼埃也应该加入进来,把他落在外面也不公平。

文森特注视着他。高更在笑什么?他的笑撕裂了所有事物。树木、大地和空气都在颤抖。为什么他想要损坏一切?

高更像个闹钟一样嘀嘀嗒嗒,没有任何事情可以让他停下。画画也可以像分享股份一样!联合每一个能作画的人!这样的团队将巧妙地进行合作!每一个人都买到自己的股票。这听起来就像是开金矿一样!

高更的玩笑穿透了空气。多好的事情啊!金矿!文森特很茫然,无法理解,他只是听到了高更雷鸣般的大嗓门。

"停下!"文森特结结巴巴地说,而且脸色也显得非常有趣。他只好在一张长椅上坐下。他用手托着头,眼睛紧盯着地面。

"高更,我亲爱的高更,请听我说一分钟!"他做出了巨大的努力祈求。

高更已经离开了,根本不把他的话当作一回事。紧挨着树的是一条街道,有一些小女孩儿住在那儿,她们像小鸟一样玩乐着。高更走到了那条路上,以前他们曾多次在那儿散步。文森特甚至还在那儿作过画。当地的居民称他为红发疯子,不知何故却称高更为蒙提祖玛(Montezuma)。文森特喜欢去那里。他在那里发现了一位浅黑肤色的女人，这让他想起了在海牙的另一个女人，一个他爱慕的女人。

红发疯子！蒙提祖玛！每次只要他们一去那儿，所有的人都会大叫。女孩儿们在他们身边雀跃，好像柔软的白色小动物，她们靠着他们，亲吻他们，并且轻轻地拍着他们的脸颊。但此时这个地方突然变得很空旷，因为没有人会来得这么早，而附近的小女孩儿们却很开心地嬉戏。红发疯子和蒙提祖玛！文森特大笑着。

阿尔有这样温暖的房子真是件有趣的事情。你感觉好像在一间浴室里，比任何其他地方都更能做出快乐的梦。那位来自阿维尼翁为文森特做模特的浅黑肤色女人想要5法郎。由于他身上没有一分钱，只好答应为她画幅肖像画，而这次他承诺一定不会把她画得像法国乳酪，而是像一朵法国玫瑰，或者百合花。

高更，像往常一样，身边总是围着一群人。他是阿尔长得最帅的人，也是最强壮的人。每个女人都把他视为梦中情人。蒙特祖玛为他们带来幸运，同时也常常让他们开怀大笑。他在他们面前就像一个王子，因为这儿的风俗相当地粗俗。蒙特祖玛（高更）在里约热内卢的妓院就留下了这样的印象，直到今天她们还记得他。蒙特祖玛在这儿被视为珍贵的人，但是人们与他相处还是有些小心谨慎。当他正在讲故事的时候，他抓起一个称为"野性的纳内特"（wild Nanette）的女孩儿，用力地投掷她，小女孩儿越过一张桌子，从房子的这一头被扔到另一头的一面镜子下面的红色沙发上；她就像一个包裹一样躺在角落里，但是蒙特祖玛（高更）一直到讲完这个故事也没看她一眼。文森特聘请的那位浅黑肤色女模特告诉他，如果他不能支付她5法郎的话，至少应该把他的一只大耳朵给她作为圣诞礼物。然后他们在地板上滚来滚去地撕扯，文森特像一只被狗抓住的大熊一样摇着他的脑袋。肖兹夫人

（Madame Chose）走了进来，见此情景捧腹大笑。

高更和文森特都兴高采烈地回来了。文森特睡不着，于是起床敲开了朋友的房门。路灯照在高更刚毅的脸上。文森特在他的旁边足足站了半个小时。高更梦到某种黑色的东西弯腰看着他，这可能是一只有着小眼睛和凸凹下巴的熊。

在接下来的日子里，文森特既不作画、不说话，也不吃饭。当他们下午坐在吉努（Ginoux）咖啡厅时，他突然向高更扔了一杯苦艾酒，高更躲开了，他抓住文森特的衣领把他扔出了咖啡馆。文森特回到家，像一袋马铃薯一样睡着了。第二天早上，他说他模糊地记得好像凌辱了高更并且请求他的原谅。高更回答说自己一点儿也不介意，并且说他已经习惯了文森特的粗俗相待。然而假如那杯苦艾酒砸到了他，文森特一定不知道怎么应付那样的结果。因此，他想明智的做法就是结束这种相伴。他想应该写信告诉提奥，他将会回家了。

高更坐下来，给提奥写了一封信，并且亲自把信放进了邮筒。这刚好发生在圣诞节前。文森特和肖兹夫人共度了一个下午，以免打扰高更收拾行李。阿维尼翁的浅黑肤色女人又来扯他的耳朵，但这次他很忧郁。最终他告诉这个女人已发生的事情。小纳内特想冲进黄色的房子，但是肖兹夫人不允许她这么做。她们对他都很和善，尽管他长相也不好，也不够强壮，并且可能永远不会讲故事。最终他让自己镇静了下来，走进了黄色的房子，恳求高更。他称高更为主人，自己就像是卡罗勒斯·杜兰（Carolus Duran）的学生。他们曾经一起去过蒙彼利埃，并且在那里度过了快乐的一天。他们曾经谈论德拉克洛瓦和布吕亚。其他人也许不会认为这样的一天有什么特别的，但是对他来说一切太美好了，好得无法想象，他需要用一个月的时间来慢慢享受，总之他们曾经整整一天一起待在那里。

高更让他祈求了很长时间。共同的事业并不意味着他们有着相似的人生观。他们的思想可能从本质上有很大差异，这是一个怎么评价都不为过的顾虑。

"是的，主人。"文森特回答道。他感到了一种不可遏止的愿望，他在高更面前低头弯腰，甚至下跪。他说像他这样粗俗的人没有能力做出更好的努力；他们无法度过美丽的一天，他不值得在布吕亚先生这样的捐助者身旁呼吸。当然，和他这样的人分离并且把他扔进无底深渊是完全正确的。

最终高更做出了让步，他又给提奥写了一封信，信中他说第一封信绝对是一些胡话。但他拒绝在接下来的日子里和文森特用同一张桌子，因为他们的人生观不同，同时也是出于卫生的考虑。因此，高更并没有原谅和忘记所有的事情。他坚持自己的要求，晚上他则独自出门吃晚餐。当他吃完了饭在拉马丁广场闲逛时——这是一个非常漆黑的夜晚——他听到有急匆匆的脚步向他这个方向跑来。他转身看见一个黑影手里拿着闪闪发光的东西。

"文森特！"他大声地叫着。文森特低下头："是我，主人！"

高更看见文森特逃回了黄色小屋。因为有着丰富的旅行经验，高更决定在一家小旅馆度过这个夜晚。

大约午夜时分，浅黑肤色女人收到了一份礼物，当时她正在舞池中。这件礼物来自红发疯子。她打开了包装纸，一层又一层的，最后一层包装纸浸着鲜血，包含着一片画布，这画布也浸着鲜血。快来，纳内特！所有的女孩儿都走了过来，包括肖兹夫人。她看着这包东西。那是什么？一只耳朵！浅黑肤色女人一看就明白了这是什么，然后就晕厥了。是谁拿来的包裹？

一定是文森特自己拿来的。这是谁的耳朵？这只耳朵的主人怎么样了？肖兹夫人认为这样的问题就连警察也感到相当棘手了。

高更在一夜无梦的睡眠后，精力充沛地来到了拉马丁广场闲逛时，他发现黄色的房子前面聚集了很多人。有人问他都对他的朋友做了什么；还有人声称文森特已经死了而他知道是谁谋杀了他。高更保持着惯有的平静，他穿过人群，在楼上他看到了医生、警察和邮递员罗林都围着一张浸满血迹的床。文森特完全被绷带包裹着，他沉沉地睡着。高更非常镇定地回答了所有摆在他面前的问题。他告诉罗林他想要给巴黎发封电报，并且打算乘下一班火车离开，因为他认为他待在阿尔不会对病人有任何好处。罗林是阿尔唯一无法忍受高更的人，但是他肯定了他的决定，同时也用自己的方言言辞尖锐地数落了高更。在进一步考虑后，高更决定等提奥到来后再离开。

提奥在24小时后来到了阿尔，并且在阿尔度过了圣诞节。每一种可能性都讨论过了，罗林的分析占了上风，文森特被送进了医院。文森特逐渐地恢复了知觉。他认出了他的弟弟，并向每一个人道了歉，特别是提奥年轻的未婚妻，因为他破坏了她的圣诞节计划。他向提奥援引了《圣经》，并且请求找一位新教牧师以请教一些关于路加福音（Gospel of Luke）的问题。很快他又昏迷了。

在圣诞假期后，提奥带着一身的疲倦和担忧，和高更一起回到了巴黎。医院的一位雷医生极尽温和地照顾着文森特。罗林每天都打电话过来。1888年在不幸中结束，但文森特的状况随着新年伊始而逐渐改善。他发病的次数越来越少，最终几乎痊愈。文森特要求看看他画的画，罗林陪着他来到了黄色的房子。文森特回到了黄色的房子之后发现，尽管生活的很多方面都遭遇了变故，但他的画一如既往地坚实。《向日葵》《诗人的花园》《阿尔的妇女：吉努夫人》，所有这些画至少在证明着现实。

1月7日，雷医生证明凡·高已经痊愈，于是他终于可以出院了。这样的事情以前发生过，和高更的联合显然是一个错误。谁能评判一个艺术家的心理状态呢？这种扰人的因素一旦离开文森特的近邻，他的不安也宣告结束。没有任何大脑紊乱的痕迹。他需要好的食物，并且必须避免疲劳和刺激，医生非常友好。

几乎不需要担心任何东西会来刺激文森特了。安静的黄色房子是没人来打扰的，这在以前是不可想象的。真的有必要把这么小的问题夸大吗？提奥的到来、高更的旅程以及所有这些大惊小怪的事情，是不是本来都可以避免呢？本来，可以像哄一个小孩子一样来让文森特平静地生活，高更是绝对可以管好他的。文森特是不是真的不好相处？先是在海牙，然后在英格兰，再然后是和父母一起，之后又是安特卫普和巴黎——一连串的地方总会有些事情发生。为什么呢？他真的是一个被遗弃的人吗，一个不能好好生活的人吗？

但是他一直能够和罗林、阿尔的吉努太太以及博里纳日的矿工们相处得很好。当然，凡·高和他们交谈是不同的，总是有很多主题是不能探讨的。一旦这些主题出现，那么所有麻烦都会出问题。只进行浅层次的接触是可能的，但他真的不能和他的朋友有任何超越浅层次的接触，就这样草草地过完自己的人生吗？如果深层次的接触不可能的话，那么他所信仰的所有东西都是无用的。这样分析，我们可能已经找到他发病的原因了！

文森特按时睡觉，然后思绪开始神游，这对他来说是很糟的。他躺在那儿越久，就越是怀疑周围环境的可靠性。墙壁扭曲了，天花板压向他。然后他会闭目两秒钟再非常勇敢地睁开双眼。只要他不再怀疑他的世界，那么所有事物都正常地出现在那儿。很奇怪，一旦他的周围变得模糊，他就会很清晰地看到他父母在赫仑桑得（Groot-Zundert）的房子：“每条街道，花园里的每一棵植物，田野、邻里、墓地和教堂、菜园，甚至还有阿拉伯胶树上的寒鸦。”

他的画比任何其他事物更能帮助他重新控制自己。如果有可能不停地画画以及和自己的画待在一起的话，他就不会疯了。他刚发病时正在重新画《摇篮曲》(La Berceuse)，罗林的妻子就坐在他旁边。文森特不知为何想到把这个妇女与家庭联系起来；她既不漂亮，也不是巴黎人。高更甚至极其讨厌她。她身上有一些平庸的东西，这些东西让高更心烦，但一旦你和她握握手，所有的解释都是多余的。她把男人当成是需要帮助的小孩子。她用自己的方式帮助每一个人，尽管她没有多余的钱。只要看着她的眼睛就会让你感到平静。他把她的头发画成一种强劲的橙色，把她的衣服画成绿色，然后把她呈现在由绿色和粉色构成的装饰丰富的背景前面。高更曾经讲过有关孤独的水手的故事。如果你在自己的船上拥有这样的画，你将永远不会感到孤独。他把自己的画叫作《摇篮曲》是因为他觉得这样的女人给你一种强烈的安全感，好像你是摇篮中的一个小宝贝。这幅画的着色类似流行的彩印，好像是为在遥远的海上航行的穷人而画的。他画了这个主题的另外几幅画，从而有了三幅非常相似的《摇篮曲》，他想把它们挂在三幅或四幅画布中，就像他的《向日葵》。它们是多么好的装饰啊！

  当他出门时他会振作起来，甚至会关注一下自己的衣着，因为他一贯的衣着常常给他带来不好的印象。他去拜见了肖兹夫人，以请求阿维尼翁那个浅黑肤色女人的原谅。她们都对他很好。很奇怪的是，那位浅黑肤色的女人在文森特得病的同一时间，也患了相同的病，昏迷了数小时。肖兹夫人建议他如果再感到有相同的病征的话，可以吃大量的盐来缓解病痛。文森特认为这给了他一个很好的空间来静静地细说这件事。咖啡馆的吉鲁克斯太太也完全没有变化。她对文森特唯一的话语就是"发高烧了"，然后就没任何下文了！她说她的丈夫曾经在秋收时有过相似的病历。吉鲁克斯认为肖兹夫人是没戴帽子走在太阳下，特别是当刮着寒冷的西北风时尤其会出现这种情况。罗林也听说过这样的疾病。除此以外，几乎加斯科涅的每一个人都有点疯，这是这个地区的特征之一。

他们说这些是为了安慰他，还是他们确信有这样的事情？他仔细地看着吉鲁克斯太太，想知道她是否真的害怕他。有这么多人在场，她当然不会惧怕发生任何事。但是有一天他跟着她到了她去晒衣服的阁楼上。她睁大双眼故作镇静地看着他，还把腿旁边的洗衣篮放在她和文森特之间。文森特注意到了这点，尽管她做得很自然，然后文森特对她说了些事。他说他可能让她站在浣洗完的衣服中间，为她画一幅画。他平静地说着，同时看着那扇透进灯光的小窗户。但是他的话对他自己来说是一次巨大的挑战，他的血液在血管中猛烈地跳动着。

"可怜的文森特先生！"这就是吉努太太的全部回答，文森特突然觉得好像一片黑云笼罩了他，好像一声尖利的刺耳的声音从一个角落里向他袭来。

他又回到医院住了一段时间。他觉得在这种情况下他最好待在医院里。雷医生认为这是因为刀切中了动脉导致失血过多，造成了他供血不足。雷医生的解释似乎很有可能，尤其是在这个他缺少金钱开支的时候。提奥想结婚，因此不得不重新安排自己的资金。现在提奥已经不可能得到上一年那样数量的收入了。而文森特则经常饥一顿饱一顿，就在去年高更到来之前他已经好几顿没吃饭了。当然，营养好的食物对于现在的他来说是非常重要的，但是糟糕的命运决定了恰好在此时他不得不比身体健康时更加节俭。因为他弟弟的婚姻要比任何绘画的事情重要一百倍。

文森特在医院里得到了很好的照料，雷医生对他非常和善。为了表达谢意，文森特为他画了幅画，并且让提奥给他寄了一幅伦勃朗《杜普教授的解剖学课》（*The Anatomy Lesson of Dr. Nicolaes Tulp*）的铜版画。其他医生对他也很和善，但是他们好像对于当代绘画所知甚少，并且他们认为印象主义非常地疯狂。这些有判断力的人们，在自己的事业方面非常有能力的成功人士，却不能理解任何其他职业的方法，这真是让人费解。文森特不辞辛劳地向他们解释，希望可以在他们面前展开一幅全景画。高更应该可以做得更好。为什么他离开了呢？高更身上有拿破仑的特质。他离开埃及，离开了自己惨败的军队，但是他可以这么做就是因为他是拿破仑。怀着这种想法，文森特常常觉得高更是主人。他忘记了他的虚弱，除了记得他的离开对自己造成的损失之外，其他什么也不记得了。文森特一次又一次试图去理解为什么这所黄色的房子遭到了遗弃。高更和他自己难道对彼此什么都不意味着吗？高更还能找到更忠诚的陪伴吗？还有许多的东西需要讨论，而他们甚至还没能开始讨论伦勃朗的明暗画法的问题。然而，高更，一个杰出的艺术家，却喜欢文森特乏味的向日葵和那厚重的椅子。

　　后来，高更寄来一封信。在只言片语中，他让文森特把那把他忘记带走的放在黄色的房子里的剑寄给他。

　　文森特因为失眠饱受着痛苦。他把樟脑放进枕头里并且吃了大量的溴化物。雷医生建议他不要想太多。毫无疑问，这位良医的用意是好的，但是他的药方没用，如果有任何治愈的可能的话，那就是要用善意的观点来医治文森特头脑里邪恶的思想。他发现自己的脑袋里有一些奇怪的毒素。德拉克洛瓦也曾经被自己的思绪毒害过，从而排斥和人交往，但是他有自己的矫正方法。文森特需要良方来清除自己的毒素。几天后他回到阿尔，但是阿尔已经变了。他已经成为人们谈论的主要话题，不是在邻居中间，不是在吉鲁克斯太太那里，而是在其他人中间，这些人除了散播流言没有任何其他的事情可做了。他突然回到医院的消息就像野火一样蔓延着。这次会持续多久？他回来后会不会只做一些更愚蠢的事？而这次很可能就不是他自己的耳朵了。一旦一个人知道了怎么使用一把刀，他将永远不会把它好好地放在自己的口袋里。吉鲁克斯夫妇试图让这些人了解这样的想法是愚蠢的。他只是一个画家，一个艺术家！他不会拿刀子伤害任何人。但是大部分的居民都持有不同的观点。他认为他的画是所有问题的根源，并且是他很久之前自我封闭的充分原因。正是因为胡乱摆弄色彩他才招致病痛。他们认为他的肖像画是对人性的侮辱，并且他还鲁莽地把模特带到他的房子里只是为了画得更像！房子里是怎样的情形啊！任何进过房间的人都不会忘记里面的陈列！

最糟糕的事情是罗林接受了一份在马赛的差事。他从马赛回来过两三次，每次回来得先看望文森特以后才回家，但是他的来访次数少而且时间也很短暂。萨尔（Salle），一位牧师，尽管也认为文森特的画是疯狂的，但他尽了最大的努力，让别人明白这位画家是不怀恶意的，即使在最坏的情况下他也只会伤害自己，而不会伤害他人。文森特事实上不喜欢这种宽容，尽管这个牧师是一个很好的人，也是所有牧师当中最令人钦佩的人。罗林也没有时间拜见牧师。当文森特更加严密地思考问题时，他得出了这样的结论，失去罗林甚至比高更的离去更容易触及他内心的伤痛。像罗林这样简单且热情的人，是一个真正了解他的人——因为这个邮差欣赏他的画作——认为他的画是一种道不尽的宝藏。

直到他看到这里的居民从窗户玻璃里偷看他时，他才发现自己在他们之间引发的躁动。而一些游手好闲的人整日聚集在房子周围看热闹。邻里的每一家都被告知，房子里住着的是一个疯子。这所黄色的房子比整个圣托菲姆（Saint Trophime）还要有名。并且周末时人们来得比平时还要早，想看看这里住着的那个疯子。起初，当头上绑着绷带的文森特走到窗前时，人群便会消失。不久，一些大胆的人便无所畏惧了。之后，每次文森特在窗前出现时都会招来很多尖叫——红发疯子！红发疯子！

这是一个很好的例证，即艺术并不是一本所有人都能读懂的书。即使是蒙蒂塞利也不会在这些人脑海中留下任何印象，甚至连德拉克洛瓦也不会。然而，这种来自黄色房子的兴奋只会帮助把印象主义介绍到南方，因此他除了继续自己的工作，没有其他的事情可做。那些出没在他画室前的人只会加强这位画家的责任心。有一天他数了数人群，发现有近50人。这50人可能有一天还记得此刻的时光。在这50人中一定有这样的人，如果将文森特的画展示给他们看的话，他们一定有能力理解这些画。当然，他们应该会看懂其中一幅名叫《摇篮曲》的画，还有《向日葵》和《盛开的桃花》(*The Pink Peach Tree*)，因为他们家门前都种着向日葵和桃树。而只要有一个人能够理解，他就不再是一个人战斗了；最初他会被视为疯子，但他将会得到其他疯子的陪伴。通过这种方式，一个非常小而且起初还非常弱小的团体，也许会逐渐壮大。这样的想法逐渐出现在他的脑海中。这时，文森特为自己画了一幅最可爱的、头戴皮帽、耳朵缠着绷带的肖像画。这样一幅容光焕发的画难道不会让这些内心深处友好且易感动的人为之动容吗？他完全了解他们，即使他们怀着愚蠢的好奇心。当然，他也理解那些视一位画家为怪物的人。他来自哪里又将去往何方？他们盯着这样一个试图描绘自然却画出了画布上自以为是的怪物，难道不对吗？

文森特设法考虑做些事情。他既不过分敏感，也不害羞。唯一让他感到害怕的是他晚上看到的东西，而不是那些站在他窗前的人们。他仅仅会被无声的幻影和黑暗中蹑手蹑脚的人所吓倒，有时候户外人群的尖叫甚至能帮助他。很明显，让文森特感到安全的方式就是挑选出合适的人，悄悄地将这个人带到他的身边，然后为他准备一把椅子让他继续作画。他会让这个人欣赏他的画，并且在他没评价此画前要求此人不要先评价，但也可能他不会勉强要求此人来欣赏他的画作。

早春的天气已经很暖和了，文森特也可以舒适地作画了，红发疯子打开了窗户，对窗外的人群说了一番话。他戴着皮帽，好像一只嘶哑的公鸡，开始大声地说话。听众异常兴奋，欢声一片。他向他们讲了上帝、天堂以及一些其他的故事。也许他认为他是某种信徒。而最后他变得异常疯狂起来，真是个奇怪的红发魔鬼！他几乎要跳出了窗户。外面的人群猛烈地鼓掌，并且开始有节奏地尖叫着——"红发疯子！红发疯子！"

到夜幕降临时，文森特一直听着他们的尖叫。

雷医生不允许文森特有任何形式的刺激和兴奋。因此文森特第二天早上遮住了那扇窗户，只留一小撮光能够照射进来的缝隙。人群又在外面聚集起来，并且人数增加了三倍。他下到了一楼，在那里他可以在高更的房间里画画。孩子们最终找到了一架梯子从他背面爬了进来。这些顽皮的孩子有时甚至从天花板和角落中钻出来，或者从红色的地板上钻出来。他愤怒地拿一幅画扔向他们，然后是第二幅、第三幅。这些孩子们的头穿过画布，然后脖子上缠着一圈锯齿状的巨大画布跳来跳去。

文森特大叫着，咆哮着，像一只快要被人虐待而死的狗。他的叫声甚至可以远远地传到市政广场那边。

81名城里的老居民给阿尔市长写了一封信，请求结束这种骚乱。他们要求把这个疯子赶出去，送进疯人院，因为那儿是公民缴纳税款专为收容这类人而修建的。

帕迪奥（Pardio）先生，阿尔市长，为了履行自己的职责，不顾牧师的反对，命令把凡·高强行送入医院精神病部，锁在印度橡胶制成的房间里，时间是1889年3月初。黄色的房子被锁了起来，之后被当地政府封闭了。

提奥直到三个星期后才得到这个消息。文森特在信里写到了，当然就发生的这些事情而言，什么都不为过。但是他对任何人任何事都没有丝毫的怨恨。在最好的世界里，每一件事都安排得足够好了，提奥认为最重要的就是不加任何干涉，从而不会把事情变得更糟。文森特完全相信市长和警察的好意。事实上，他们对他有着最善意的感情并且愿意做任何能够解决问题的事。整个事件，不管是对提奥还是对文森特造成了怎样的伤害，毕竟对于小林荫道上生存的印象主义画派来说是有用的。

主要的遗憾是文森特失去了很多宝贵的时间，这些时间本来可以用来画画。他必须面对医院里的所有困难。起初，当他作为秘密病人被带到医院里时，当局还可以睁只眼闭只眼，但是现在他们禁止他画画、抽烟甚至是写信。医院的日常规定是由一些大的权力机构决定的，但是也会尽力庇护病人的情感，实际上这一机构几乎可能被称为印象主义组织。雷医生自然不应该遭到批评，他只是这个组织中一个很微不足道的成员。雷医生必须像其他人一样遵守医院的规章制度。事情就是这么简单。此外，他又怎么知道抽烟和画画是无害的，甚至连写信对他也没有坏处？雷医生总是很热心，他允许西涅克几天后来拜访文森特。西涅克刚好在附近的卡西斯（Cassis）工作，而提奥已经拜托他照顾文森特。雷医生甚至允许他到城里小逛一下，他也被允许向他的朋友展示黄色小房里的画，当然是在警察的监管之下。西涅克非常喜欢这些画，哪怕是假装喜欢。事实上，他确实非常欣赏它们，并且邀请文森特去卡西斯，尽管这是个极好的建议却是不可行的。至少，除了阿尔的这81名不友善的老居民，这个世界上还有很多其他的人来帮助文森特。

罗林也从马赛回来看望文森特。文森特平常的心态让罗林甚感安慰。罗林这个向来循规蹈矩的男人，远比他人要付出更多，尽管他从来不表现出来。罗林确实是善良、仁慈的代表，他对文森特显示出一种亲切，这种亲切并不像一个父亲对儿子的那种亲切，因为他毕竟还太年轻了，这种亲切就像一个老兵对一个新兵的亲切。文森特认为罗林没有任何义务再遭受更多的痛苦了，因为他自己的情况可能还要糟糕得多。罗林还有很多其他值得别人学习的地方。一次，在一张旧报纸上，他发现阿尔一个古代墓碑文的翻译："菲比（Phoebe），泰尔惠（Telhui）的女儿：她从不抱怨。"一个从不抱怨的人！当你读到这样的碑文时，你能感到曾有一个令人讨厌的流氓存在吗？难道是这种流氓的力量让菲比和罗林这些人从来不抱怨吗？生活在南方是多么快乐的事情啊！如果不需要那么破费的话，生活一定会像前些年那么美好！如果可能的话，就从房东那讨回因安装新煤气设备而付出的20法郎吧。

提奥不停地追问自己，想知道自己究竟应该怎么做。他的婚礼将让他身无分文，他的未婚妻连一个便士的零花钱也没有了。他们必须找到新的住处，但该怎么做呢？也许提奥会因为自己的哥哥而放弃婚姻，但婚姻是提奥绝望生活中的新希望。提奥身边的这些烦恼似乎就是每一件发生在文森特身上的事情，而这些事情迟早会给提奥带来不幸。拥有一个家庭难道不是一件美好的事情吗？如果提奥可以找到伴侣，文森特也可以分享家庭的快乐。

文森特对此非常确信，这对每个人来说都是个很好的规划。他对提奥的婚姻满怀憧憬，而且提奥也非常爱自己的未婚妻，觉得她就像是来自另一个世界的人一样。他认为婚姻是上帝赐予的礼物。如果你结了婚，你的心中就会充满南方的温暖。由于提奥不能给他这么多的钱，文森特不得不找其他的解决办法。文森特对这场婚姻表达了最衷心的祝福。萨尔牧师为了帮助文森特付出了巨大的努力。几个星期之后，医生证明即使文森特的病痛再次发作，他也不可能对公众构成威胁；即使他的画有些不同寻常，也不能被视为拥有任何会造成公共威胁的特质。当地政府因此同意把文森特放出来。他们建议他，为了居民的利益，不要再回到黄色的房子里。萨尔牧师帮他四处打听房租的事情，雷医生在一条安静的街道上有一座房子，他可以以每个月6法郎的租金把其中的两间房租给文森特，而且包含了水费。文森特在那里不会被打扰。但最后文森特拒绝了这个建议。他无法开始另一种生活，这似乎是一种很大的负担，对他来说无法承受。想着每天可能依靠煤气而生活，他似乎不能面对这样的搬迁。不过，那里的公共机构已经为文森特安排好了一切，不用操心任何细小的事情。如果他生了病，只要按照要求安排自己的生活。也许他有一次自由选择不同生活方式的机会，但是即使是这样也绝不是能够想象到的最坏的事情。

"这种疾病也许对一个人来说就像是常春藤之于橡木。"他已经不能再忍受孤独一人了，也不能再容忍那些在他的窗外号叫的人群。也许一切只是想象，但是你不得不带着想象与情绪来猜测。没有高更的陪伴，文森特无法住进一座像雷医生的房子那样的房屋。高更为何突然逃离了呢？文森特甚至愿意付出一切成为高更最卑微的奴仆。

文森特并非草木，他并不想装着对其他人的需求无动于衷。有时候他也有过可怕的渴望，"渴望暴风雨，像狂风拍打巨石一样狂野，渴望拥抱某个人，不论是谁，一个女人也可以"。当然，这只是过度兴奋和歇斯底里的表现！也许，这只是现实中爱的表现。雷医生认为爱情什么也不是，它只是一种细菌学上所说的疾病。

雷医生一如往常那样善良。对于文森特来说，最好的康复计划是待在医院里，但他永远不会这样做。医院规定，他要么被当作治愈的病人放出来，要么被送往一个合适的精神病院。他宁可去这样的精神病院，也不愿意自己孤独而自由地活着。他的身体状况非常糟糕，且将长期如此，不过，尽管这样，他不会放弃希望。事实上，他希望能够尽快被送进精神病院。

提奥接到这样的消息时简直是五雷轰顶。这是真的！难道一切都完了吗？难道一个人的精神状况被别人否定，整个身心就被摧毁了吗？天理何在啊！提奥也应该受到责备。从早期在荷兰开始，为了经营自己的生意，他就让文森特独自生活，提奥为此而自责。一个人就这样完蛋了，慢慢地被折磨致死，只因为他没有像他的同胞们经受那么多的失败，只因为他有着伟大的想法，其他人就想打击摧毁他。文森特身边的世界万物并无任何差异，只是影响他的方式不同而已。从那时起，提奥的身体健康也每况愈下。

　　但是，文森特一点儿也不愿意像一只羔羊一样任人宰割。他想安静下来。他被允许可以继续工作了。他又开始画另一幅《摇篮曲》了，这幅画看起来似乎更好。他也被允许可以读书了，而他首先读的就是狄更斯的《圣诞欢歌》(Christmas Carol)。他非常喜欢这个好奇的故事，并且开始和里面的主人公卡莱尔（Carlyle）相对比。他还决定读《腓特烈大帝》(Frederick the Great)。他对这样的生活非常满意。他把黄色房子里自己的画整理好，还不时地回味提奥的仁慈和亲切。当他看着这些画时，他就会为提奥的慷慨而感到惭愧。他无法判断他的画里是否延续了什么，但是他知道提奥的善良永远不会逝去。提奥以善良的举动帮助文森特，而且一直以来都如此。多么伟大的行为啊！不仅仅是为了赚钱而付出的心血，那些施惠于文森特的种种努力，都会让提奥饱受痛苦。也许那些来自文森特的不太合理的大量要求，很多时候都让提奥经受了被怀疑、绝望和被伤害的痛苦。谁知道他还要遭受多少痛苦呢！然而他的善良从来没有让他责备过文森特！这就是对他的善良最好的诠释！

　　为此，文森特只能自我责备。医生已经做了很多努力，来消除他的忧虑，但是和他的各种争辩都是徒劳的。事实上，一年前，为了减轻那些让他倍感痛苦的黄颜色，他偶尔也用酒精和咖啡来为自己壮胆。而在户外高温下工作，也许让他的身体受到了伤害。他意识到他从来不知道如何遵循中庸之道，或者明白生活本来的平衡状态是什么。只有上帝知道文森特一直不明白这些事情的奥妙！

　　精神病院对他来说，并不是一个让他感到恐惧的地方。而任何一所精神病院对于任何没有近距离体验的人来说，都会让人难以接受。当你置身其中时，你就可以让自己适应下来。如果你处在一群疯子中，你就不会被当作另类来看待了。没有什么比被当成另类看待更痛苦的了。在阿尔附近的圣雷米（Saint-Rémy）有一所叫作圣-保罗的精神病院。他被告知这是一个极好的医院，只是每个月要花费 8 法郎。提奥也去此地调查过。当然，除了这致命的开销之外，还有其他的考虑。他想着可以试着加入外籍军团（Foreign Legion），那儿接受 40 岁以下的人，而文森特只有 36 岁。罗林也对他的计划给予肯定。在兵营中，会像在精神病院一样被绝对安全地封闭起来，并且不需要任何开销。他在那里可以像在任何其他地方一样作画。只要他被允许画一些无关紧要的东西就可以。有人告诉文森特，在圣雷米精神病院他的自由会受到严格的限制。他将不能出门，更不能在室外画画。也许外籍军团更适合他。士兵们不是那么特殊，通过加入军团也许可以去阿拉伯半岛。阿拉伯半岛一定是一个美丽的地方。唯一不好的地方就是在加入之前必须进行身体检查。也许几位著名的军人画家，如德太耶（Detaille）和凯兰迪（Caran d'Ache）——在军队中一定会有他们的朋友——能为他加入军队施加一些影响。而且他从米勒的经历可以知道，他将会和士兵们很融洽地相处。难道我们不都是士兵吗？

　　提奥如坐针毡。提奥马上意识到自己下一步应该怎么走；只有畜生才不明白接下来该怎么做。乔安娜（Johanna），他年轻的妻子也意识到了，但是她什么也没说，只是等待着提奥采取行动。如果提奥决定了采取这样的行动，她也全力支持。对提奥来说，是该决定去阿尔把他的哥哥带回来了，然后永远和他在一起。不过，把他带回来并不是某些动力的驱使。很明显，这一步要么拯救他们，要么同时摧毁他们。而事情的完美并不依靠他美好的意愿，无论这种意愿是多么地善良，都建立在一种无法估算的因素之上。显然，这种解决方式成为一种危险的导火索。文森特做的每一件事都充满了危险，尽管他自己并不知晓。提奥的解决办法有可能危及他刚刚组建的这个家庭。提奥在他的内心深处太清楚这样的一步本身就充满了危险。对这种危险的考虑扼杀了他的决心。他怎么能惧怕他的哥哥呢，这个他比爱任何人都更爱的哥哥！是的，比爱任何人都更爱他，甚至是乔安娜。乔安娜是一件来自上帝的礼物，而提奥总是想要谢谢她，因为他生命中所有的快乐都源自她。但是，她是他生命中新的因素，因此某种程度上说是一种外在的东西，而文森特则和他的生命紧紧地绑在了一起。没有什么可以改变赖斯韦克老磨坊的那些难忘的故事。也许提奥可以选择不同的方式，但是他不能。无论他们的道路曾经多么曲折，最终都将聚合在一起，而他们在一起时会发生很多危险的事情。他也想像文森特那样放荡，那样偶尔大笑。有时候他不能理解文森特为什么那么满足现状。是他的病给了他这种能力吗？和这样的病人一起生活是很难受的，更不用说这个病人就是你的亲兄弟。帮助这样的人是不可能的。"没有人能帮助他。"他对乔安娜这样说道。提奥说了两遍。从一个黑暗的角落，他听到了一个回音："是的，你无法帮助他。"

甚至文森特的艺术也不能拯救他吗？任何人都知道他的作品里没有任何的危险因素。所有人都能感受到那些作品的伟大，即使是那些尚未被老磨坊的故事扭曲判断力的人们。现在，那些曾烦扰提奥的，与文森特生活道路相背离的痛苦都被视为其成长中的捷径。自文森特到阿尔之后，就没有人质疑他的能力，这个世界上没有任何一种疾病可以改变这个事实。如果文森特没有提出如此苛刻的要求，他也就不会生病了。有些人本应该可以满足他的要求，那些了解他的人就可以做到。有些人甚至在赖斯韦克老磨坊曾经这样许诺过。难道他的要求很疯狂吗？无论从形式上还是内容上讲，这难道不是讲求实际的需要吗？为了保持其内容的纯净，他所要求的形式一定不会那么传统。无论这个世界怎样玷污他，文森特都葆有了那份纯净。他成功地保持住了自己的清白。他所有的抗争都是为了保持他孩提时代的纯净。尽管，无论是他的天性还是他的颜色都并不完美，但他的童年和他的纯真达到了完美。他的工作就是拒绝这个世界消磨他最初的信念。如果每个人都像他那样工作，这个世界就不会一点点地没落，而是不断崛起直到触及天堂。提奥，你做了你能够做的一切吗？你是唯一一个认可他的人吗？你给过他钱，但金钱就足够了吗？

提奥想告诉乔安娜，他宁可舍弃家庭的希望与事业，也不屈服于所感受到的恐惧。冥冥之中，他的内心告诉他，他应该走向他的哥哥，对他说："我的哥哥，我来了。"

但是如果他这么做了，文森特的绘画会怎样？

提奥的想法就像是一条咬住自己尾巴的蛇，而人们习惯于用思考来替代行动。

提奥考虑了每一种可能性。整个晚上他坐在那儿，写了一封关于所有医生和精神病院的复杂信件。雷医生相信文森特最终康复了，但认为有必要继续维持药物的辅助治疗。他认为这个疾病将会不断地反复，而每一次发作都不会减轻他的痛苦。一个理想的解决方法就是为文森特在一个富有同情心的医生家里找到房间，这样提奥可以每周日去看他。也许有一天，提奥的家可以搬到文森特附近。住在乡下的老毕沙罗为文森特提供了一间住房，但文森特拒绝了。他知道自己的缺点，尽管他也知道在那里他将会很快乐，但为了让自己心安，他回答说也许几年后他会接受邀请。

提奥在这几个星期里变老了，乔安娜也经受了很多。他晚上总是睡不着觉，而他在古比尔画廊办公室的时光简直是一种煎熬。当他还在写信和四处打听时，命运已经为他做了必要的选择。5月8日，萨尔牧师将文森特送进了圣雷米精神疗养院。

圣雷米疗养院

当时去过圣雷米疗养院的人中间流传着这样一个故事：一个红头发的画家坐在地上，在画布上涂满厚厚的颜色，另一个精神病人坐在他旁边，使劲刮着画布上的颜料。精神病人过去时常通过这样或那样的方式相互帮助。如果有谁搞得脏兮兮乱糟糟的，旁边的人就会深感不安，觉得自己应该帮他打理，使一切变得干净整洁；如果有谁容易碰到身边的东西，就会有人把易碎的东西移开；如果两个人扭打起来，就会有人把他们分开。这家精神疗养院的管理就是建立在这样一种源自病人之间相互帮助的基础之上的，只有情况特殊的病人才会得到特别的关注。精神状况特别糟糕的病人会被穿上拘束衣，关进一个被称为"浴室"的房间。这里不是最好的精神疗养院，病人不多，也不景气。被关起来的病人比普通病人要少得多，大概有三十间大屋子空着。要是把它们都变作工作间，肯定能容下凡·高所有的画家朋友。如果你精神状况不好，而且时常遭受忧虑的折磨，在这里你会过得非常愉快。在这里，同伴们的喊叫远没有外界的喧嚣可怕。反之，如果你自己的感觉非常好，住在疗养院里可就没么惬意了。

不管怎么说，凡·高没有放弃希望。他认为自己必须与疾病做斗争，小心遵守疗养院的各种规定，但他并不认为自己需要特别在意自己的医生。佩隆医生同时也是圣雷米的经营者，他为人友善、耐心，但无法从自己的工作中获得乐趣。当然，这也没什么可奇怪的。对于凡·高来说，首先要学会如何照顾自己。他认为所有疾病都是通往痊愈或是死亡途中的一步。当他感到希望时，他认为自己来对了地方，应该忍耐各种琐碎的烦恼；但当他放弃希望时，除了死亡，别无所求。疗养院为他提供了一个观察别人的机会，他可以由此了解自己的情况，伴其一生的观察自然的习惯此时派上了用场。他发现过多地谈论艺术对自己没有好处，因此决定把有限的精力用在最必要的地方，并力图获得一种缓慢的步调和庄严的平静，就像罗林一样。他所患的肯定不是慢性病，从目前的情况来看，发病时没有明显的诱因。他的目标就是找到发病的原因，避免以后诱发它。也许他能弄清病因，以后再受到病魔侵袭时不再那么疯狂，但他首先必须让自己适应疾病的发作。他曾听说有位俄国作家能够非常平静地计算自己癫痫发作的时间，并据此安排自己的工作。当然，凡·高无法得知自己病发时的具体情形，只能依靠身边这些精神或智力有缺陷的病友向他讲述。他只知道它们来势凶猛，因为病发后几个星期，他仍能感觉自己在颤抖，然后才逐步好转起来。他绞尽脑汁想要弄清自己的精神力量是何时变弱的，他想知道自己写给提奥的信是否表达清晰，他对读过的书所做的评价是否合理。他仍像往常一样大量阅读，还让提奥给他寄来英文版的莎士比亚作品。他再次体验着这位具有伦勃朗气质的大师带给自己的心灵震撼。他也非常喜爱伏尔泰的作品。这些身心强健的人的作品是治疗他的疾病的灵丹妙药。

　　凡·高的朋友理所当然地将他的疾病归因于他所读的书和他的画，甚至连佩隆医生也不同意他阅读。一旦他的状况稍差，佩隆医生就不允许他画画。凡·高觉得这太可悲了，因为这些书和画，尤其是画，正是他对抗疾病的精神堡垒。当身体逐渐好转时，他被准许将一间空房间当作画室，通过这间房间的大窗户，他能看到旷野和小山。当身体状况好些时，他被准许在花园里作画。这是一个草木繁盛的野园子，佩隆医生和其他病人都对它毫不在意。凡·高发现要将这片遍布花草和灌木的荒野展现出来并非易事。现在他当然不会再像去年夏天那样没命似的画画，而且他也放弃了对黄色的疯狂追求。对他来说，更有节制地作画无疑是件好事，高更反对一切形式的夸张无疑也是正确的。更为重要的是，如果他能够平静地、专注地绘画，他就不会被当作精神病人。

到目前为止，一切都很顺利，但感知可以有多种理解。凡·高画过一些让人感觉清晰冷静的画，例如那些带有石椅的花园作品，你甚至能够数出他悉心画出的树叶有多少片，但这些看似清晰冷静的画是他在状况不佳时画的。而他的圣雷米风景画虽然带有无边无际的疯狂，每根线条都透出兴奋与冲动，却恰恰是他在最为平静时的作品。这并不奇怪，因为要控制和协调众多的绘画因素需要一个冷静的头脑，而画一片一片的叶子却只需要坐下来画就可以了。即使身心状况良好，他现在画的作品也比以前少多了。他这样做是为了能够更好地调整自己，也少花点儿钱。他不能让提奥老是把钱花在"抽象的"绘画上，而应该多花点儿在他的家庭上。凡·高这样克制自己没有坏处，因为如此一来，他也可以更好地控制自己的画作。他开始根据自己的意志画画，以往画作中的那种紧张有所减少，整个画面的布局也因此有了一些改变。绘画技巧更加灵活，色彩也比阿尔时期更加丰富。这时，凡·高练就了画柏树的技巧。画风景画时，他会在近景处画上一些细微的波浪线条，使得整个近景非常富有活力。画面中间的矮树丛显得更加卷曲，体现出洛可可式的艺术魅力。倾斜的地平面和天空几乎占据了整个画面的三分之二，这又体现出巴洛克式的狂野风格。柏树牢固地矗立在风景当中，"简直像一座方尖碑",高大的柏树与狂野的曲线相结合,体现出一种稳固与和谐。这是不是凡·高所看到的真实风景?无论如何,高更都不能把这些画归为自然派,它们应该是对波浪起伏的树木、高耸的山峦和漫山的野花的一种修饰。凡·高通过弯曲的线条把田野和灌木丛以及树木和山峦非常和谐地连接起来,共同表达他的思想。他的画就像一幅精美的地毯,在阳光的照耀下,里面的图案长成了花朵和树木。

如果一直都能这样画画,凡·高没有理由不开心。只要疾病不妨碍他作画,他甚至觉得生病也没什么不好。他觉得自己应该感谢疾病,因此他才能获得了平静和安宁。他知道自己需要重新练习绘画的技巧。他翻出最初学画画时的旧本子,重新开始以前的练习。他很喜欢借用经典的图案,这能让他提高绘画技巧。德拉克洛瓦就曾说过自己直到牙齿都掉了,才发现真正的绘画技巧。

凡·高一直想让提奥高兴起来,后者自从凡·高进入圣雷米疗养院后就一直非常沮丧。乔安娜就要生育第一个孩子了,但是她和提奥的身体都算不上很好,因此夫妻俩忧心忡忡,担心孩子会有什么问题。这岂不是太可笑了吗?他们的身体的确不太好,心情也很沮丧,但这并不意味着他们的孩子就不会快快乐乐、健健康康地来到这个世界。凡·高告诉提奥应该顺其自然,即使孩子身体不好,也同样是上天的恩赐。他们还不是照样不会少爱他一星半点儿。有了爱,还有什么疾病是不能战胜的呢?

佩隆医生同意凡·高带着画架到外面去,这样他可以画画旷野,画画麦田里的收割者和太阳。他的整幅画是明亮的黄色调,而山峦则是深深的蓝色。他觉得麦田里的收割者正是图案的完美装饰。他想通过收割者传达死亡的暗示,却又不想注入过于浓重的悲伤。他想暗示一个恶魔在酷热中使尽全身力量战斗。他想画一个恶魔在烈日下永不停歇,直到收割完最后一个灵魂。

画到一半时,凡·高的疾病再次发作,而且比往常更为严重。他大声尖叫,与黄色的恶魔搏斗,长时间的尖叫让他的嗓子着了火一般,一连四天不能吃东西。这次疾病发作很可能是由他的阿尔之行引起的。他去那里整理了一些画,并同吉鲁克斯太太聊了一会儿。他不该这么快就又去看黄房子。当然,事后说教总是很容易。他整个 8 月和 9 月都待在屋里,而这时正是色彩丰富的秋天。他甚至避不见人。他比以往更加小心翼翼,避免过于耗费精力。他要学着更加谨小慎微,当然他不是害怕剩下的生命走到尽头,只是害怕自己的工作不能完成。他还有那么多工作要做,但要完成自己的工作,他就需要耗费精力。对凡·高而言,完不成自己的工作,他的一生也就没有了意义。

身体恢复之后,凡·高完成了《麦田与收割者》(*Wheatfield with a Reaper*)这幅画,但不是在旷野里,而是被关在屋子里。另外,他还画了两幅自画像,并给一个看守画了一幅画像。之后,他在画的一幅疗养院的花园中表达了自己心中想表达的东西,凡·高自己对这幅画也感到很满意。整幅画都非常富有活力,既有繁茂的花园,也有快乐的人们。凡·高认为快乐与艺术有共通之处——只有经过足够的时间才能品味出其中的滋味。

之后,凡·高开始画橄榄树。他画画的热情回来了,当然一同回来的还有疾病的发作。这次发作持续的时间更短,也更轻微,不过,凡·高在这期间产生了奇怪的宗教恐惧。他开始回忆布道的日子,回忆许久以前的经历。他在伦敦时真的已经接近疯狂的边缘,而现在,疾病发作时的疯不过是徒有其表。上帝不再通过恐惧的方式给他启迪。上帝现在变成了无际的灿烂阳光,只有布道者还在讲着千篇一律的故事。正如这所修道院已经变成了所谓仁慈的精神疗养院,布道者也已经把上帝的教义变成了传说和故事。

提奥一直与佩隆医生保持联系，也常收到凡·高的信，他因此非常了解凡·高的状况。但真正能够帮助病人的是一种喜悦，而他没有。凡·高不再像往常那样把每幅画都寄给他，提奥的判断有时也不够准确，因为他第一眼关注的不是画作的艺术价值，而是其中传递出的病人的精神状况。提奥如此欣赏凡·高的画，显然无法获得多少喜悦。原来，他在古比尔画廊的任何苦恼都可以对哥哥倾诉；而现在，从圣雷米疗养院寄来的每一封信都让他提心吊胆。他在古比尔画廊的日子也一天比一天难过。公司偏离正确的轨道越来越远，提奥自然而然地成为所有人责怪的对象。他们没有努力扩大凡·高的知名度，凡·高画了那么多画，他们却一幅都没有卖出去。凡·高一有机会就夸奖自己的弟弟，说他是这一行里最敏锐的人。对提奥来说，凡·高的夸奖比指责更让他感到沉重。年轻的乔安娜看到这么多信件，开始询问提奥。提奥犹豫不决。她就快当母亲了，该让她承受这么多担心吗？有时，他痛恨所有的画作。它们就像毒药，如果他的血液中没有艺术的细胞，他的孩子也许会更健康。有时，凡·高寄来的画让他想起巴黎的日子，那时，两兄弟正在费尽心力寻找希望。真理到底在哪里，在巴黎还是在圣雷米？以前，他也曾问过自己，是巴黎还是海牙，是巴黎还是德兰特，是巴黎还是纽南，或者是巴黎还是博里纳日？提奥也痛恨自己总有那么多问题。

但当他开始跟妻子谈起凡·高，他说得很顺畅。他非常激动，滔滔不绝，乔安娜惊奇地看着他，有时他自己都感到惊奇。揭开画作上的盖布，提奥好像立刻拥有了无穷的活力。原来，让乔安娜感到害怕的颜色组合到一起，他们的小房间立刻充满了新的光辉。提奥把每一根线条、每一种色彩、每一个细节讲给妻子听，就像一个小学生对着大师的作品赞不绝口。这个时候，提奥的思想超越了一切个人的障碍，也认识到了哥哥设置的目标。他告诉乔安娜凡·高努力的方向，说他几乎就成功了，却又在某个地方遗失了这个目标。乔安娜静静地听着。提奥的声音带着一种奇特的韵律，像是在给他眼前的色彩配乐。提奥欣赏这些画的时候，简直把它们当作了父亲晚上给他们讲神圣的故事时用到的老《圣经》。这个时候，提奥没有把凡·高当作自己的哥哥，而是把他当作一位尊贵的客人，一位有着天才的头脑和谦恭的姿态的客人，一位让他不敢仰视的客人。

毕沙罗的母亲去世了，他的视力也受到了很大影响，朋友们都非常担心。这时，凡·高准备接受毕沙罗之前的邀请，马上去跟他见面。但不久之后，凡·高就收到了好消息，于是没有动身。他打算秋天的时候好好画一画橄榄树。他画的橄榄树叶子有时是绿色的，有时是蓝色的，有时又是银色的，土壤有时是粉色或紫色的，有时是橘黄色或赭色的。这里有足够的素材可以画，在把所有的素材都画完之前，他觉得自己不会离开这里。当然，他也向往北部，他对那里并不完全陌生。通过在南部的锻炼，他的绘画技巧又有了提高。

凡·高开始引起一些关注。在提奥的游说下，在布鲁塞尔组织举办"二十人社"展览的奥克塔·毛斯（Octave Maus）答应下次展出凡·高的一些作品，唐吉老爹也说自己的画廊想要一些凡·高的画。

凡·高倒是非常乐意谈论画展，虽然他也不明白奥克塔·毛斯为何会突然注意到自己。不过，他的画也许会引起一些画家对南部风景画的兴趣，没准会有人为此专门到普罗旺斯来呢。他要仔细选择。可以送两张向日葵画作去，其中一张有常春藤，另一张有阿尔的花园，还可以送一张朝阳照耀下的玉米地和一张葡萄园画作去。再过一年，凡·高对南部风景的描绘会更加细腻。马上就是秋天了，不过圣雷米没有葡萄园。凡·高最近一直比较平静，医生允许他到附近的小山活动。在凛冽的西北风中，凡·高不得不把画架固定在岩石上，并在一天之内画出了一幅风景画《溪谷》（Le Ravin）。在这幅画中，中间的小溪和两侧的岩石体现出非常突出的装饰效果。整幅画就如同一块漂亮的挂毯，只是原本的丝线变成了闪烁的石块。整幅画乍看上去有些僵硬，但慢慢地，我们会从众多的线条和色彩中找到活力和生命的气息。整个画面给人一种灵动的感觉！这是凡·高的一幅佳作，他的绘画技巧在这幅画中达到了极致。面对这幅画，我们甚至会感到呼吸沉重，恍若走在两面峭壁之间。

提奥提醒凡·高，风格不能太夸张。虽然他也同意即兴创作的念头，但觉得凡·高终究要像塞尚一样，从即兴作品发展到成熟的完整作品。凡·高说，自己根本没有特别注意风格。他觉得无所谓根据现实进行抽象，风格只是提升现实的一种方式，而要提升风格则需要去掉各种多余的因素。凡·高也看到了自己的绘画艺术的危险。他知道，即便是最简单的艺术也要面对各种危险。不过，他相信只要自己小心谨慎，任何危险都可以避开。

虽然天气已经变得寒冷，但凡·高还是出来画圣雷米的主街，这条街刚刚重新铺过。他画了沙堆、房屋、路人，还有碎石堆。然后，开始着力画橄榄树。经过大量研究之后，凡·高画了两幅画来描绘收获橄榄的场景。这两幅画着色都比较轻，地面只有薄薄的一层色彩和一些暗色块。他画的一幅雨景和一幅街道作品也采用了同样的方式。凡·高发现通过这种方式，他可以在节省颜料的同时，表达更加丰富的精神内涵。塞尚就深知这种方式的好处。这种方式可以更加明确自己的目标，避免意外情况的出现。他也正是通过这种方式使得印象流派从毫不起眼发展到在林荫大道大受欢迎。

就在凡·高安静地进行创作时，疾病再次发作。提奥马上托萨尔牧师来到圣雷米疗养院。此时，凡·高已经下了床，正在跟佩隆医生生气，怪他不该背着自己给提奥写信。凡·高认为，在这样一个精神疗养院里，疾病发作不需要大惊小怪，而且自己又没有每星期发作一次，他对此已经感到很欣慰。他让提奥不要太担心，如果大家都不那么关注，他会感到更轻松。让他难以释怀的是自己不能再出去，只能让时间白白溜走。开始下雪了，他只能待在屋里打牌。到了这一年的尽头，他看不到任何光明的前景。

凡·高坐在屋子里。雪花飘落在铁窗上，越飘越厚，缝隙也越来越小。有时，他会一连六个小时一动不动地坐着。其他人有时会进来看看他在做什么，并邀请他参加他们的活动。最后那几周，他几乎把同伴们都忘记了。有时，他似乎完全忘记了他们，有时他们却又出现在他的脑海里，和以前一样的面孔。他把椅子拉近一点儿。也许他不该疏远他们。但是，虽然他也相信朋友情意，却忍不住要讨厌他们。甚至比讨厌更严重，他厌恶他们。他忍不住要厌恶他们。这就像是他的精神状况的晴雨表，他觉得如果不厌恶他们，自己就会失去痊愈的希望。只要厌恶的感觉稍稍减轻，他就继续强迫自己去厌恶他们。其实，让他厌恶的不过是他们的存在而已。他们会用一半的时间狼吞虎咽，然后再用另外一半时间来消化食物。他自己会不会有一天也变成这个样子？恐怕谁来到这里迟早都会变成这个样子，来到这里就是为了变成这个样子。那个长相凶恶却为人随和的看守会一遍又一遍地向你重复这些，来到这里也是为了听他的废话。即使避开了其他人，你也离不开疗养院的控制。不过，在疾病发作的时候，凡·高只吃一点面包，喝一点水，可以不像同伴那样成为只知道进食的动物，而且他吃得非常少。当然，佩隆医生对此一无所知。佩隆医生的目标就是把所有的病人都养得胖胖的，尤其是那些需要他特别关照的。这里的医生的确称得上称职。除了吃和祷告，他们绝不会引导病人做任何其他事情。那个看守在来到圣雷米之前，还在蒙特－艾维贵斯（Mont-Evergues）疗养院工作过。在那里，病人可以劳动，也没有引导他们祷告的修女。那里还有一个铁匠铺、一个修鞋店和一个木工店。那里每天的收费是22苏，还提供衣服。他们会不会认可画画也是工作的一种？不过，凡·高觉得如果自己在那儿的话，他会当一个铁匠或者木匠，怎样都比现在的生活好得多。像圣雷米这样的疗养院从中世纪开始就有了，真的应该早点儿拆掉。不过，蒙特-艾维贵斯疗养院只收容病情比较轻的病人。这倒是值得注意的一点，因为谁也不会把各种工具交给疯子玩耍。想想他们能制造出什么样的桌子和皮靴来！这也正是那位随和的看守的想法。

不过，凡·高想弄清圣雷米的病人是不是从一开始病情就都很严重。显然，有些人的病情算不上严重，他们只是有点儿迟钝，或者大家把他们的情况想象得太严重了，例如他自己就是如此。又或者，他们没有觉得他的状况很严重？

随和的看守笑了。从深层次讲，他的精神比由他负责看管的人的精神好不到哪儿去。凡·高清楚地认识到，如果自己还想从圣雷米出去，就绝不能再在这里待太久。

萨尔牧师第二次来看望凡·高时，凡·高直接告诉了他。凡·高坚持说待在这里根本不安全。牧师回答说提奥会完全尊重他的想法，如果他能搬到巴黎附近，提奥会非常开心。提奥可以再给他找一个地方。牧师说他可以随时去，而且提奥有两次在信中也专门提到过此事。

提奥可以称得上是圣徒。他在信中对凡·高说的都是认真的。牧师转述的话也完全不是为了安慰病人才说的。很多人可能会说：「我们明天就让你出去，最迟后天，但你今天一定要好好的。」但提奥如果说了什么，他肯定是认真的。如果情况需要，他甚至会亲自过来。

听到牧师这么说，凡·高很高兴，但他不能太着急。毕竟路途很远，他要面对各种困难，他甚至可能会晕倒在路上。他为什么不就近找个朋友一起住一段时间呢？高更离开阿尔到了阿旺桥之后，不是生活得开心多了吗？也许，他们可以平静地生活在黄房子里？

非常确定的是，他要离开了。不过，去哪儿一定要周密考虑，绝对不能太匆忙！也许，等到春天再走会更好，那时北部也比较暖和了。他必须特别坚强地去面对新的环境。

进入冬天之后，凡·高的主要工作是进行摹作，其实早在秋天被关在屋子里时他就已经开始了。他觉得摹作也是自己应该做的事情。虽然如果不是疾病发作，他也不会进行摹作。他喜欢临摹同时代的画家创作的肖像画。就像喜欢创作风景画一样，凡·高也想创作更多的肖像画，甚至想把肖像画创作得更简洁、更深入，想让它们成为将来小孩子学画的画本。他觉得自己画的人物的线条应该像老教堂里的石像那样简洁，但同时又应该是有血有肉、反映时代精神的，不论他们是做什么的，他们的脸上都应该有表情。既然他们的脸上有表情，就应该在画像中展现出来。也许人们对于脸部表情刻画的疑虑应归因于画家本身功力的不足；又或者，人真的已经不再有表情了？如果是这样，艺术也确实无能为力。像《摇篮曲》这样的作品只能作为一个开始，因为它传达的时代精神还不够。应该有更多的画家来继续这项工作，一个人的努力远远不够。

凡·高并不是因为想象力匮乏才进行摹作的。对于一个热爱自然的人来说，面对一朵花、农夫的一把椅子，或者新铺的街道，他都能找到艺术创作的主题。也许凡·高进行摹作的原因正好相反，也是因为需要抑制自己的想象力。也许，还有一个连凡·高自己都不理解的原因——一种不自觉的向往，这应该与蒙彼利埃和黄房子有关。既然他的黄房子已经变成了疯人院，他自然有理由在自己的画中描绘这样一个房子。由于他跟高更合不来，他便摹作米勒和德拉克洛瓦等人的作品。其实，凡·高所做的根本算不上摹作。提奥把复制品、木刻画、蚀刻画和平版画给他送来，他再进行创作。他把原来的黑白变成了彩色，把原来的主题变成了他的韵律。有时，他的改变类似于把铜管乐器搬到了音乐厅，而有时，他则是创造性地重新进行了编排。他用作图样的画就像被放入酸溶液中的一块块金属，捞出来之后都镀上了耀眼的光辉。有时，这些光辉对精神的表达比原画更加出色，好像原画的作者忘记了完成它们，而现在凡·高把它们完成了。米勒的画就是这样。凡·高摹作了米勒的《播种者》，真正体现了工作和生命的意义。他还摹作了米勒的《伐木者》《晚钟》《挖掘者》和《学步》等多部作品。经过数年的沉淀，凡·高终于去掉了米勒画作中所有的多余细节，将其还原成了最简洁的形式。他的简洁形式披上了黄色、红色、蓝色、紫色和橘黄色的华美外衣。他不加入任何不必要的装饰，一如既往地保持最简洁的结构，只是体现出了更大的力量感。凡·高把需要的地方补充上色彩，让树木和符号有了生命和意义。他实现了一种转换，让每个细节实现了升华。

米勒的《播种者》描绘了一个想象中的播种者，身上肩负着创作者的思想，在一片想象的田地上艰难行走。远方的地平线上还有一个播种者在赶着牛耕地，不过那只是一个轮廓，没有任何动感。天空中，数只小鸟想要振翅飞翔，却没有飞翔的力量。而凡·高的《播种者》描绘了一个农民在自己的田地上大步走过，你可以感觉到空气的流动。他的步伐带有一种力量，让你紧随着他。他一个人给我们展现了成百上千个播种者。他大步前进，不是为了你，不是为了艺术，也不是为了凡·高，而是为了他自己的工作。他的全身以及搭在身上的毛巾都与动作非常和谐。大地已经准备好接受耕种。他在这里耕地，播种。整幅画没有一处细节是模糊的，或者孤立的。空气中也酝酿着收获的气息。他不是今天或者明天在这里大步走过，他可能已经走了一千年；他可能是普罗旺斯人，可能是希腊人，也可能是埃及土地上的农夫。耕种是永恒的象征。

凡·高在摹作时加入的既不是色彩也不是线条，而是一种更牢固的结构。米勒的《播种者》属于另一个时代,属于一个象征主义的时代。凡·高的写实和简洁可能会使其摹作在数个世纪内都被当作原画,而米勒的原画却会被看作不成功的摹作。凡·高的创作与杜米埃更为相似,他们的画都没有不必要的多余成分。而杜米埃虽然有着独特的讽刺风格,却缺少创作《播种者》这样的画的信念。

就这样,凡·高把很多画家的作品简洁化、精练化。他就像一个才华横溢的演员,会被平凡的角色吸引,只因为那能够为他提供施展才华的机会。当然,凡·高认为自己只是一个演奏者,一个演奏他人乐曲的人,而这里的他人永远是贝多芬那样的人物。但当他遇到真正的贝多芬时,他的才华却辜负了他。他摹作的伦勃朗的《拉撒路的复活》(*The Raising of Lazarus*)完全没有了伦勃朗的影子,只是加入了现代的色彩。而他摹作的德拉克洛瓦的《善良的撒马利亚人》(*Good Samaritan*)则显得有些粗糙。不过,在临摹这些大师的作品时,凡·高为原画加入的可不仅仅是粗糙,凡·高从他们的绘画中获得了一种和谐。《善良的撒马利亚人》这样的画让凡·高的装饰才华有了用武之地,他在画中展现的表情和动作使得他的画有了一种特别的品质。他临摹的杜米埃的画也是一样,虽然凡·高的画缺少杜米埃的讽刺意味,但他没有让任何画变得平庸。

2月初,提奥传来了好消息。事实上,是很多好消息。提奥当父亲了。而且,让所有人喜出望外的是孩子非常健康。凡·高高兴得大笑。这个小布吕亚(Bruyas)就是他们的未来,他可以完成他们没能完成的事情,他是他们最大的财富。虽然到他长大成人的时候,人们是不是还喜欢绘画艺术还未可知,但尽快让他感受到艺术的魅力是刻不容缓的,可不能让他成为艺术贩子。还有让人喜出望外的消息,凡·高送去"二十人社"展览参展的六幅画也有了收获,他那幅《红色葡萄园》(*The Red Vineyard*)以400法郎的价格卖出去了，买主是一名比利时女画家。提奥还给凡·高送来了一本《法国信使》杂志，上面载有阿尔伯特·奥里埃（Acbert Aurier）评论他的画的文章。文章大谈凡·高的阿尔画的色彩，里面充满各种暗喻。文章说凡·高是对现代艺术以及现代社会进行精练的先驱，是时代的旗手，年青一代的代表，代表着未来。明日的法国会为南部画派欢呼。

对凡·高来说，这篇文章最让他感到意外，他带着一种复杂的心情阅读了这篇文章。如果抛开这篇文章的评论对象和作者的年轻浮夸，我们真的会相信作者是个懂行的人。奥里埃先生作为一名作家自然有权利夸张自己的观察，就像画家有权利夸大自己的风格和色彩以达到表现主题的目的一样。这样的思维能够把画家和作家凝聚到一起，对林荫大道的繁荣也有帮助。当然，碰巧的是这篇文章谈论的不是老话题，而是凡·高。文章虽然说的都是好话，却选错了对象。文章真正的主人公应该是蒙蒂塞利。太可怕了，这位年轻的作家居然完全没有提到蒙蒂塞利！如果他一定要评论年青一代的画家，他也应该选择高更。凡·高马上写了一封长信给奥里埃先生，告诉他蒙蒂塞利对自己有多么重要，蒙蒂塞利才应该是南部画派真正的奠基人。凡·高还给他寄了一幅柏树画，以此说明自己受蒙蒂塞利的影响非常大。他告诉奥里埃先生应该去提奥那儿好好欣赏一下蒙蒂塞利的花卉画。另外，高更也让自己受益颇深。凡·高解释说，把任何一种绘画新原则归功于自己是说不通的。这样卓越的声名只会让他觉得荒谬。说到花卉画，他建议奥里埃先生去看看简宁（Jeannin）画的芍药和郭司特（Quost）画的鸢尾花。奥里埃先生的观察是正确的，但它们是不是适用于更高层次的简宁和郭司特？最后，凡·高说虽然他的文章文笔优美，但是他对梅索尼埃的态度实在让人不可理解，这让自己痛心。

不过，这样一个插曲和诸多好消息也让凡·高有了继续画画的信心。如果他完全相信文章的评论，那么他可能已经沦为一个只知道使用色彩的画家。这样的评论显然还无法影响他绘画的方式。无论如何，他总算可以用出售《红色葡萄园》获得的400法郎去趟巴黎，去看看乔安娜和小布吕亚。不过在动身之前，他还想画几幅画。也许他可以成功描绘南部的春天——这已经是他在南部度过的第三个春天。他正在画一根杏树枝，感觉还不错。他打算把整棵树都画出来，甚至可以画出整个果园，一切由他自己决定。这样，他就可以把花朵描绘得比两年前在阿尔的时候更加彻底。

去阿尔期间，疾病一次又一次发作。他本来想去存放自己画作的地方支付房租，当时他身上还带了一幅画。他在路上就花费了两天工夫，而且自己对于其中的一天好像没有任何意识。他随身带的那幅画也丢了，什么都记不得了。费尽周折之后，他被带回了疗养院。他的疾病无法预测，像风一样无法控制，才不理会什么评论文章或者什么小布吕亚，也不理会工作、艺术或是花朵，它总是摧毁凡·高小心呵护的希望。他在南部的第三个春天就这样毁了。

这次疾病发作持续的时间比以往都要久，足足持续了两个月，一直到4月底。在那之前，他一直无法画画，只能一动不动地坐着，就像其他病人一样。两个月里，他一直无法很快恢复，因为他们不愿意帮助他恢复。一点点观察和一点点善心本可以减少他的痛苦。但在这里，只有毫无意义的感恩祷告。巴黎或者荷兰就没有像蒙特-艾维贵斯疗养院那样的地方吗？那样，他可以做木工或者补鞋？让他在疾病发作后闲着、没有任何事情可做，这只会让他一遍又一遍地思考、焦虑，结果只能让疾病一次又一次地发作，形成恶性循环。佩隆医生为人慈善，这里的修女也很好，只是圣雷米不适合他。整个南部都不适合他，他的疾病恐怕也与南部有关。他必须尽快离开，不计任何代价！他在南部的事业已经走到了尽头。

提奥已经从毕沙罗那儿打听到一个地方,在奥维尔(Auvers-sur-Oise),距离巴黎不远,那里住着一位加歇医生(Dr. Gachet),他不但懂得治疗精神疾病,而且为人很好,还懂得艺术。他答应接纳凡·高,这样,凡·高就有了新去处。

凡·高不会被这样的旅程吓倒,他不同意提奥派人或者亲自来接他的想法。如果提奥那么做,他就不去了,因为他可不是什么危险人物,顶多让疗养院派一个守卫把他送到塔拉斯孔(Tarascon),然后他可以在那儿坐火车。即使路上真的发生什么事,车上的旅客也可以帮助他。到处都有好心人,而且他的病情也不会出现太大的变化。毕竟,他就要离开南方,却没能画一幅描绘南方的春天的满意之作,他心中的遗憾会战胜任何发狂的倾向。而且,他的痛苦已经缓解了不少。

做出离开这儿的决定对凡·高好像也有了积极的影响。他对待这里的同伴和修女的态度也不同了,他开始对他们产生一丝同情。他对听说的关于奥维尔的一切都非常满意,而且离开这座邪恶的疗养院本身对他而言就是莫大的幸事。北部对他来说将是全新的体验,那里对他的病情肯定更有益处。离开之前,凡·高又画了几幅花卉作品。疾病每日都在困扰着他。但就在这时,他突然感到自己无比坚韧,而且像个孩童一样快乐。他的画笔就像时钟一样有了自己的韵律。他摹作的伦勃朗的《拉撒路的复活》和德拉克洛瓦的《善良的撒马利亚人》都是在一天内完成的。他还画了两幅鸢尾花,奥里埃先生对此肯定会非常感兴趣。一幅由绿色、粉红色和紫色的轻色调组成,另一幅则是温暖的普鲁士蓝色调。这两幅花卉融入了新的元素,它们不像阿尔的向日葵那么强烈,在风格上更加理性,整体感觉更加明亮、欢快,也更优雅。奥里埃先生恐怕只看过巴黎人的老花卉画,它们虽然也有自己的风格,却太平庸,画法陈旧,对事物的描绘缺少特点。凡·高画的鸢尾花和玫瑰虽然就是鸢尾花和玫瑰，但带有一种前所未有的质感。这些花卉画并没有掩藏它们卑微的起源，但呈现了一种个人的成就。

也许凡·高在南部也并非一事无成。他坐在花卉中间，被它们包围着。他的感恩之心再一次战胜了苦难。这里虽然多雨，却正是雨水造就了如此多彩的颜色和芳香的花朵。他在这里也发现了有益的东西，他可以将其带到北部去。他在这里受到的局限正是他向艺术进军所遇到的阻碍，他不会满足于在南部取得的成绩，更不会对自己的命运感到失望。如果他因为没能画一幅自己喜爱的南部的春天而感到失望和不安，那对他也只有好处，说明他还没有走到终点。如果没有遇到阻碍，他的漏斗中的沙子可能早已流尽。但现在，他的漏斗又重新装满了沙子，让他可以重新开启自己的旅程。

甚至凡·高在圣雷米画的花卉画都带有一种自由摹作的感觉，这可能是环境造成的，因为他一直不被允许到外面去画。实际上，这些画比凡·高临摹的米勒的画更像摹作。当然，凡·高自己也注意到了。他能期待再次无拘无束地在室外画画吗？如果可以，他在奥维尔也能找到南部的春天。

最后一搏

　　1890年5月17日，凡·高在圣雷米疗养院的噩梦终于结束。在疗养院一名看守的陪同下，他先来到塔拉斯孔，之后，便独自一人连夜赶到巴黎。按照计划，他抵达了此行的终点，弟弟提奥正在里昂车站等他。见到提奥时，凡·高还揶揄他用不着那么担心。确实，生活并不需要总是那么严肃。此时，他的状况比四年前已经有所改善。昨天，他还画了一幅静物：背景为黄色，画了四枝玫瑰，两枝绿色两枝粉色。这幅画应该还算过得去，虽然与蒙蒂塞利还有很大的差距。他在南部最后几天里画的几幅画也许可以用来充抵路费。提奥会亲自看看，等它们晾干，就会被送过来。

　　两兄弟高高兴兴地走回家，提奥的妻子已经站在窗前等了他们足足一个小时。多好的女人！乔安娜并未觉得凡·高有表现得很奇怪的地方，当然，她的目光完全不敢落在他的耳朵上。他看起来完全不像信中说的那么糟糕，相反，显得比提奥还要健康。他很细心，讲荷兰话，听到笑话也会开怀大笑。一到提奥家，他就冲进屋里去看小文森特。不用给他盖这么花哨的毯子吧？摇椅在哪儿呢？怎么给他起了文森特这么个难听的名字？布吕亚不是好听得多？布吕亚，对，就是布吕亚！

"哈哈，不哭，小家伙，我不会吃你的。听他的声音，将来肯定会成为库尔贝。"

然后他就直奔自己的画，甚至来不及吃东西。事实上，他从来不像城镇里的其他人一样永远吃不够。大上午的，又吃黄油奶酪又吃果酱，甚至还有鸡蛋！他们是不是觉得吃可以代替一切？不过，凡·高也承认自己在阿尔和圣雷米都从未吃过这么好吃的面包。

他把自己所有的画都翻了出来。五分钟不到的工夫，提奥原本整齐的小公寓已经完全变了样。根本没有足够的地方把画都铺开。这么多的画，却一幅都卖不掉，那些画商都是怎么回事？

等不及收拾一番，他就急匆匆去了卢浮宫。艺术大师们依然高高在上，而他则一如既往，充当着谦卑的聆听者。德拉克洛瓦和伦勃朗！不，应该是伦勃朗和德拉克洛瓦！对南部画派而言，德拉克洛瓦甚至可以说是最伟大的画家，因为他包含了蒙蒂塞利和其他画家的艺术风格。德拉克洛瓦对南部的影响比对北部大得多。南部画派的荣耀都集中在德拉克洛瓦、拉斐尔（Raphael）和鲁本斯身上。如果有一天出现一个北部画派，戴头巾的伦勃朗自画像会给他们带来不逊于南方画派的荣耀。如果没有老伦勃朗，凡·高甚至早已迷失。德拉克洛瓦可以解答生活中的所有一般问题，因此其对凡·高而言无疑是不可或缺的画家。但在所有特殊的时刻，凡·高最需要的还是伦勃朗，而正是这些特殊的时刻才使得绘画有了价值。如果哪个画家想要画真正的肖像画，他就绝对离不开这个戴着头巾的老酒鬼。他的头巾上有没有血？他是不是也把耳朵割掉了？

第二天，凡·高到林荫大道与弟弟交谈之后，就马上动身去找迪朗-吕埃尔和其他一些小画商，最后他还找到了唐吉老爹。随后，他渡过塞纳河，抵达卢森堡。然后，又从卢森堡抄近路到圣叙尔皮斯（Saint-Sulpice）参观了德拉克洛瓦小礼拜堂。巴黎依然像四年前那样欢迎他,这甚至令人感到费解。其实,巴黎并不适合简单的人,提奥在巴黎生活得就不好。他看起来比凡·高还显老,而且一直对自己的健康状况讳莫如深。

两天后,凡·高到了奥维尔。这里的条件还不错,他住的房间比在南部住的旅馆要贵一些,虽然不是很大,但也足够居住和使用。对于他的到来,最高兴的莫过于加歇医生。加歇是一位非常特别的医生,他对医术的了解比普罗旺斯所有的医生加起来还要多,而且闲暇时还画一些画。他把蒙彼利埃人的功绩看得比拿破仑的战争还要重要。他是毕沙罗和塞尚的朋友,他们两个也都到过这里。另外,杜比尼(Daubigny)和杜米埃也来过,甚至新一代的几位年轻画家也都在这里画过画。这里几乎形成了一个奥维尔画派。而且,某种程度上加歇就属于这个画派,因为他几乎认识当时所有的艺术大师,拥有他们的画作,知道他们一些不为人知的故事。这位医生脸色蜡黄,布满皱纹,他一直用异乎寻常的毅力面对生活中的种种不如意。他相信艺术具有对抗一切邪恶的魔力。在他看来,凡·高的苦痛不是任何机体上的疾病,而是艺术家固有的弱点,而这显然没有任何灵丹妙药可以医治。每个人都或多或少有一些疯狂,而画家的作品越生动,说明画家的精神状态就越疯狂。塞尚就是一个很好的例子,别人无意间看他一眼,他就会马上跑开。杜米埃更加疯狂,甚至被马戏团带着演出。天才和神经质永远是分不开的一对。

虽然与南部专家的看法大相径庭,不过加歇医生的确有他自己的理论,也符合他医生的身份。但是,他对天才的看法完全不对:天才与神经质应该是完全对立的。即使最普通的画家也需要冷静的头脑。而且,他完全不需要动不动就抛出天才这么大的字眼儿,虽然他对凡·高的健康状况的判断无疑是正确的。凡·高好像已经把疾病留在了南部。北部人终究属于北部,疗养院也终究不是适合他的地方。

这里有农民的茅草屋，有还算宽阔舒适的街道，有广阔的玉米地，而且瓦兹河也流经这块平原。加歇医生有几幅塞尚和毕沙罗的佳作。凡·高从未见过哪个医生的屋子有这么乱，里里外外到处都是些奇奇怪怪的东西。中世纪的家具，哥特式的烟灰缸，锡制的烛台，各种填充式的动物玩具……角落里还散落着一些没有装框的画作。他咯咯地笑着说，会找时间把这些画装框。凡·高给他画了一幅肖像画，色彩很淡，头戴一顶奇怪的白帽子，身穿一件蓝色上衣，背景也是蓝色的。加歇医生非常喜欢这幅画像，马上要求凡·高再给他画一幅。加歇医生还根据这幅画像制作了一幅蚀刻画，因为他自己在蚀刻方面也是一把好手。他家里什么千奇百怪的东西都有，甚至还有一台印刷机。

加歇医生懂得凡·高的画，这并不奇怪。他说自己是根据对自然历史的感悟来理解凡·高的画的，不懂得这些画的人肯定对温暖、光线和动作都不敏感。凡·高的画体现的就是自然。他让人们去衡量最基本的价值，他就是"绘画界的卢梭"。因此，他的卢梭式的生活就是他自己的内心独白。

加歇医生喜欢观察和思考历史。在他看来，凡·高无疑是可以与古人比肩的人物，因为他把绘画艺术从专属于富人的狭窄领域引领到了大众创作的广阔舞台。虽然没有画一个平民，但凡·高的画无疑是大众的艺术，是个人追求集体的艺术。加歇所说的一切都是矛盾的，正如凡·高想要从印象派的凌乱当中寻找一种内在的统一。加歇的话语就是一连串的矛盾，而他最喜欢的莫过于矛盾。他认为理论上最不可能、听起来最荒谬的也完全可以在绘画中得以展现，而在眨眼之间、杂乱之中可能会出现一种共识和逻辑。加歇医生认为凡·高就是荷兰的卢梭，创造了一种农民的艺术，而画却又像日本画一样精致。他说凡·高的作品没有任何古风，没有伯恩-琼斯（Burne-Jones）的任何痕迹，展现了一种超现代的风格，而他实在不明白为什么别人欣赏肖像和风景的角度和结果会与他不同，他还自问为什么没有人按照凡·高的风格画画。他当然会被人当作疯子，从普通人的角度来看，他不可能是健全的。

他就一直这样讲。他简直把奥里埃先生写的赞美文章又向前推进了一步。凡·高不喜欢任何形式的夸张，也不理解加歇医生的所谓幽默，但是后者告诉他，在绘画艺术上太较真只会让他得不偿失，并给他列举了几个画家的例子，他们都在疗养院休养过，当然，他描绘的都是他们情况最糟糕时的情形。

加歇医生每周都时不时请凡·高一起进餐。进餐时，他总是一本正经地给凡·高讲些笑话。讲过笑话之后，他们会喝一点儿红酒，这些红酒都产自某某大葡萄园。他们通常会用两只酒杯，小的装波尔多红酒，大的装勃艮第红酒。当然，加歇医生只是浅尝而止，喝酒只是为了招呼客人。加歇医生的正餐非常奢华，这让凡·高非常不喜欢。他劝诫加歇医生不应该把钱都花在吃上，而应该把毕沙罗的画装上画框，不能就那样胡乱地放在角落里。

不过，凡·高在这里绘画非常顺心。奥维尔的居民已经习惯于画家在这里生活，因此凡·高把画架放在哪儿都不会引起围观。架在矮墙上的茅草屋顶和广袤的田地给了他新的灵感。画中的细节比在南部时更加紧凑，虽然色彩较少，但色调更加丰富。凡·高要调整自己的绘画结构，以便适应新的风景，他因此使用了更小的画布。在奥维尔，蓝色、黄色和炽热的天空不会形成强烈的冲突，不过他发现，一些简单常见的色彩虽然无法从远处发出强烈的光芒，却拥有极好的深度。这让他想起了寂静的荷兰村庄，也成为他极力想要表达的主题。琼凯德（Jongkind）也曾尝试用直线画法来替代荷兰艺术大师的复杂技法，但他丢掉了深度。凡·高知道自己必须突出色彩，拓宽范围，在进行简化的同时确保深度。他的曲线画法对事物的描绘异常生动。他认为画面的凹处可以通过各式各样的曲线来展现，比如最细小的卷曲和大胆的纹路，而当卷曲的结构延伸成为直线时，它们能带来超乎寻常的力度感。相比琼凯德及其模仿者，凡·高的这种画法无疑能产生更加丰富的图案体系。他应该感谢北部，他在这里没有感受到寒冷干燥的北风及其所带来的苦痛。看来北部人就应该待在北部。

凡·高的每一幅新画都让加歇医生着迷不已。他找不出任何缺陷，甚至连一个不饱满或者空洞的点都没有。如果凡·高真的告诉他哪个地方有缺陷，他简直要抓狂，还会好好数落凡·高一顿，说他是个不知感恩的家伙，不配拥有那样疯狂的天才，一般人有他十分之一的天才就要烧高香了。凡·高指着被加歇胡乱丢放在角落里、仍然没有挂起来的塞尚和毕沙罗的画，询问加歇他达到他们那样的冷静和从容了吗？加歇医生却对他们的冷静和从容不以为意。他怎么能把自己画的这些小家子气的东西与塞尚和毕沙罗的佳作相比？凡·高发了脾气，夺门而出，说要去做自己的事情了。他差点儿把加歇医生从人家自己的屋子里赶出去。他说自己跟他无法交流，他是在对自己进行人身攻击。把塞尚和毕沙罗的画乱放在角落里，的确不太好看。加歇医生嘴里发出啧啧的赞叹声，他也没有把凡·高的画装框，甚至没放在画架上。他容不得半点儿对凡·高的画的质疑之声，而且他可舍不得让凡·高这些小家子气的画离开自己，哪怕装框的时间也不行。

凡·高时不时回巴黎看望提奥一家，提奥夫妇有时也会来奥维尔探望他。对此，凡·高非常开心。6月时，提奥夫妇把小文森特也一起带来看望凡·高。加歇医生准备了一顿丰盛的晚宴。提奥的气色并不好，原因还是在古比尔画廊工作的种种烦恼。最好的解决办法自然是提奥自己开一家画廊，即使无法像凡·高希望的那样找到一批志同道合的人帮忙。加歇医生非常赞同这个主意。他觉得画廊最好只卖凡·高的画，那样肯定会非常成功。但资金是一个大问题。国家是不是应该帮帮忙？保护文化、宣传艺术不是政府的义务吗？凡·高没有参与他们的交谈，而是带着自己的小侄子在院子里看母鸡，还带他去看如何给奶牛挤奶。如果这个小家伙一直住在农村，气色肯定会更好。提奥夫妇也有收获，加歇医生想到了一个主意：把凡·高最重要的作品制作成蚀刻画，他负责蚀刻版的印刷。凡·高同意，但提出了一个条件：同时制作高更作品的蚀刻画。然后，他们开始讨论高更，其间凡·高发了顿脾气，又跑到院子里去逗弄自己的小侄子了。提奥夫妇答应很快会再来看望他。同时，凡·高也可以随时去巴黎看望他们。最后，他们决定以后每两个星期见一次面。

凡·高画了一幅《杜比尼的花园》。这幅画不像他之前画的乡间风景那样丰富，缺少生机和活力，传达的是深思而非行为，不过色彩更丰富。加歇医生把这幅画称作"法兰西花园"。

凡·高的作品从阿尔和圣雷米送来时，他锁起门，把它们藏到一个单独的房间里，没有告诉加歇医生。不过，这位神奇的医生后来还是知道了，这让他欣喜若狂。他可从未想过有这样的好事。他觉得这些画简直就是英雄的史诗。在他眼里，画布上的笔触变成了悦耳的旋律和史诗序曲。他甚至听到了旋律，他说花园的色彩可以通过音符得到再现。他甚至用清脆的嗓子发出各种音调来证明自己的说法，而凡·高只能躲到田地里去。凡·高晚上回来时，加歇医生的疯狂还没有停下，手中挥舞着纸片，上面写着音符。他已经打算放弃医生这个职业，准备着手研究自己新发现的理论，还坚持说如果凡·高能加入他和他的子女一起进行的实验，他将非常荣幸。第二天，他就和自己的子女坐在钢琴前准备演奏了。

提奥的来信带来了坏消息。小文森特病了，凡·高打算搭乘下一班火车去看望他。乔安娜的状况也很不好，提奥担心得要命。不过，也许凡·高不去看望他们更好。像他这样连自己都照顾不好的人能帮上什么忙呢？他只会给他们添麻烦，甚至会吓到孩子。因此，他写了一封短信，就扑到绘画上了。如果小文森特真的发生什么事，他的生活将会无比黯淡。他扔下画笔，找到加歇医生。加歇医生却只是大笑，说那小家伙是在长牙齿。凡·高变得非常狂躁，小家伙的健康对他触动非常大。他告诉加歇医生，也许他对小孩子的疾病的了解就像对绘画的了解一样，都是一知半解。

　　两天后，提奥来信说小文森特确实是开始长第一颗牙齿了。凡·高显然把生命的气息错当成了疾病的征兆。凡·高和加歇医生恢复了和平。他给加歇医生的女儿画了一张坐在钢琴前的画像，还画了另外一个奥维尔的女子。不过，这些画像并不成功，也许是因为他还不习惯给女子画像，因此无法集中思路。而且他画弹钢琴的玛格丽特·加歇时使用的是非常不习惯的长形画布。他的节奏被打断了，他的手开始犹豫，失去了原有的活力。也许是加歇医生影响了他，因为凡·高作画时，他总是黏在身边，唠唠叨叨说个不停。我们可以确定，如果凡·高还有其他选择的话，他肯定不会选择加歇医生。他们两个谁更疯狂，还真不容易说清。凡·高把肖像画放在一边，开始专攻风景画。奥维尔的天气非常炎热，让人难以忍受。高更寄来了一封信，信中的话语很温和，很是出人意料。他有麻烦的时候总是特别温和。他这次去马达加斯加的主意跟自杀没什么两样。不过，如果他真的邀请凡·高一起去，马达加斯加没准儿也没那么可怕。虽然米勒的一个朋友去过，而且非常不喜欢那里。但谁知道米勒的朋友做了些什么呢？仔细思考之后，凡·高觉得去马达加斯加是个很好的主意，因此打算马上去阿旺桥找高更商量。他还可以在阿旺桥画海景。他对大海和帆船突然有了一种不可抑制的向往。但是去阿旺桥的旅程非常复杂，甚至比去马达加斯加还要复杂得多。任何细小的问题都可能让他陷入无法摆脱的麻烦。他有时连最简单的事情都做不了，比如走到加歇医生家。

凡·高觉得自己不能恐惧，否则自己将被恐惧征服。或者，恐惧也会是个好事情？他自己的经历好像验证了这一点。疾病总是在自己觉得状况良好的时候发作，他正沉浸在工作当中，从未觉得它会来临。疾病尤其喜欢在他工作非常顺心的时候来临，快如闪电。这样来看，比较合理的结论就是不要有工作顺心的时候。上次在阿尔疾病发作，自然也是他工作顺心的缘故。不过，距离好像挺远的，阿尔毕竟在好几百英里之外。不，他的疾病已经留在了南部，他现在住的旅店没有疗养院，没有看守，也没有病室，疾病怎么会再次发作呢？他已经自由自在了，他的疾病肯定已经好了。但是，让他这样一个人完全自由，真的安全吗？

有时，凡·高会感到危险正在迫近，疾病又要发作；有时，他想狠狠地把门撞开，门外，他看到了疾病发作的幻影。他说话越来越少，开始躲避加歇医生，结果，恐惧越来越逼近他。不！我要画画，它要来就来吧！他开始全身心地绘画，并进入了良好的工作状态，随心所欲地驾驭各种色彩。早上5点就开始画，这样画画显然并非好事，却是支撑他的唯一方式。

7月初的一天，凡·高去了巴黎。提奥和乔安娜已经另外有了要照顾的对象，就是小文森特。小家伙长得非常可爱，充满活力，但健康状况仍然不能确定。不过，每个小孩子都要经历长牙这个过程。提奥不停地问凡·高感觉好不好。他为什么不停地问？他看起来不好吗？他让他们放心，然后逗弄了一会儿小文森特。他只能生活在乡村里。

跟他们说话时，凡·高又开始心不在焉，想其他的事情，就像一个罪犯笑容满面地坐着，等着警察随时上门，他完全是为了说话而说话。提奥终于恢复了一点儿活力，思索着自己也许真的应该成立一个画社。他遇到过一个有钱的美国人，出于找乐子，愿意给他提供一些资金。这位奇怪的美国人一副范德堡人的打扮，愿意出一笔钱，不过提奥还有其他困难需要克服。提奥能够想象，自己终究要和古比尔画廊决裂。这一天终究会来临，而且对提奥而言那将是灾难的一天。

乔安娜提议说既然凡·高已经康复，他也应该结婚了。荷兰有很多好女孩能够让他快乐，她就有一个朋友。

凡·高没有反对她的提议，只是说自己需要考虑一下。当曙光出现时，事情一定会朝着好的方向发展。

凡·高遇见了老熟人劳特累克和安克坦（Anquetin）。他们跟他说话的方式不一样了，没有了原来的那种傻笑，转而带上了一丝诙谐和严肃，他们甚至把他看作一个从外部世界探险归来的人。经过这次想象中的"南极"之旅，凡·高觉得跟巴黎的这些朋友待在一起更加舒心，甚至想和他们待在一起，不回奥维尔了。不过到了晚上，伊萨克松（Isaacsohn）加入了他们的谈话，并对凡·高的作品发表了一通莫名其妙的评价。凡·高无法忍受，返回了奥维尔。

凡·高告诉乔安娜，他非常赞同她的观点：既然人不能说句话就创造出人类，创造孩子的确比创作绘画更加重要。无论如何，光有绘画语言是不够的。现代绘画使人变得疯狂，因为它们是没有主旨的力量。诗人也许可以通过奇怪的诗句达到这个目的。而上帝比所有艺术家都伟大，因为他不需要任何诗句就能达到这个目的。他的话语穿插在生活中，就像在新开垦的田地里撒上人类的种子。只有画家感受到了他的话语的力量和纯净，艺术才能繁荣。

凡·高又一次拿起《圣经》，但是原本能够打动他的篇章已经不再具有魔力。而且，读着《圣经》，对父母房子的幻象更是折磨得他痛苦不堪。

所以，他只能画画。他一直画，直到画笔从手中掉落。年轻画家来请教他，但得不到指点，他把所有时间都放在了画画上。他抛弃了原本强烈的巴洛克艺术风格，他的画变得更温和。奥维尔市政厅为庆祝7月14日国庆节挂起了很多彩旗。凡·高据此画了一幅油画，画中有蓝、白和红色彩旗，还有彩灯吊在一根绳子上。这幅画有一些莫奈和毕沙罗的影子，整个画面由众多平行、连贯的笔触组合而成。他之前的画从未如此对称。结构对称的画布使得他绘画时少了一些随意。小广场周围的树木不再是简单的装饰。不过，他的这种新画法并没有丢掉任何深度和完整性。画中的房子像一块岩石一样立于地面上，也像阿尔的黄房子里的农民椅子和他画的向日葵一样稳固地站立着。整幅画展现了这个欢乐的时刻，一种毫无保留的欢乐。

一看到这幅画，加歇医生就激动地说，有了这幅画，7月14日才成为真正的国庆节，看这幅画的时候一定要唱《马赛曲》。政府应该把这幅画挂在卢浮宫里，甚至应该挂到万神殿里。凡·高想把这幅画送给毕沙罗，加歇却说那简直等于糟践这幅画。

凡·高没有理会他，不过后来还是找他交流了一番。凡·高告诉他应该怎样对待艺术家，尤其是毕沙罗这样的老艺术家。凡·高的话中甚至带有一丝恳求的味道。无论如何，他总该把毕沙罗的画装上画框，还有塞尚的。加歇医生对此不置可否，不过后来还是答应会尽快找木匠来。第二天，凡·高来到加歇医生家里，正如他想象的一样，那些画依旧散放在角落里。

这实在太过分了！他怎么能这样！流氓无赖才会做这样的事！毕沙罗是我们的师长！

凡·高的双眼发红。加歇医生这次没有笑。他从镜子里看到凡·高的背后别着一把左轮手枪。医生脸上的皱纹皱得更紧了。"我的朋友。"他结结巴巴地说。

凡·高盯着他，艰难地笑了笑，冲了出去。凡·高一回到房间，就朝自己的腹部开了一枪。此事发生在国庆节之后的第二个星期日。被发现时，凡·高已经不省人事。他一醒过来就要自己的烟斗。加歇医生要写信给提奥，却不知道地址，凡·高也不肯告诉他，加歇医生只好把信寄到了古比尔画廊。提奥第二天早上才收到信。他赶到时，凡·高已经安静地躺在床上，感觉不到任何疼痛。加歇医生相信凡·高不会有事。他不相信像凡·高这样拥有如此活力的人会就此离去。虽然凡·高是用自己的手开枪让自己躺在了床上，但他相信那只是凡·高的手在恍惚间的动作，根本不是凡·高的意愿。他是如此有活力，只要他想，就一定能够活下去。他还要画画，他不会就此离去。他无与伦比的创造力不会允许他离去，他肯定会好起来。

提奥非常着急，要加歇医生把凡·高的伤势仔细告诉他。伤势非常严重，几根血管被打穿了，不过凡·高的意志力很顽强。不需要也没有办法进行手术，一切只能靠凡·高的意志。凡·高点点头，同意加歇医生的诊断。医生笑着点点头，说他随时都可以相信自己的诊断。

等屋里只剩下两兄弟，凡·高对提奥说："你知道吗，我的弟弟？我已经再也无法承受。虽然还有很多人比我更加不幸，比如那个可怜的西恩，她可能又回到妓院去了吧。我知道，这些不幸都是我自己造成的。天下哪有像我这样又笨又没救的人？我甚至连开枪自杀这么简单的事情都做不好。我从来都做不好任何事情。要是别人，问题肯定早就都解决了。我只知道，我什么事情都做不好。我真的什么都做不好。"

"我一直四处寻觅，却找不到片刻宁静。我在伦敦穿礼服、戴礼帽时，找不到平静。在布拉班特时，我想念伦敦和礼帽，而当我到了伦敦时，却又向往布拉班特的旷野。我一直无法接受自己的命运，我不知道为什么永远无法满足。但是，如果当初厄休拉接受了我，事情会不会完全不同呢？当然，这其实也没什么大不了。世界上有成千上万个厄休拉。但我怎么会几乎跑遍整个欧洲，到处寻觅，却总也找不到寄托呢？也许，根本的原因就是一些细微的小事情，比如我总是什么事情都想要一个答案。但是你与人交流不就是为了要一个答案吗？现在我好像必须得相信，这个世界上除了我之外，别人交谈都是不需要答案的。你相信吗？你是这样的吗？比如你和乔安娜交流的时候。只要跟我说几句话，我就满足了，但我连这都从来没得到过。结果，我只能自己跟自己说话，这样太难过、太讨厌了。只能这样，甚至跟上帝交流都只能这样。跟上帝交流时，也是我自己跟自己说，我好像已经变成上帝了，至少我变得非常重要了。结果，我和其他人越来越不同，我不再和他们一样。在伦敦时，如果有人用得着耳朵，我会把两只耳朵都割下来给他。但是，把这样的东西送给别人却会遭人厌恶、痛恨。"

"提奥，你知道吗？我本来准备要爱别人的，爱每个人。但是，我遇到过那么多人，却没有一个人喜欢我，这是为什么？你可能觉得我夸张，但就是一个人都没有。甚至包括你，提奥，虽然你为我做了一切。你为什么要做？你可能又会说，得体的人根本不会问这样的问题，他们关心的是行为。现在你知道，这就是我的毛病，我缺少别人都具有的那种得体。我知道你也想爱我，而且明天你还会因为爱我而悲伤难过得要死。但只要我活着，你就会忍受我。不面对我的时候，你会觉得更轻松。我一来，你就会感觉浑身紧张。不要否认。我也不知道这是为什么，因为我不明白到底是什么愚蠢的问题让你觉得紧张难受。"

"提奥，你知道吗？我的一生总在重复同样的故事。在伦敦时，我感觉跟在布拉班特的旷野没什么不同，而我们两个在一起时，却又总是争吵。我就想，到底是什么让你紧张难受，是很细微的还是非常重要的事情？我们是不是该把它拿出来解决呢？不！也许这只是一些错误和我的神经质。那天，我突然非常想见见你和乔安娜，我甚至连一分钟都不能等，就去见你们。但当我见到你时，我却完全忘记了原本想要跟你说什么，原因就是你放在餐厅里的那件橱柜，它太难看了，我只想赶快离开。橱柜当然不是唯一的原因，虽然我确实不喜欢它,你家里的家具我都不喜欢,虽然它们其实很好、很有档次。耶稣是最伟大的,因为他不会迷恋任何家具或者无聊的东西。虽然,他的门徒后来可能会想,他从来就没有过什么家具,但他的伟大却能够长存。虽然他们有时也会对他发脾气,比如犹大。但是相反,他却从来不对他们大发雷霆,虽然很多时候他都完全有理由这样做。你觉得我不知道高更对我怎么样吗?从一开始,他就非常令人生气,总说些他自己也知道是莫名其妙的话,而且他好像就是有这方面的天赋。但是谁知道他没有真的想要爱我呢?而且也努力这样去爱我了呢?又是什么让他表现得如此粗野?显然是他体内恼人的毒素,他也因此无法获得片刻宁静。但他的生活同时又离不开这种毒素。他体内的这种毒素太多了,而我的病痛正是因为我没有这种毒素。有一次在蒙彼利埃,他和我紧紧地拥抱在了一起,因为他把我当成了德拉克洛瓦。德拉克洛瓦正是能消除他体内毒素的解毒剂。是的,我们的确拥抱了对方,却都没有意识到。之后,他就把我惹得非常生气。提奥,你也拥抱过我一次,那时你还住在蒙马特,你也没意识到那是我。在那之前,我们在荷兰还拥抱过一次,就在老磨坊边上。那时我们还都在幻想未来。与简单的人相处会省去很多麻烦,和他们相处很容易。比如博里纳日的矿工就都很容易相处,还有疗养院那个长相凶恶的看守。不过,他们有时也会有一些烦人。但是如果你正忙着工作,跟他们交往将非常合适,因为他们也比较忙碌。闲暇时,你可以跟他们一起打发时间。很多事情他们了解得比我们还要透彻,即使是我们时常谈论的话题,不过他们总是很低调,因为他们都在忙自己的事。他们的简单其实是一种自我保护。但是生活在一起并不需要时刻自我保护。"

加歇医生不让凡·高说太多话,但是说话并不会把凡·高累倒。提奥难道没有意识到,这可能是他们兄弟两个生命中一个美好的时刻,他们可以拥抱彼此,而且这一次心里都想着对方?

凡·高问起了乔安娜和小文森特。他们几天前已经去了荷兰，提奥本来打算去那里度假的。现在，提奥只能坐在这里，等待那个时刻的到来。这太可怕了！

为了让凡·高休息一下，提奥到屋外待了一个小时。外面漆黑一片，树林被大风刮得沙沙作响。他感觉好累，跪坐在地上，内心涌出一种难言的苦涩。怪自己？怪哥哥？在这个时候？远处矗立着一座老磨坊。他站起身，在风中独自站了一会儿。然后，他冲进屋里，紧紧地抱住哥哥。他们紧紧地拥抱了好一会儿，他们想起了过去。

凡·高叫他们把灯点上。他最后画的几幅奥维尔的田野有些昏暗，不过村里的街道画得还是非常厚实。他画的疗养院的花园、摇篮曲、向日葵系列、他自己脸上系着绷带的自画像、阿尔平原的风景、阿莱城系列等都放在屋里。提奥把它们一幅幅捡起来，放在墙边，退后几步，感觉有些奇怪，就又把每幅画检查了一遍。他拿着灯跪在地上，以便从同一个水平面检查每一幅画。虽然提奥已经非常熟悉这些画，但还是感觉有些不同寻常。虽然在阿尔的黄房子的时候，他只是粗略地看了一下，但他上次来的时候可是仔细看过几个小时的。如果不是他当时睡着了，就是他现在的精神不正常了。从阿尔带过来的画都变了样子。通常，他看到凡·高的画都会有一种受到震动的感觉，就像一列失去控制的火车突然停下来，把所有乘客都甩出去的那种感觉。凡·高几乎所有的画都或多或少具有这种特性。这正说明凡·高身在法国，却终究是一个荷兰人。奥里埃等人认为正是这种特性构成了凡·高的创造力，他们对此大加赞赏。但提奥不这么认为。他知道正是因为这些画带给他的这种震动，凡·高一直无法解决自己的终极问题。他一直没能控制好这种特性，这同时可能也是他遭受病痛的一个原因。但是现在，他再也感受不到这种震动。他一看到这些画，就被其中的色彩深深吸引，他虽然被深深地吸引，却不会感受到任何多余的东西。这些画让他有了更深的感悟，让他了解它们，让他深入到画家的内心。当多余的累赘被清除之后，画面带给他的力量感甚至更强了。提奥突然对凡·高的画有了更深的理解。凡·高所追寻的一切都已经实现。提奥依旧非常谨慎，不敢轻易相信自己的眼睛，试着再去感觉原有的那种震动。他一幅一幅地看下来，然后转过身看着哥哥，眼中充满了崇拜赞美的光芒。

凡·高笑了。他只是把它们清洗了一遍。从南部带过来的画变干了，因此他要用水把它们清洗了一下，洗掉上面的污渍，然后重新涂上清漆。提奥如果把自己房子里的画也这样处理，肯定也能达到同样的效果。不过，他在奥维尔刚刚完成的那几幅画就需要等待一段时间了。颜色越厚，需要等待的时间就越久。过段时间，色调会慢慢融合。也许，原本让他感到震动的画也会慢慢有所改善。

他们看着这些画，点燃了烟斗。凡·高时不时用烟斗指一下哪幅画与其他的不搭配，提奥就把这幅画转移到更合适的地方，非常用心地把它们排列好，就像在进行画展。也许他应该找林荫大道上的同行搞这样一个画展。凡·高却觉得林荫大道的亭阁歌剧院的背景太过典雅，并不适合。他觉得自己的画在阿尔的黄房子的白墙上才会展现出最好的效果。提奥却不这么认为，他曾把凡·高在阿尔画的那幅有篮子和黄苹果的油画放在一块旧锦缎前，效果非常好。凡·高也并不认为构思简单的画只适合挂在穷人的破房子里。在这种背景里，他的简洁恐怕也会融入破旧之中。装在雕刻精致的相框里，挂在顺滑的墙上，地上铺着精致的地毯，这样的环境显然更适合于表达这位伟大艺术家的简洁。如果艺术无法达到超越的目的，那么它存在的意义又在哪里？

凡·高听着，以前从没有人告诉过他这些。提奥继续说："是的，文森特,你遭受的苦难确实太多了,但是你的苦难已经在画中转变成了欢乐。你很少有可以和别人交流的机会,也没有怀抱张开去拥抱你,甚至我都无法去爱你。但是,你的画就是最温暖的怀抱。很多人徘徊在痛苦和快乐之间,不是叹息就是傻笑,最后蹒跚着走到一个死角,这样,他们变得更加渺小,身后留下的只有数不清的叹息和傻笑。但是你已经找到了永恒的苦痛,你的苦痛可以让未来的数代人免于苦痛。你遭受的苦痛越大,你的旅程就越欢乐。耕种苦痛是你的命运,你已经像一个耕种者一样去辛勤耕耘。想想你耕种的日子,你没有让时间虚度。的确,你的脸已经被扭曲,但这是痛苦所致,还是你朴实耕耘的标记?你吃的面包是硬的,你周围的人对待你是硬邦邦的,上帝赐予你的每日的生活是艰苦的。但是你的工作、你留下来的一切都是更加坚韧的。当你的心脏不再在你的胸腔跳动,它会在你的画中继续跳动。"

他站起身,重新去观赏凡·高的画。凡·高惊奇地看着弟弟。他说得可真好!提奥比所有所谓评论家和诗人都要聪明得多,他确实言之有物。不过,如果他这样的分析能够站得住脚,那么也可以用同样的逻辑向相反的方向推论。能够知道真相无疑是人生在世的一大幸事。凡·高觉得自己就是在画画,比如画一棵树或者一个女人,他不想冒犯任何人;但实际上,他画的却又不是一棵树或者一个女人,他画的是一个有缺陷的事物,会让其他人不高兴、感到困惑甚至愤怒的事物。那么问题就出来了,他的大多数作品是不是都具有这种特点?放弃描绘昏暗而遥远的未来,转而与现实社会唱反调是不是明智?未来无疑是重要的,拥有很多美好的事物,但问题是没有人能知道未来。

提奥点点头,他站在屋里,又有了之前站在外面的感觉。凡·高这才注意到自己的弟弟近些年竟然瘦了这么多。

"他们当然会愤怒。"提奥低声说。他们都在做同样的事情,包括林荫大道上的画商。他们穿着一身保护罩永远不肯脱下来,就像青蛙绝对不肯离开池塘，他们对一切都不置可否，他们不观察，不思考。他们穿的那身保护罩代替他们观察、说话、做事。整个世界都在维护这个该死的保护罩。只有像凡·高这样的人不但不维护它，反而在对抗它。他总是站得离池塘远远的。他们当然会愤怒！他们怎么能忍受他稳稳地站在坚实的土壤上，居高临下地看着他们的池塘？他说白，他们就说黑；他笑，他们就哭。也许他这样做只是觉得有趣，因为他毕竟只有一个人，而他们是全世界。他要穿透这层保护罩当然需要时间。他能够把它完全穿透吗？他已经把一生的精力都花费在这上面，他真的能唤醒他们？或者，他会再遇到一个新的、更加难以穿透的保护罩。甚至，这个保护罩会得到普通民众的认可。那么，他甚至会被整个世界看作一个破坏者。他孤单一人。他当然会让他们愤怒，他让他们如鲠在喉。把他驱逐出去！杀了他！不，不要打他，他不配让我们打。哈哈！让那个疯子继续画去吧！提奥颤抖着。他为什么这样颤抖？

提奥突然倒在了地上，好像不堪重负地倒下了。他哆嗦着说："不要再这样，哥哥！上帝保佑！"他倒卧在地上，头靠在床边，嘴大张着。

凡·高无法思考，因为他感觉好像有一片乌云遮天盖地压向他。他只知道一件事，那就是他和提奥走的路不再有分歧。他们向着同一个方向，走在同一条道路上，这无疑是美好的时刻。

凡·高低声对提奥说，他想回家。他是用荷兰语说的："我想回家（Zoo heen kan gaan）。"提奥俯下身，帮他把眼睛合上。

此时是 1890 年 7 月 29 日的凌晨。天亮之后，提奥把加歇医生叫了过来。

但是，各种多彩的画布却已经等不到天亮。蓝色已经走上前，弯下腰，唱出悦耳的曲调，唱出了广阔的田野、碧蓝的高空和闪亮的河水；然后是绿色，带着柏树的翠绿、橄榄树的青翠和杂草灌木的寂静；接着是橙色，穿着火焰般的外衣，高歌着从房间穿过。橙色并不孤单，鲜红色和深红色陪伴着她。她们跳跃着，就像烟火中的美丽波浪，有时又像背上带有美丽图案的巨大蝴蝶。地板覆盖上了阿尔墙砖的红色，红色中还闪耀着蓝宝石和绿宝石的光芒。她们都走上前赞美他，黄色，他的黑眼睛情人，也身穿中国长袍姗姗走来。和她一起的还有十个女人，同样装扮着典雅的黄色，手里捧着向日葵。他最爱的黄色向他致上最高的敬意，那十个女人同样如此。当她们弯下腰，田地里的麦穗、鲜花和树木也都弯下腰，太阳的金色光芒开始普照奥维尔的这座小村舍。

三天后，凡·高被埋在了麦田里，他的墓地很小。有几位画家来与他告别，加歇医生在他的墓地周围种上了向日葵。提奥把所有的画都带走了，然后开始准备画展。高更却觉得把时间浪费在一个连精神都不健全的人画的画上面，实在不够明智，而且，他觉得那只会使原本就已经混乱的艺术鉴赏世界更加混乱。提奥没有放弃画展，伯纳德为画展写了引言，他还在其中向公众阐述了自己与凡·高的关系，后来还出版了凡·高写给自己的信件，并写了序言。

提奥每晚都在琢磨成立画社需要的花费。工作的压力使得他再也没有任何假期，虽然乔安娜觉得他必须更加注意自己的健康。提奥决定把画社的业务限定在法国和荷兰，并在阿尔的黄房子和荷兰的纽南分别建立分社。他还决定暂时把巴黎作为中心，毕竟他在这里可以实现更有效率的管理。不过，他很快就要离开巴黎。他写了很多信。那个美国人晚上来和提奥洽谈，他总是提出一些新的、让人无法预料的要求，这让提奥有些无所适从。为了不失去这个来之不易的资金来源，提奥只得不断让步。在凡·高去世后不到6个月，提奥也跟随哥哥的脚步离开了。他被安葬在了凡·高的墓旁。

1889—1990年
The life of Vincent Van Gogh

《有洋葱的静物画》,1889年1月,阿尔,布面油画,50×64cm,奥特洛,克勒勒-米勒博物馆

《黄纸上的熏鲱鱼》,1889年1月,阿尔,布面油画,33×41cm,私人收藏

《耳朵上扎绷带叼烟斗的自画像》,1889年1月,阿尔,布面油画,51×45cm,Stavros S. Niarchos 收藏

《割掉耳朵后的自画像》,1889年1月,阿尔,布面油画,60×49cm,伦敦,考陶德美术馆

《费利克斯·雷伊医生》,1889年1月,阿尔,布面油画,64×53cm,莫斯科,普希金博物馆

《摇篮曲》(奥古斯蒂娜·鲁林),1889年1月,阿尔,布面油画,93×73cm,芝加哥艺术学院

《黄色的花》,1889年4月,阿尔,纸板布面油画,34.5×53cm,温特图尔艺术博物馆物馆

《阿尔医院的庭院》，1889年4月，阿尔，布面油画，73×92cm，温特图尔，Oskar Reinhart 收藏

《阿尔花朵盛开的果园》，1889年4月，阿尔，布面油画，72×92cm，慕尼黑，新绘画陈列馆

《两只白蝴蝶》,1890年春,阿尔,布面油画,54.8×45.7cm,阿姆斯特丹,凡·高博物馆

《鸢尾花》,1889年5月,圣雷米,布面油画,62.2×48.3cm,渥太华,加拿大国立画廊

《鸢尾花》,1889年5月,圣雷米,布面油画,71×93cm,洛杉矶,盖蒂博物馆

《圣保罗医院的花园》，1889年5月，圣雷米，布面油画，95×75.5cm，奥特洛，克勒勒-米勒博物馆

《疗养院花园里的喷泉》,1889年5~6月,圣雷米,素描,49.8×46.3cm,阿姆斯特丹,凡·高博物馆

《圣雷米附近的山》,1889年5~6月,圣雷米,布面油画,59×72cm,奥特洛,克勒勒-米勒博物馆

《日出时春天的麦田》,1889年5~6月,圣雷米,布面油画,72×92cm,奥特洛,克勒勒-米勒博物馆

《圣保罗医院后面的大山》,1889年6月初,圣雷米,布面油画,70.5×88.5cm,哥本哈根,新嘉士伯美术馆

《橄榄树丛》,1889年6月,圣雷米,布面油画,73×93cm,堪萨斯,纳尔逊·阿特金斯艺术博物馆

《橄榄树丛,在明亮的蓝色天空下》,1889年6月,圣雷米,布面油画,45.3×59.1cm,阿姆斯特丹,凡·高博物馆

《柏树》，1889年6月，圣雷米，布面油画，93.4×74cm，纽约，大都会艺术博物馆

《柏树和两个妇女》，1889年6月，圣雷米，布面油画，92×73cm，奥特洛，克勒勒–米勒博物馆

《罂粟地》，1889年6月初，圣雷米，布面油画，71×91cm，不来梅，不来梅艺术馆

《有柏树的田野》，1889年6~7月，圣雷米，素描，47.1×62.3cm，阿姆斯特丹，凡·高博物馆

《星月夜》，1889年6月，圣雷米，素描，47×62.5cm，纽约，现代艺术博物馆

《有柏树的绿色麦田》,1889年6月中旬,圣雷米,布面油画,73.5×92.5cm,布拉格,国家美术馆

《有太阳和收割者的麦田》,1889年6月末,圣雷米,布面油画,72×92cm,奥特洛,克勒勒-米勒博物馆

《有丝柏的麦田》,1889年6月末,圣雷米,布面油画,73.2×93.4cm,纽约,大都会艺术博物馆

《月升夜景》,1889年7月初,圣雷米,布面油画,72×92cm,奥特洛,克勒勒-米勒博物馆

《灌木丛和常青藤》，1889年7月，圣雷米，布面油画，49×64.3cm，阿姆斯特丹，凡·高博物馆

《有犁田者的田野》，1889年8月末，圣雷米，布面油画，49×62cm，美国，私人收藏（1970年2月25日，纽约索斯比拍卖行）

《自画像》，1889年8月末，圣雷米，布面油画，57×43.5cm，华盛顿，国家艺术画廊

《树干和常青藤》，1889年夏，圣雷米，布面油画，45×60cm，奥特洛，克勒勒-米勒博物馆

《一双皮面木屐》,1889年秋,圣雷米,布面油画,32.2×40.5cm,阿姆斯特丹,凡·高博物馆

《麦田与收割者》,1889年9月初,圣雷米,布面油画,73.2×92.7cm,阿姆斯特丹,凡·高博物馆

《有丝柏的麦田》,1889年9月初,圣雷米,布面油画,72.5×91.5cm,伦敦,国家美术馆

《文森特在阿尔的卧室》,1889年9月初,圣雷米,布面油画,73×92cm,芝加哥艺术学院

《文森特在阿尔的卧室》,1889年9月,圣雷米,布面油画,56.5×74cm,巴黎,奥赛博物馆

《自画像》,1889年9月,圣雷米,布面油画,65×54cm,巴黎,奥赛博物馆

《圣保罗医院服务员》,1889年9月,圣雷米,布面油画,61×46cm,瑞士,索洛图恩艺术博物馆

《天使的半身像》(伦勃朗摹作),1889年9月,圣雷米,布面油画,54×64cm,私人收藏

《打谷者》(米勒摹作),1889年9月,圣雷米,布面油画,44×28cm,阿姆斯特丹,凡·高博物馆

《捆麦子的人》(米勒摹作),1889年9月,圣雷米,布面油画,44.5×33.1cm,阿姆斯特丹,凡·高博物馆

《橄榄树》,1889年9月,圣雷米,布面油画,53.5×64.5cm,私人收藏

《剪羊毛的人》(米勒摹作),1889年9月,圣雷米,布面油画,43.6×29.5cm,阿姆斯特丹,凡·高博物馆

《切亚麻的农妇》(米勒摹作),1889年9月,圣雷米,布面油画,40×26cm,阿姆斯特丹,凡·高博物馆

《圣保罗医院后面的麦田和收割者》,1889年9月,圣雷米,布面油画,59.5×72.5cm,埃森,弗柯望博物馆

《男人出海了》(德蒙特摹作),1889年10月,圣雷米,布面油画,66×51cm,私人收藏(1989年10月18~21日,纽约索斯比拍卖行)

《有农夫的田野》,1889年10月初,圣雷米,布面油画,73.5×92cm,美国,印第安纳波利斯艺术博物馆

《有农夫和磨坊的田野》,1889年10月,圣雷米,布面油画,54×67cm,波士顿美术博物馆

《桑树》,1889年10月,圣雷米,布面油画,54×65cm,帕萨迪纳,诺顿·西蒙博物馆

《山间小路上的两棵白杨树》,1889年10月,圣雷米,布面油画,61×45.5cm,美国,克利夫兰艺术博物馆

《圣保罗医院的花园》,1889年10月,圣雷米,布面油画,64.5×49cm,私人收藏

《圣保罗医院花园里的树》,1889年10月,圣雷米,布面油画,73×60cm,瑞士,私人收藏

《两个挖地的农夫》(米勒摹作),1889年10月,圣雷米,布面油画,72×92cm,阿姆斯特丹市立博物馆

《圣雷米附近采石场的入口》,1889年10月,圣雷米,布面油画,52×64cm,私人收藏

《傍晚:守护》(米勒摹作),1889年10~11月,圣雷米,布面油画,74.2×93cm,阿姆斯特丹,凡·高博物馆

《傍晚:一天的结束》(米勒摹作),1889年11月,圣雷米,布面油画,72×94cm,日本,莫纳德美术馆

《橄榄树,黄色的天空与太阳》,1889年11月,圣雷米,布面油画,73.7×92.7cm,美国,明尼阿波利斯艺术学院

《橄榄树,在橘红色的天空下》,1889年11月,圣雷米,布面油画,74×93cm,哥德堡,哥德堡艺术博物馆

《橄榄树,在淡蓝色的天空下》,1889年11月,圣雷米,布面油画,72.7×92.1cm,纽约,大都会艺术博物馆

《圣保罗医院花园里的石凳》,1889年11月,圣雷米,布面油画,39×46cm,圣保罗,圣保罗艺术博物馆

《牧羊女》（米勒摹作），1889年11月，圣雷米，布面油画，52.7×40.7cm，以色列，特拉维夫艺术博物馆

《修路工》，1889年11月，圣雷米，布面油画，71×93cm，华盛顿，菲利普美术馆

《修路工》，1889年11月，圣雷米，布面油画，73.7×92cm，克利夫兰艺术博物馆

《圣保罗医院后面的麦田》,1889年11~12月,圣雷米,布面油画,24×33.7cm,弗吉尼亚美术馆,Paul Mellon 夫妇收藏

《摘橄榄》,1889年12月,圣雷米,布面油画,73×92cm,华盛顿,国家艺术画廊

《有断树的田野和山脉》,1889年12月,圣雷米,布面油画,73×91.5cm,奥特洛,克勒勒-米勒博物馆

《蓝色溪谷》,1889年12月,圣雷米,布面油画,72×92cm,奥特洛,克勒勒-米勒博物馆

《小木棚》,1889年12月,圣雷米,布面油画,45.5×60cm,布鲁塞尔,私人收藏

《清晨:去干活的农民夫妇》(米勒摹作),1890年1月,圣雷米,布面油画,73×92cm,圣彼得堡,艾尔米塔什博物馆

《人生第一步》(米勒摹作),1890年1月,圣雷米,布面油画,72.4×91.1cm,纽约,大都会艺术博物馆

《喝酒的人》(杜米埃摹作),1890年2月,圣雷米,布面油画,59.4×73.4cm,芝加哥艺术学院

《盛开的杏花》,1890年2月,圣雷米,布面油画,73.3×92.4cm,阿姆斯特丹,凡·高博物馆

《囚徒放风》(多雷摹作),1890年2月,圣雷米,布面油画,80×64cm,莫斯科,普希金博物馆

《丝柏和两个女人》，1890年2月，圣雷米，布面油画，43.5×27.2cm，阿姆斯特丹，凡·高博物馆

《阿尔的妇女》(吉努太太),1890年2月,圣雷米,布面油画,65×49cm,奥特洛,克勒勒-米勒博物馆

《种土豆的农民》,1890年3~4月,圣雷米,布面油画,32×40.5cm,私人收藏

《村舍:记忆中的北方》,1890年3~4月,圣雷米,布面油画,45.5×43cm,私人收藏

《树林中两个挖地的人》,1890年3~4月,圣雷米,布面油画,62×44cm,底特律美术馆

《在雪中挖地的两个农妇》,1890年3~4月,圣雷米,布面油画,50×64cm,苏黎世,E.G. Bührle 收藏

《悲痛的老人》(又名《永恒之门》),1890年4~5月,圣雷米,布面油画,81×65cm,奥特洛,克勒勒-米勒博物馆

《圣保罗医院花园里的松树和蒲公英》,1890年4~5月,圣雷米,布面油画,72×90cm,奥特洛,克勒勒-米勒博物馆

《圣保罗医院花园里的草地》,1890年5月,圣雷米,布面油画,64.5×81cm,伦敦,国家美术馆

《鸢尾花》,1890年5月,圣雷米,布面油画,73.7×92.1cm,纽约,大都会艺术博物馆

《花瓶里的玫瑰花》,1890年5月,圣雷米,布面油画,71×90cm,华盛顿,国家艺术画廊

《鸢尾花》,1890年5月,圣雷米,布面油画,92.7×73.9cm,阿姆斯特丹,凡·高博物馆

《善良的撒马利亚人》(德拉克洛瓦摹作),1890年5月,圣雷米,布面油画,73×60cm,奥特洛,克勒勒-米勒博物馆

《一轮弯月下散步的情侣》,1890年5月,圣雷米,布面油画,49.5×45.5cm,圣保罗艺术博物馆

《绿色的麦田》,1890年5月,圣雷米,布面油画,73×93cm,Paul Mellon 夫妇收藏

《有丝柏和星星的小路》，1890年5月，奥维尔，布面油画，92×73cm，奥特洛，克勒勒-米勒博物馆

《加歇医生的花园》，1890年5月，奥维尔，布面油画，73×51.5cm，巴黎，奥赛博物馆

《茅草屋》，1890年5月，奥维尔，布面油画，60×73cm，圣彼得堡，艾尔米塔什博物馆

《奥维尔的房子》，1890年5月，奥维尔，布面油画，72×60.5cm，波士顿美术博物馆

《Père Pilon 的房子》，1890年5月，奥维尔，布面油画，49×70cm，Stavros S. Niarchos 收藏

《盛开的栗子树》,1890年5月,奥维尔,布面油画,70×58cm,南美,私人收藏

《盛开的栗子树》,1890年5月,奥维尔,布面油画,63×50.5cm,奥特洛,克勒勒-米勒博物馆

《花朵盛开的栗树枝》,1890年5月,奥维尔,布面油画,72×91cm,苏黎世,E.G. Bührle 收藏

《奥维尔的村庄街道》，1890年5月，奥维尔，布面油画，73×92cm，赫尔辛基，芬兰国家美术馆

《三棵树和一座房子》，1890年5月，奥维尔，布面油画，64×78cm，奥特洛，克勒勒-米勒博物馆

《奥维尔乡村街道和走路的人》，1890年5月末，奥维尔，布面油画，49.8×70.1cm，圣路易斯艺术博物馆

《粉色的玫瑰》，1890年6月，奥维尔，布面油画，32×40.5cm，哥本哈根，新嘉士伯美术馆

《花园里的玛格丽特·加歇》，1890年6月，奥维尔，布面油画，46×55cm，巴黎，奥赛博物馆

《奥维尔的麦田和白房子》，1890年6月，奥维尔，布面油画，48.6×63.2cm，华盛顿，菲利普美术馆

《奥维尔的教堂》,1890年6月,奥维尔,布面油画,94×74cm,巴黎,奥赛博物馆

《夜晚的白房子》,1890年6月,奥维尔,布面油画,59.5×73cm,圣彼得堡,艾尔米塔什博物馆

《马车和远处的火车》,1890年6月,奥维尔,布面油画,72×90cm,莫斯科,普希金博物馆

《罂粟花田》,1890年6月,奥维尔,布面油画,73×91.5cm,海牙,海牙市立博物馆

《日本花瓶里的玫瑰和银莲花》,1890年6月,奥维尔,布面油画,51×51cm,巴黎,奥赛博物馆

《加歇医生肖像》,1890年6月,奥维尔,布面油画,67×56cm,私人收藏(1990年5月15日,纽约克里斯蒂拍卖行)

《两个小孩》,1890年6月,奥维尔,布面油画,51.2×51cm,巴黎,奥赛博物馆

《黄昏下的景色》，1890年6月，奥维尔，布面油画，50.2×101cm，阿姆斯特丹，凡·高博物馆

《艾德琳·拉武肖像》，1890年6月，奥维尔，布面油画，67×55cm，瑞士，私人收藏

《艾德琳·拉武肖像》，1890年6月，奥维尔，布面油画，52×52cm，克利夫兰艺术博物馆

《盛开的金合欢》，1890年6月，奥维尔，布面油画，32.5×24cm，斯德哥尔摩，瑞典国立博物馆

《弹钢琴的玛格丽特·加歇》，1890年6月，奥维尔，布面油画，102.6×50cm，巴塞尔艺术博物馆

《阿尔少女》，1890年6月，奥维尔，布面油画，51×49cm，奥特洛，克勒勒-米勒博物馆

《年轻人和矢车菊》，1890年6月，奥维尔，布面油画，39×30.5cm，达拉斯，私人收藏

《杜比尼的花园》,1890年6月,奥维尔,布面油画,51×51.2cm,阿姆斯特丹,凡·高博物馆

《麦田中戴草帽的年轻农妇》,1890年6月末,奥维尔,布面油画,92×73cm,私人收藏

《麦田中的少女》,1890年6月末,奥维尔,布面油画,66×45cm,华盛顿,国家艺术画廊

《乌云下的麦田》,1890年7月,奥维尔,布面油画,50.4×101.3cm,阿姆斯特丹,凡·高博物馆

《奥维尔附近的平原》,1890年7月,奥维尔,布面油画,73.3×92cm,慕尼黑,新绘画陈列馆

《雨中的奥维尔》，1890年7月，奥维尔，布面油画，50×100cm，卡迪夫，威尔士国家博物馆

《奥维尔的瓦兹河岸》，1890年7月，奥维尔，布面油画，73.5×93.7cm，底特律美术馆

《树林》,1890 年 7 月,奥维尔,布面油画,73×92cm,私人收藏

《杜比尼的花园》,1890 年 7 月,奥维尔,布面油画,50×101.5cm,巴塞尔,R. Staechelin 收藏

《奥维尔的茅草沙岩农舍》,1890年7月,奥维尔,布面油画,65×81cm,苏黎世美术馆

《母牛》(约尔丹斯摹作),1890年7月,奥维尔,布面油画,55×65cm,法国,里尔美术馆

《树根与树干》,1890 年 7 月,奥维尔,布面油画,50.3×100.1cm,阿姆斯特丹,凡·高博物馆

《乌云密布的天空下奥维尔的麦田》,1890 年 7 月,奥维尔,布面油画,73×92cm,匹兹堡,卡内基艺术博物馆

《田野里的麦垛》,1890年7月,奥维尔,布面油画,50×100cm,巴塞尔,贝耶勒基金会博物馆

《雨天的干草垛》,1890年7月,奥维尔,布面油画,64×52.5cm,奥特洛,克勒勒–米勒博物馆

《小丘旁的茅草农舍》，1890年7月，奥维尔，布面油画，50×100cm，伦敦，泰特美术馆

《1890年7月14日的奥维尔市政厅》，1890年7月，奥维尔，布面油画，72×93cm，西班牙，私人收藏

《奥维尔的花园》，1890年7月，奥维尔，布面油画，64×80cm，巴黎，Pierre Vernes and Edith Vernes-Karaoglan 收藏

《穿过麦田的两个女人》,1890年7月,奥维尔,纸板布面油画,30.3×59.7cm,圣安东尼奥,马里恩·库格勒·麦克奈艺术博物馆

《奥维尔的教堂》,1890年7月,奥维尔,布面油画,34×42cm,普罗维登斯,罗得岛设计学院

《田野里的麦垛》,1890年7月,奥维尔,布面油画,50.5×101cm,达拉斯艺术博物馆

《有奥维尔做背景的麦田》,1890年7月,奥维尔,布面油画,43×50cm,日内瓦,艺术与历史博物馆

《伐木者》(米勒摹作),1890年9月,圣雷米,布面油画,44×26.2cm,阿姆斯特丹,凡·高博物馆